AF273315

BESTSELLER

Elizabeth Gilbert es la autora del libro de memorias *Come, reza, ama*, que se mantuvo en la lista de los libros más vendidos de *The New York Times* durante 187 semanas, convirtiéndose de inmediato en un fenómeno editorial excepcional y propiciando su adaptación cinematográfica, protagonizada por Julia Roberts en 2010. Comenzó su carrera escribiendo para *Harper's Bazaar*, *Spin*, *The New York Times Magazine* y *GQ*; y fue tres veces finalista del National Magazine Award. Su colección de relatos *Pilgrims* fue finalista del premio PEN/Hemingway. Su ensayo *The Last American Man* fue finalista del National Book Award y del National Book Critics Circle Award y su *memoir Comprometida* alcanzó rápidamente el número uno de *The New York Times*. Su novela *La firma de todas las cosas* fue considerada el mejor libro de 2013 por *The New York Times*, *O Magazine*, *The Washington Post*, *Chicago Tribune* y *The New Yorker*. También ha publicado relatos cortos en *Esquire*, *Story*, *One Story* y *The Paris Review*. Además, es autora de *De hombres y langostas*, *Libera tu magia* y *Ciudad de mujeres*, su última novela.

Para más información, visita la página web de la autora: www.elizabethgilbert.com

También puedes seguir a Elizabeth Gilbert en Facebook y X:
🅕 Elizabeth Gilbert
🅧 @GilbertLiz

Biblioteca
ELIZABETH GILBERT

En tierras salvajes

Traducción de
Noemí Sobregués

DEBOLS!LLO

Papel certificado por el Forest Stewardship Council®

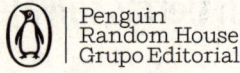
Penguin
Random House
Grupo Editorial

Título original: *The Last American Man*
Primera edición: julio de 2024

Printed in Spain – Impreso en España

ISBN: 978-84-663-7427-9
Depósito legal: B-9.173-2024

Compuesto en M. I. Maquetación, S. L.
Impreso en Liberdúplex
Sant Llorenç d'Hortons (Barcelona)

P 374279

Para las dos mujeres más brillantes que conozco:
mi hermana mayor, Catherine Murdock,
y mi querida amiga Deborah Luepnitz.
Vuestra influencia es inconmensurable

El resultado es que el intelecto estadounidense debe a la frontera sus sorprendentes características. Esa rudeza y esa fuerza combinadas con agudeza y curiosidad; esa mentalidad práctica e inventiva, rápida para encontrar recursos; esa magistral comprensión de las cosas materiales, carente de sensibilidad artística, pero poderosa para lograr grandes fines; esa energía inquieta y nerviosa; ese individualismo dominante, que trabaja para el bien o para el mal, y aun así esa vitalidad y esa exuberancia que proceden de la libertad. Estos son los rasgos de la frontera.

—Frederick Jackson Turner

Capítulo 1

¡Qué vida tan salvaje! ¡Qué nueva forma de vivir!

—Henry Wadsworth Longfellow,
considerando la posibilidad de escribir un
poema épico sobre el explorador
estadounidense John Frémont

A los siete años, Eustace Conway ya podía lanzar un cuchillo con suficiente precisión para clavar una ardilla a un árbol. A los diez podía acertar con un arco y una flecha a una ardilla que corriera a quince metros de distancia. Cuando cumplió doce años, se introdujo en el bosque, solo y con las manos vacías, se construyó un refugio y sobrevivió de la tierra durante una semana. Cuando cumplió diecisiete, abandonó la casa de su familia y se dirigió a las montañas, donde vivió en un tipi diseñado por él mismo, hizo fuego frotando dos palos, se bañó en arroyos helados y se vistió con las pieles de los animales que había cazado y se había comido.

Esto sucedió en 1977, por cierto. El mismo año en que se estrenó la película *La guerra de las galaxias*.

Al año siguiente, cuando tenía dieciocho años, Eustace Conway navegó por el río Mississippi en una canoa de madera hecha a mano y luchó contra remolinos tan virulentos que podían succionar un árbol de más de diez metros y no volver a sacarlo a la superficie hasta casi dos kilómetros río abajo. Al año siguiente emprendió el Sendero de los Apalaches, de tres mil kilómetros, y caminó de Maine a Georgia sobreviviendo casi exclusivamente de lo que cazaba y recolectaba en el camino. Y en los años siguientes Eustace cruzó los Alpes alemanes (en zapatillas de deporte), atravesó Alaska en kayak, escaló acantilados en Nueva Zelanda y vivió con los navajos de Nuevo México. Cuando tenía unos veinticinco años, decidió estudiar más de cerca una cultura primitiva para adquirir conocimientos aún más antiguos, así que viajó a Guatemala, se bajó del avión y preguntó: «¿Dónde están los pueblos primitivos?». Le dijeron que en la selva, donde caminó días y días hasta que encontró el poblado más remoto de indios mayas, muchos de los cuales nunca habían visto a un blanco. Vivió con los mayas unos cinco meses, en los que aprendió su idioma, estudió su religión y perfeccionó la técnica del tejido.

Pero su aventura más genial fue probablemente en 1995, cuando a Eustace se le ocurrió cruzar Estados Unidos a caballo. Lo acompañaron su hermano menor, Judson, y un buen amigo de la familia. Su capricho fue una locura. Eustace no sabía si era posible o incluso legal recorrer Estados Unidos a caballo. Cenó en Navidad con su familia, se colocó la cartuchera, cogió una silla de montar de la caballería estadounidense de ochenta años de antigüedad (tan gastada en algunas zonas que sentía el calor del animal entre las piernas mientras cabalgaba), montó en su caballo y se puso en marcha. Calculaba que llegarían al Pacífico en Semana Santa, aunque todos a los que se lo contaba se reían en su cara.

Los tres jinetes galopaban unos ochenta kilómetros al día. Comían ciervos atropellados en la carretera y sopa de ardillas. Dormían en graneros y en casas de lugareños asombrados, pero, al llegar al seco Oeste, todas las noches desmontaban del caballo y dormían en el suelo. Una tarde estuvieron a punto de morir atropellados por un camión porque los caballos se desbocaron en un puente interestatal muy transitado. En Mississippi poco faltó para que los arrestaran por no llevar camisa. En San Diego detuvieron los caballos en una zona de césped entre un centro comercial y una autopista de ocho carriles. Durmieron allí esa noche y llegaron al océano Pacífico la tarde siguiente. Eustace Conway se acercó hasta la orilla con el caballo. Faltaban diez horas para Semana Santa. Había cruzado el país en ciento tres días, así que de paso había establecido un récord mundial.

De costa a costa, estadounidenses de todos los orígenes imaginables habían visto a Eustace Conway en su caballo y habían dicho en tono soñador:

—Ojalá pudiera hacer lo que tú estás haciendo.

Y a todos ellos Eustace les había respondido:

—Puedes.

Pero me estoy adelantando.

Eustace Conway nació en Carolina del Sur en 1961. Los Conway vivían en una confortable casa de una zona residencial nueva llena de esas mismas viviendas, pero justo detrás de la suya había un bonito bosque que aún no habían talado para urbanizar. De hecho, era salvaje, virgen, sin siquiera un sendero que lo atravesara. Era un bosque del viejo mundo, todavía lleno de arenas movedizas y osos. Y era allí adonde el padre de Eustace Conway, que también se llamaba Eustace Conway y lo sabía todo, solía llevar a su hijo para enseñarle a identificar las plantas, las aves y los mamíferos del sur de Estados Unidos. Deambulaban juntos por allí durante horas mirando los árboles y hablando sobre las formas de las hojas. Así pues, estos son los primeros recuerdos de Eustace Conway: el alcance cósmico del bosque, la luz del sol que se filtraba a través de un toldo verde natural, la esclarecedora voz de su padre, la belleza de las palabras «algarrobo», «abedul» y «tulípero», el nuevo placer intelectual del estudio, potenciado por la sensación física de que pasaba tanto tiempo con la cabecita inclinada hacia atrás para ver la multitud de árboles que en cualquier momento iba a desplomarse.

Por lo demás, y a lo largo de los años, fue su madre quien enseñó a Eustace. Le enseñó a acampar, a poner cebo en los anzuelos, a encender hogueras, a manejarse en la naturaleza, a trenzar hierbas para hacer cuerdas y a encontrar arcilla en el fondo de los ríos. Le enseñó a leer libros con títulos maravillosos, como *Davy Crockett: Young Rifleman* y *Wild Wood Wisdom*. Le enseñó a coser ante. Le enseñó a realizar todas las tareas con apasionada perfección. La madre de Eustace Conway no era como las demás de su época. Era más valiente que la mayoría de las madres del sur de Estados Unidos a principios de los años sesenta. La habían criado como a un niño en un campamento de verano que su familia tenía en las montañas de Asheville (Carolina del Norte). Era una marimacho contumaz, una experta jinete y una hábil leñadora que a los veintidós años había vendido su flauta de plata para viajar a Alaska, donde vivió en una tienda de campaña junto a un río con su rifle y su perro.

Cuando Eustace tenía cinco años, el mercado inmobiliario ya había arrasado el bosque de detrás de su casa, pero su familia no tardó en mudarse a otra de cuatro habitaciones en otra urbanización. Estaba en Gastonia (Carolina del

Norte) y también tenía un bosque espeso detrás. La señora Conway dejó que Eustace y sus hermanos pequeños corretearan por el bosque desde el momento en que supieron andar, descalzos, sin camiseta y sin que nadie los vigilara, desde el amanecer hasta el atardecer, durante toda su infancia, a excepción de las interrupciones obligatorias para ir a la escuela y a la iglesia (porque tampoco es que estuviera criando a salvajes).

—Supongo que fui una mala madre —dice en la actualidad la señora Conway, no muy convencida.

A las demás madres de Gastonia les horrorizaban sus métodos educativos, por supuesto. Algunas de ellas, alarmadas, la llamaban por teléfono y le decían:

—¡No puedes dejar jugar a tus hijos en ese bosque! ¡Hay serpientes venenosas!

Treinta años después, a la señora Conway le sigue pareciendo divertida y adorable su preocupación.

—¡Por el amor de Dios! —dice—. ¡Mis hijos siempre supieron diferenciar las serpientes venenosas de las normales! Les fue muy bien en el bosque.

La historia de Estados Unidos puede resumirse así: había territorios salvajes y después dejó de haberlos. Todo sucedió bastante rápido. Había indios; luego exploradores, colonos, pueblos y luego, ciudades. Nadie prestaba atención hasta el momento en que la vida salvaje quedaba oficialmente domesticada, y entonces todo el mundo quería recuperarla. En el posterior ataque general de nostalgia (el espectáculo del salvaje Oeste de Buffalo Bill, los cuadros de vaqueros de Frederic Remington) surgió un pánico cultural muy concreto que tenía su origen en la pregunta: «¿Qué será de nuestros chicos?».

El problema era que, mientras que el clásico relato europeo sobre hacerse adulto solía presentar a un chico provinciano que se trasladaba a la ciudad y se convertía en un caballero refinado, la tradición estadounidense había evolucionado hacia lo contrario. El chico norteamericano se hacía adulto al abandonar la civilización y dirigirse a las montañas. Allí se despojaba de sus modales cosmopolitas y se convertía en un hombre fuerte y competente. No en un caballero, claro está, pero sí en un hombre.

Ese estadounidense que había crecido en la naturaleza era un tipo de hombre particular. No era un intelectual. No le interesaban el estudio ni la reflexión. Tenía, como dijo Tocqueville, «una especie de aversión a lo antiguo». Según el estereotipo, se le podía encontrar, como el explorador John Frémont describió al hombre de frontera por antonomasia Kit Carson, «montado en un bonito caballo, sin montura y recorriendo las praderas con la cabeza descubierta». O así, o con su poderosa hacha al hombro y «derribando cedros y robles» alegremente, como observó un impresionado visitante extranjero del siglo XIX.

De hecho, para todos los visitantes extranjeros de los siglos XVIII y XIX, el hombre estadounidense era prácticamente una atracción turística por derecho propio, casi tan fascinante como las cataratas del Niágara, el nuevo y ambicioso sistema ferroviario o los exóticos indios. No a todo el mundo le gustaba, por supuesto. («Quizá no exista ningún pueblo, ni siquiera los franceses, tan vanidoso como los estadounidenses —se quejaba un observador británico en 1818—. Todo estadounidense considera que es imposible que un extranjero le enseñe algo y que su cabeza contiene una enciclopedia perfecta»). Aun así, para bien o para mal, todos parecían estar de acuerdo en que se trataba de un nuevo tipo de ser humano y en que lo que definía al hombre estadounidense más que cualquier otra cosa era su habilidad, surgida de las dificultades de forjar un Nuevo Mundo en la naturaleza intacta. Sin los obstáculos de las limitaciones de clase, la burocracia y la miseria urbana, esos estadounidenses hacían en un solo día más cosas de lo que nadie había imaginado posible. Esta era la conclusión: nadie podía creerse lo rápido que trabajaban esos tipos.

El alemán Gottfried Duden, que viajó al Oeste en 1824 en busca de terrenos adecuados para familias alemanas interesadas en emigrar a Estados Unidos, informó maravillado: «En Norteamérica, los trabajos de construcción que los países europeos no terminan en siglos se completan en unos años gracias a la cooperación voluntaria de ciudadanos particulares». Durante la visita de Duden, por ejemplo, los granjeros de Ohio estaban construyendo un canal de trescientos setenta kilómetros sin la ayuda de un solo ingeniero titulado. Duden vio «bonitas ciudades» en expansión donde dos años antes ni siquiera había pueblos. Vio carreteras y puentes nuevos, «miles de granjas nuevas» y «cien barcos de vapor más», todos nuevos, hechos a mano, de ingenioso diseño y perfectamente operativos. ¿El hombre estadounidense necesitaba algo? Pues lo hacía.

La idea del ciudadano audaz y competente del Nuevo Mundo era muy atractiva. La escritora de viajes inglesa Isabella Bird, famosa por su prosa fría e imparcial, apenas podía evitar exclamar entusiasmada al observar a los rudos hombres con los que se encontraba durante su viaje a Norteamérica en la década de 1850:

«Es imposible ofrecer una idea de los "hombres del Oeste" a quien no haya visto al menos un espécimen: altos, guapos, de pecho ancho y atléticos, con nariz aguileña, penetrantes ojos grises, pelo castaño rizado y barba. Llevaban chaquetas de cuero, pantalones de cuero hasta la rodilla, botas altas con la parte superior bordada, espuelas de plata y gorras de tela escarlata trabajadas con hilo de oro algo deslustrado, sin duda regalos de mujeres enamoradas de la hermosa fisonomía y el porte temerario de los cazadores. La insulsez huía de su presencia; contaban historias, silbaban melodías y cantaban. Eran almas alegres y joviales que contaban episodios emocionantes de la vida del Oeste, de modales caballerosos y libres como el viento».

Lo cierto es que yo no estaba allí. Es difícil saber cuánta de esa retórica se ajustaba a la verdad y cuánta era producto de una prensa extranjera ansiosa por dar testimonio de la siguiente gran novedad. Lo que sí sé es que nosotros, los estadounidenses, nos creímos las exageraciones. Nos las creímos y las añadimos al ya abundante guiso de la mitología que nosotros mismos habíamos creado hasta elaborar una idea universal de quién era y cómo se forjó el hombre estadounidense. Era Pecos Bill. Era Paul Bunyan. Modificaba el curso de los ríos con la ayuda de su poderoso buey azul, domaba caballos utilizando serpientes de cascabel como riendas y era un héroe omnipotente creado mediante la reveladora comunión con la vida salvaje. Todo el mundo lo sabía.

Así que Frederick Jackson Turner no fue la única persona que se puso nerviosa cuando en 1890 llegó la noticia del Departamento del Censo de que de repente se había cerrado oficialmente la frontera estadounidense, pero fue el primero en preguntarse qué significaría ese cierre para las generaciones futuras. Su nerviosismo aumentó y sus preguntas se multiplicaron. Sin la naturaleza como campo de pruebas, ¿qué sería de nuestros chicos?

Podrían volverse afeminados, mimados y decadentes.

Que Dios nos ayudase, porque podrían convertirse en europeos.

Curiosamente, conocí a Eustace Conway en Nueva York en 1993.

Fue a través de su hermano Judson, que es vaquero. Judson y yo trabajábamos juntos en un rancho de las Montañas Rocosas de Wyoming. Eso fue cuando yo tenía veintidós años y pretendía ser una vaquera del Oeste, pretensión que me exigía grandes esfuerzos de simulación, dada la inoportuna circunstancia de que en realidad era una exjugadora de hockey sobre hierba de Connecticut. Pero estaba en Wyoming porque buscaba una educación y una autenticidad que creía que solo podría encontrar en el salvaje Oeste, o en lo que quedaba de él.

Buscaba ese espíritu estadounidense con tanto empeño como lo habían hecho mis padres dos décadas antes, cuando compraron algo más de una hectárea de tierra en Nueva Inglaterra y pretendieron ser pioneros: criar gallinas, cabras y abejas, cultivar todos nuestros alimentos, confeccionar toda nuestra ropa, lavarnos el pelo en un barril de lluvia y calentar la casa (y solo dos habitaciones) con leña cortada a mano. Mis padres nos dieron a mi hermana y a mí una educación tan dura y decimonónica como pudieron, a pesar de que durante los años de Reagan vivimos en una de las comunidades más ricas de Connecticut y de que nuestra pequeña granja estaba situada junto a una gran autopista, a solo un kilómetro y medio del club de campo.

Bueno, ¿y qué? A mi hermana y a mí nos animaron a ignorar esa realidad. Recogíamos moras en las cunetas de la autopista con nuestros vestidos hechos a mano mientras los coches pasaban a toda velocidad y los camiones hacían temblar el suelo. Íbamos a la escuela con leche de cabra seca en las mangas tras haber realizado nuestras tareas matutinas. Nos enseñaron a despreciar los valores de la cultura que nos rodeaba y a centrarnos en este principio estadounidense sagrado y más antiguo: la capacidad va de la mano de la devoción.

Así pues, no es de extrañar que a los veintidós años decidiera que no quería estudiar un posgrado ni establecerme en una carrera profesional respetable. Tenía otras aspiraciones. Quería descubrir los límites de mi capacidad y creía que solo podría conocerlos en un lugar como Wyoming. Me inspiraba en el ejemplo de mis padres y en el estimulante consejo de Walt Whitman a los chicos estadounidenses del siglo XIX: «¡No sigáis ascendiendo desde los libros de texto! ¡Estad a la altura de vuestro país! ¡Id al oeste y al sur! ¡Id entre hombres, con el espíritu de los hombres! Dominad caballos y convertíos en buenos tiradores y en fuertes remeros».

En otras palabras, fui a Wyoming para convertirme en un hombre.

Me encantaba trabajar en un rancho. Yo era cocinera. Montaba a caballo en tierras salvajes, me sentaba alrededor de fogatas, bebía, contaba historias, decía palabrotas, forzaba mi acento y básicamente montaba un número de falsa autenticidad. Cuando algún desconocido de Wyoming me preguntaba de dónde era, le respondía: «Lubbock, Texas». Si no me seguían preguntando, solía pasar por una auténtica vaquera. Los hombres del rancho incluso me pusieron un apodo de auténtica vaquera. Todos me llamaban Blaze.

Pero solo porque yo se lo había pedido.

Era una completa y absoluta farsante, pero esa farsa no era más que mi derecho y mi privilegio como joven ciudadana estadounidense. Seguía el ritual nacional. No era más falsa que Teddy Roosevelt un siglo antes, cuando dejó Nueva York como un dandi mimado y se dirigió al Oeste para convertirse en un hombre robusto. Enviaba a casa cartas que no podían ser más autocomplacientes, en las que presumía de sus rudas experiencias y de su vestimenta de macho. («Te haría gracia verme —escribió Roosevelt a un amigo de la costa Este— con un sombrero de ala ancha, una camisa de ante con flecos y cuentas, los pantalones de montar de piel de caballo y unas botas de piel de vaca con brida trenzada y espuelas plateadas»). Conozco esa carta. Yo misma la escribí decenas de veces a decenas de personas. («La semana pasada me compré unas botas de serpiente de cascabel —escribí a mis padres desde el rancho en 1991— y ya las he hecho mierda trabajando en el corral, pero, joder, para eso están»).

Conocí a Judson Conway el primer día que llegué al rancho. Fue lo primero que vi después del largo viaje por la gran montaña de Wyoming y me enamoré de él. No me enamoré en plan «¡Casémonos!». Me enamoré de él pensando «¡Piedad!», porque allí estaba Judson Conway en ese momento: delgado, guapo, ligeramente oculto bajo un sombrero de vaquero y cubierto de polvo. Lo único que tuvo que hacer fue pasar a mi lado con su arrogancia sexy (ejecutada de forma clásica, al estilo hollywoodiense de «Perdone, señora, pero acabo de llegar de una larga cabalgata»), y yo ya era su ferviente devota.

Judson me atraía porque yo era una chica, él era guapo y yo no estaba ciega, pero también reconocí de inmediato que teníamos un punto en común. Como yo, Judson tenía veintidós años y era un completo y absoluto farsante. No era más del Oeste que su nueva amiga Blaze. Ambos tampoco éramos más del Oeste que Frank Brown, el otro vaquero de veintidós años que trabajaba en el rancho, un universitario de Massachusetts que se hacía llamar Buck. Y también estaba nuestro vaquero jefe, Hank, que siempre gritaba «¡Chicos, vamos a machacar cuero!» cuando llegaba la hora de salir a cabalgar, pero cuyo padre resultó ser el fiscal general adjunto de Utah. Todos montábamos el mismo espectáculo.

Pero Judson era mi favorito porque disfrutaba de la fachada más que nadie. Tenía la ligera ventaja cultural de que al menos era del Sur, así que sabía hablar arrastrando las palabras. Era un tío genial. A Walt Whitman le habría encantado el modo de vida de Judson. Disparaba y remaba de maravilla, pero también había viajado por Estados Unidos en vagones de mercancías y en autostop, había besado a chicas de todas partes y había aprendido a ser un gran narrador y un excelente cazador. ¡Y un excelente jinete! Había aprendido por sí mismo trucos como balancear el cuerpo hacia arriba y hacia abajo sobre el caballo mientras cabalgaba y muchas otras diversiones que no eran del todo prácticas para el trabajo en el rancho, pero que resultaban de lo más entretenidas.

Él y yo lo pasamos muy bien juntos durante dos años, en Wyoming, y después nuestros caminos se separaron, aunque seguimos en contacto. Como un buen soldado de la guerra civil, Judson no dejó de enviarme cartas elocuentes. Nunca me llamaba; siempre me escribía. Y tenía mucho sobre lo que escribir, porque estaba viviendo la excelente vida que se había forjado: pasaba las primaveras cazando palomas en su casa de Carolina del Norte; los veranos, como guía de pesca en Alaska; los otoños, como guía de caza de alces en Wyoming, y los inviernos ayudaba a los turistas a capturar peces enormes en los Cayos de la Florida.

En su primer viaje a Florida me escribió: «Quiero aprender a pescar en agua salada y espero encontrar trabajo en un barco de alquiler. Me alojo con una pareja con la que monté a caballo un día en Wyoming. Empezamos a hablar y aquí estoy… He pasado mucho tiempo en el Parque Nacional de los Everglades observando aves y luchando con caimanes».

«No estoy ganándome la vida —escribió en su primer viaje a Alaska—. Simplemente viviendo».

Judson siempre me juraba que algún día vendría a verme a Nueva York, adonde me había mudado. («¿Tiene peces el Hudson?»). Pero pasaron los años, no vino y nunca esperé que lo hiciera. («Así que te casas, ¿eh? —me escribió después de una larga carta mía—. Supongo que he esperado demasiado para ir a verte»). Y un día, años después de la última vez que habíamos hablado en persona, me llamó. Fue toda una sorpresa. Judson no utiliza el teléfono mientras sigan existiendo los sellos, pero la llamada era urgente. Me dijo que volaría a Nueva York al día siguiente para ver la ciudad. Era solo un capricho, según él. Solo quería ver cómo era una gran ciudad, me comentó. Y después añadió que su hermano mayor, Eustace, también vendría.

Y sí, a la mañana siguiente llegaron los dos hermanos Conway. Se bajaron de un taxi amarillo justo delante de mi piso, y el espectáculo era de lo más estrafalario e incongruente. Allí estaba el guapo Judson, con aspecto de joven zagal de *Bonanza*. Y a su lado estaba su hermano, el puto Davy Crockett.

Supe que era el puto Davy Crockett porque así es como todo el mundo en las calles de Nueva York empezó a llamarlo de inmediato.

—¡Eh, tío! ¡Es el puto Davy Crockett!

—¡Mira, el puto Davy Crockett!

—¡El rey del puto salvaje Oeste!

Algunos neoyorquinos lo confundían con el puto Daniel Boone, por supuesto, pero todo el mundo tenía algo que decir sobre ese curioso visitante que se movía sigilosamente por las calles de Manhattan vestido con ropa de ante hecha a mano y con un impresionante cuchillo en el cinturón.

El puto Davy Crockett.

Así fue como conocí a Eustace Conway.

Durante los dos días siguientes, con la ciudad de Nueva York como insólito telón de fondo, me contaron la vida de Eustace Conway. Una noche, Judson, Eustace y yo fuimos a tomar unas copas a un bar de mala muerte del East Village, y mientras Judson bailaba con todas las chicas guapas y les contaba historias emocionantes de la vida en el campo, Eustace se sentó en un rincón conmigo y me contó en voz baja que los últimos diecisiete años había vivido en un tipi, escondido en el sur de los Apalaches de Carolina del Norte. Llamaba a su hogar Turtle Island, en honor a la leyenda creacionista de los nativos norteamericanos sobre la fuerte tortuga que carga el peso de la tierra sobre su espalda. Eustace me dijo que allí poseía cuatrocientas hectáreas de bosque, un valle virgen rodeado por todos los lados y provisto de una cuenca protegida.

Me pareció curioso que una persona que comía zarigüeya y se limpiaba el culo con hojas hubiera conseguido adquirir cuatrocientas hectáreas de bosque virgen, pero, como descubrí más tarde, Eustace Conway era un hombre de lo más astuto. Había acumulado ese terreno poco a poco, con el paso del tiempo, gracias al dinero que ganaba yendo a escuelas a hablar a alumnos fascinados sobre comer zarigüeya y limpiarse el culo con hojas. Aseguraba que la tierra era el único gasto importante que había hecho en su vida. Cualquier otra cosa que necesitaba la fabricaba, la construía, la cultivaba o la mataba. Cazaba para alimentarse, bebía agua de la tierra y se confeccionaba su ropa.

Eustace me dijo que la gente solía idealizar su estilo de vida. Cuando le preguntaban a qué se dedicaba, él siempre respondía: «Vivo en el bosque». Y entonces suspiraban y decían: «¡Ah! ¡El bosque! ¡El bosque! ¡Me encanta!», como si Eustace se pasara el día sorbiendo el rocío de las flores de trébol. Pero no es eso lo que significa vivir en la naturaleza para Eustace Conway.

Hace unos años, por ejemplo, mientras cazaba ciervos, se topó con un precioso ejemplar de ocho puntas que pastaba entre la maleza. Disparó. El animal cayó. Como no sabía si lo había matado, esperó y esperó para ver si se levantaba del suelo e intentaba huir. El ciervo no se movía. Muy despacio, sin hacer ruido, Eustace se acercó al lugar donde había caído y encontró al enorme ciervo tendido de lado y exhalando una fina columna roja de vapor sanguinolento por la nariz. Los ojos del animal se movían; estaba vivo.

—¡Levántate, hermano! —gritó Eustace—. ¡Levántate y acabaré contigo!

El animal no se movió. Eustace odiaba verlo allí tirado, vivo y herido, pero también odiaba volarle a quemarropa la hermosa cabeza, así que sacó el cuchillo del cinturón y se lo clavó en la yugular. El ciervo se levantó, muy vivo, agitando la cornamenta. Eustace lo agarró por los cuernos sin soltar el cuchillo, y los dos empezaron a luchar entre la maleza, rodando colina abajo mientras el ciervo embestía y Eustace intentaba desviar los pesados cuernos hacia los árboles y las rocas. Al final lo soltó con una mano y le atravesó el cuello con el cuchillo, abriéndole las venas, las arterias y la tráquea, pero el ciervo siguió luchando hasta que Eustace le clavó la cara en la tierra, le apoyó las rodillas en la cabeza y asfixió a la criatura moribunda. Y después hundió las manos en el cuello del animal y se untó la sangre por toda la cara, llorando, riéndose y elevando una eufórica plegaria de agradecimiento al universo por el magnífico fenómeno de esa criatura que con tanta valentía había sacrificado su vida para que él conservara la suya.

Eso significa vivir en el bosque para Eustace Conway.

A la mañana siguiente de nuestra conversación en el bar, llevé a los hermanos Conway a dar un paseo por Tompkins Square Park. Allí perdí a Eustace. No lo encontraba por ninguna parte y me preocupé. Temía que, al estar fuera de su entorno, se sintiera indefenso y vulnerable. Pero cuando lo encontré, estaba charlando tranquilamente con la pandilla de camellos más aterradora que quepa imaginarse. Le habían ofrecido crack, que él había rechazado educadamente, pero aun así se había puesto a charlar con ellos de otros temas.

—Oye, tío —le preguntaba un camello cuando yo llegué—, ¿dónde has comprado esa camisa tan guapa?

Eustace les explicó que no había comprado la camisa, que se la había hecho él mismo. Con la piel de un ciervo. Describió cómo había disparado al animal con un mosquete de pólvora negra, lo había despellejado («¡con este mismo cuchillo!»), había ablandado la piel con los sesos del ciervo y después había cosido la camisa con hebras de tendón de la espina dorsal. Les dijo que no era un proceso tan difícil y que ellos también podrían hacerlo. Y que si iban a visitarlo a su casa de Turtle Island, les enseñaría todo tipo de formas maravillosas de vivir de la naturaleza.

—Eustace, tenemos que irnos —le dije.

Los camellos le estrecharon la mano y le dijeron:

—Joder, tío, eres la polla.

Pero así interactúa Eustace con todo el mundo todo el tiempo. Aprovecha cualquier oportunidad para enseñar sobre la naturaleza. Es decir, no es un mero ermitaño ni un hippy, ni siquiera un preparacionista. No vive en el bosque porque se esconda de nosotros, porque cultive una hierba excelente ni porque almacene armas para la inminente guerra racial. Vive en el bosque porque forma parte de él. Es más, intenta que otras personas se trasladen allí con él porque cree que esa es su misión particular, nada menos que salvar el alma colectiva de nuestra nación reintroduciendo en los estadounidenses la idea de comunión reveladora con la vida salvaje. Es decir, Eustace Conway cree que tiene un Destino.

Eustace creó Turtle Island (el cosmos perfecto de cuatrocientas hectáreas que él mismo diseñó) como el centro de enseñanza definitivo, una universidad en estado puro y un monasterio salvaje porque, después de años estudiando sociedades primitivas e innumerables experiencias de transformación personal en la naturaleza, se ha forjado un poderoso dogma. Está convencido de que la única manera de que el actual Estados Unidos pueda empezar a revertir su corrupción, su codicia y su malestar inherentes es sintiendo el éxtasis que surge de los encuentros cara a cara con lo que él llama «el elevado arte y la divinidad de la naturaleza».

Cree que los estadounidenses, en nuestra constante búsqueda de la comodidad, estamos erradicando la belleza estridente y edificante de nuestro verdadero entorno para sustituirla por un «entorno» seguro pero completamente falso. Lo que Eustace ve es una sociedad que se desintegra a sí misma, por así decirlo, por su exceso de recursos. Los estadounidenses, inteligentes, ambiciosos y siempre en busca de una mayor eficiencia, nos hemos creado en apenas dos siglos un mundo de comodidades las veinticuatro horas del día. Las necesidades básicas de la humanidad (comida, ropa, vivienda, entretenimiento, transporte e incluso placer sexual) ya no requieren un esfuerzo personal ni rituales, ni siquiera entenderlas. Todas estas cosas están ahora a nuestra disposición a cambio de dinero. O a crédito. Lo que significa que ya nadie necesita saber hacer nada, basta con tener esa única habilidad que permitirá ganar suficiente dinero para pagar las comodidades y los servicios de la vida moderna.

Pero al sustituir toda dificultad por un método simplificado, parece que hemos perdido algo, y Eustace no es la única persona que siente esta pérdida. Somos un pueblo cada vez más deprimido y angustiado, y no sin razón. Podría argumentarse que hemos adoptado todas estas comodidades modernas para ahorrarnos tiempo. Pero ¿tiempo para qué? Tras haber creado un sistema que atiende todas nuestras necesidades sin exigirnos un esfuerzo o un trabajo excesivo, ¿a qué dedicamos ahora ese tiempo?

Bueno, para empezar, a ver la televisión, mucha televisión, horas, días, semanas y meses en la vida de todo estadounidense. También a trabajar. Los estadounidenses pasan cada año más horas en el trabajo; en casi todos los hogares, ambos progenitores (si hay dos) deben trabajar a tiempo completo fuera de casa para pagar todos esos bienes y servicios. Lo que implica muchos desplazamientos. Lo que implica mucho estrés. Menos relación con la familia y la comunidad. Comidas rápidas en el coche de camino al trabajo o a casa. Una salud cada vez peor. (Estados Unidos es sin duda la sociedad más gorda e inactiva de la historia, y cada año engordamos más. Parece que sentimos el mismo desprecio por nuestro cuerpo que por los recursos naturales; creemos que, al fin y al cabo, si un órgano vital se estropea, siempre podremos comprar uno nuevo. Alguien se ocupará de él. Del mismo modo, creemos que alguien plantará otro bosque algún día si agotamos este. Eso en el caso de que nos demos cuenta de que lo estamos agotando).

Es una actitud arrogante, pero sobre todo es profundamente alienante. Hemos perdido el contacto con la naturaleza. Así de sencillo. Si ya no cultivamos nuestros alimentos, ¿necesitamos prestar atención a, por ejemplo, las estaciones? ¿En qué se diferencia el invierno del verano si podemos comer fresas todos los días? Si podemos mantener la temperatura de nuestra casa a unos agradables veinte grados todo el año, ¿necesitamos observar que se acerca el otoño? ¿Tenemos que prepararnos? ¿Respetarlo? ¿Y mucho menos considerar lo que significa para nuestra mortalidad que en la naturaleza mueran cosas cada otoño? Y cuando vuelve la primavera, ¿necesitamos observar ese renacimiento? ¿Necesitamos tomarnos un momento y quizá agradecerlo? ¿Celebrarlo? Si solo salimos de casa para ir al trabajo, ¿necesitamos ser remotamente conscientes de la poderosa, humilde, extraordinaria y eterna fuerza vital que surge y se desvanece a nuestro alrededor todo el tiempo?

Parece que no. Porque parece que hemos dejado de prestar atención. O eso es lo que percibe Eustace Conway cuando mira a su alrededor. Ve a un pueblo que ha perdido el contacto con los ciclos naturales, que han determinado la existencia y la cultura de la humanidad durante milenios. Al haber perdido la conexión vital con la naturaleza, la nación corre el peligro de perder su humanidad. Al fin y al cabo, no somos extraterrestres de visita en este planeta, sino habitantes naturales y parientes de todos los seres vivos. Venimos de esta tierra, a ella iremos a parar cuando muramos, y entretanto es nuestro hogar. Y es imposible que lleguemos a entendernos a nosotros mismos si no entendemos, al menos mínimamente, nuestro hogar. Necesitamos esa comprensión para situar nuestra vida en un contexto metafísico más amplio.

Eustace ve un panorama escalofriante: una ciudadanía tan alejada de los ritmos de la naturaleza que avanzamos por la vida como sonámbulos, ciegos, sordos e inconscientes.

Vivimos como robots en entornos esterilizados que adormecen la mente, debilitan el cuerpo y atrofian el alma. Pero Eustace cree que podemos recuperar nuestra humanidad. Cuando contemplamos la venerable edad de una montaña, la recuperamos. Cuando observamos el magnífico orden del agua y la luz del sol, la recuperamos. Cuando experimentamos de primera mano la brutal poesía de la cadena alimentaria, la recuperamos. Cuando somos conscientes de todos los matices de nuestro mundo natural, al final entendemos que a cada uno de nosotros se nos ha concedido solo un deslumbrante momento de vida en la tierra y que debemos enfrentarnos a esta realidad con humildad y elevación a la vez, sujetos a todas las leyes de nuestro universo y agradecidos por nuestra breve pero intrínseca participación en él.

No es una idea radical, por supuesto. La filosofía de todos los ecologistas del mundo se basa en estas mismas hipótesis, pero lo que diferencia a Eustace Conway de todos los demás es que desde su más tierna infancia ha tenido la peculiar convicción de que su destino personal es sacar a sus compatriotas del sonambulismo. Siempre ha creído que tiene este poder y esta responsabilidad, en solitario, que iba a ser el vehículo del cambio. Un hombre, una visión.

Y esta era su visión exacta: que, uno a uno, los estadounidenses llegarían a su utopía mística en el bosque. Allí, bajo su guía, se despojarían de la fragilidad, la ignorancia y la mezquindad que les había ocasionado su educación contemporánea. Utilizando su carisma como señuelo, los conduciría de vuelta a la vida salvaje, les quitaría la venda de los ojos, les señalaría la impresionante vista de la naturaleza virgen y les diría: «¡Mirad!». Después daría un paso atrás y observaría su despertar.

Eustace siempre imaginó grupos de niños acudiendo a participar en campamentos de verano primitivos, pero también daría la bienvenida a adultos (aprendices) que, durante largos periodos y dirigidos por él, estudiarían a fondo una forma de vida natural. Sabe que es imposible arrastrar a todos y cada uno de los estadounidenses al bosque con él, por supuesto, y por eso también sale al mundo con su mensaje y entrega el bosque a los que lo rodean, porque lleva el olor de la naturaleza salvaje en el pelo, en la piel y en sus palabras. Predicaría y enseñaría su doctrina en todas las escuelas, en todas las ferias, en todos los centros comerciales, aparcamientos y gasolineras que encontrara. Hablaría con pasión a cualquier hombre de negocios, niñera, ama de casa, prostituta, millonario y adicto al crack de Estados Unidos.

Con la energía de Eustace y a través de su ejemplo (siempre ha estado seguro de ello), los estadounidenses se transformarían progresivamente. Crecerían, aprenderían y volverían a ser fuertes y habilidosos. Después se alejarían de Eustace y difundirían sus nuevos conocimientos entre sus hermanos. De esta manera evangélica, la visión de Eustace Conway de la perfecta concordancia con la naturaleza se iría extendiendo por familias, ciudades, condados y estados hasta que todos viviéramos como él, cultivando nuestros alimentos, confeccionando nuestra ropa, haciendo fuego con dos palos y reconociendo nuestra bendita humanidad. Así se salvarían tanto nuestra gran nación como nuestro sagrado planeta.

Al menos, este era su plan.

¿Audaz? Seguro. Aun así, hay algo en él…

No es fácil descartar a Eustace. Como su hermano Judson atestiguaba asombrado, y como más tarde pude comprobar en persona, las destrezas de Eustace en la naturaleza son innumerables. Es muy competente. Está física e intelectualmente predestinado a ser cada vez más hábil. Tiene una vista perfecta, un oído perfecto, un equilibrio perfecto, unos reflejos perfectos y una concentración perfecta. Tiene músculos largos y una complexión ligera pero fuerte, como un corredor de media distancia. Su cuerpo puede hacer todo lo que le pida. Su mente, también. Solo hay que exponerle una idea o mostrarle un proceso una vez para que lo entienda, lo asimile y empiece de inmediato a mejorar sus principios. Nunca he visto a nadie prestar más atención que él a lo que le rodea. Su cerebro funciona, como escribió Henry Adams sobre las mentes de los primeros colonos norteamericanos, como «un instrumento cortante, práctico, económico, afilado y directo».

Y este tipo de mente dificulta ser honesto. Cuando una vez le pregunté: «¿Hay algo que no sepas hacer?», Eustace me contestó: «Bueno, nunca he encontrado nada especialmente difícil». En otras palabras, tiene la seguridad en sí mismo para respaldar su convicción de que puede cambiar el mundo, además de la voluntad inquebrantable y la hermética visión del mundo de un reformador nato. Y también tiene carisma, que despliega descaradamente en toda interacción con una persona.

Fui por primera vez a Turtle Island a ver a Eustace en 1995. En mitad de mi estancia, Eustace tuvo que abandonar la montaña y yo fui con él. Tuvo que marcharse de allí, como suele hacer, para enseñar sobre el bosque, ganar algo de dinero y difundir el evangelio. Así que cruzamos Carolina del Norte en coche hasta un pequeño campamento de verano especializado en educación medioambiental. Un grupo de adolescentes entró en el comedor del campamento para asistir al evento de la noche, y a mí todos me parecieron unos imbéciles. Eran ruidosos, irrespetuosos, se empujaban, chillaban y se reían. Eustace debía conseguir que esos chicos se entusiasmaran con la naturaleza.

Pensé: «Esto no va a acabar bien».

Eustace, vestido con vaqueros y camisa de cuadros, no de ante, cruzó el escenario hacia el micrófono. Llevaba colgados del cuello dos dientes grandes de coyote. Y el cuchillo en el cinturón.

Los chicos siguieron empujándose, gritando y riéndose.

Eustace se quedó delante del micrófono con las manos en los bolsillos, muy serio. Después de un buen rato dijo:

—Soy un hombre que suele hablar en voz baja, así que voy a tener que hablar en voz baja esta noche.

Los empujones, los chillidos y las risas cesaron. Los adolescentes imbéciles miraron fijamente a Eustace Conway, fascinados. Así de simple, silencio sepulcral. Lo juro. Fue como en *Rebelión en las aulas*.

—Me fui a vivir al bosque cuando tenía diecisiete años —empezó Eustace—. No era mucho mayor que vosotros.

Y habló de su vida. Los chicos estaban tan absortos que podrían haberlos sometido a una operación quirúrgica y no se habrían dado cuenta. Eustace les habló de la supervivencia en la naturaleza y de sus aventuras, pero también les dio su discurso sobre la diferencia entre el mundo de las cajas y el de los círculos.

—Vivo en la naturaleza —dijo Eustace—, donde todo está conectado y es circular. Las estaciones son circulares. El planeta es circular, al igual que su trayectoria alrededor del sol. El curso del agua sobre la tierra es circular: baja del cielo, circula por el mundo para esparcir vida y después vuelve a evaporarse. Yo vivo en un tipi circular y hago mis hogueras en círculo, y cuando mis seres queridos vienen a verme, nos sentamos en círculo y hablamos. Los ciclos vitales de las plantas y los animales son circulares. Vivo al aire libre, donde puedo verlo. Los antiguos entendían que nuestro mundo es un círculo, pero los modernos lo hemos perdido de vista.

No vivo en edificios, porque estos son lugares muertos donde nada crece, donde el agua no fluye y donde la vida se detiene. No quiero vivir en un lugar muerto. Me dicen que no vivo en el mundo real, pero los que viven en un mundo falso son los estadounidenses modernos, porque se han salido del círculo natural de la vida.

»Vi el círculo de la vida con más claridad cuando, cruzando Estados Unidos a caballo, un día encontré el cuerpo de un coyote que había muerto hacía poco. El calor del desierto lo había momificado, pero a su alrededor, en un círculo frondoso, había una pequeña franja de hierba verde y fresca. La tierra estaba tomando los nutrientes del animal para regenerarse. Me di cuenta de que no se trataba de la muerte, sino de la vida eterna. Le arranqué los colmillos al coyote y me hice este collar, que siempre llevo colgado para no olvidar esa lección.

»¿Viven hoy las personas en círculos? No. Viven en cajas. Se despiertan cada mañana en la caja de su dormitorio porque una caja a su lado ha empezado a pitar para indicarles que es hora de levantarse. Sacan el desayuno de una caja que luego tiran a otra caja. Después salen de la caja donde viven, se meten en una caja con ruedas y se dirigen al trabajo, que no es más que otra caja grande dividida en un montón de cajas pequeñas en forma de cubículo donde un grupo de personas se pasan el día sentadas y mirando la caja del ordenador que tienen delante. Cuando acaba su jornada, vuelven a meterse en la caja con ruedas, regresan a la caja de su casa y se pasan la noche mirando la caja del televisor para entretenerse. ¡Sacan la música de una caja, sacan la comida de una caja, guardan la ropa en una caja y viven la vida en una caja! ¿Os suena de algo?

A esas alturas los chicos ya estaban riéndose y aplaudiendo.

—¡Salid de la caja! —exclamó Eustace—. No tenéis que vivir así porque los demás os digan que es la única manera. ¡No estáis esposados a vuestra cultura! ¡La humanidad no vivió así durante miles y miles de años, y no es la única forma de vivir hoy!

Una hora más y, después, un aplauso incontenible, como tras el discurso de un predicador. Tras la charla, Eustace se sentó en el borde del escenario y bebió de la jarra de cristal llena de agua fresca de manantial de Turtle Island que lleva consigo a todas partes. Los adolescentes se acercaron reverentes, asombrados, mientras el director del campamento le daba a Eustace un apretón de manos entusiasta y un generoso cheque metido discretamente en un sobre. Los adolescentes se acercaron más. El chico más duro y malote de todos se plantó al lado de Eustace, se llevó la mano al corazón y le dijo en tono solemne:

—Eres el puto amo, tío. Eres la bomba.

Eustace echó la cabeza hacia atrás y se rio. Los demás campistas se pusieron en fila para estrecharle la mano y después dispararon sus preguntas.

—¿Podrías hacer fuego ahora mismo?

—Sí.

—Si te dejaran desnudo en medio de Alaska, ¿podrías sobrevivir?

—Supongo que sí, pero sería mucho más fácil si tuviera un cuchillo.

—¿Tenías miedo cuando te fuiste a vivir al bosque por primera vez?

—No. El mundo civilizado da mucho más miedo que el bosque.

—¿Se enfadaron tus padres contigo cuando te fuiste a vivir al bosque?

—Mi padre no se explicaba por qué quería marcharme de una casa moderna y cómoda, pero mi madre me entendía.

—¿Te pones enfermo alguna vez?

—Casi nunca.

—¿Alguna vez vas al médico?

—Nunca.

—¿Sabes conducir?

—¿Cómo crees que he llegado aquí esta noche?

—¿Utilizas alguna herramienta moderna?

—Utilizo motosierras a todas horas para cuidar mi terreno. Utilizo teléfonos. Y cubos de plástico. ¡Dios mío, los cubos de plástico son geniales! He hecho muchas cestas y recipientes con corteza de árbol y hierbas, así que sé hacerlos y he utilizado muchas veces esos utensilios primitivos para transportar agua, pero os aseguro que no hay nada como un cubo de plástico para agilizar el trabajo. ¡Guau! ¡Cubos de plástico! ¡Fantásticos! ¡Me encantan!

—¿Tienes cepillo de dientes?

—De momento, no.

—¿Tienes cepillo para el pelo?

—Antes tenía un cepillo de puercoespín, pero ya no lo tengo.

—¿Qué es un cepillo de puercoespín?

—Un cepillo hecho con púas de puercoespín.

—¿De dónde las sacaste?

—Un puercoespín me salvó la vida una vez mientras recorría a pie el Sendero de los Apalaches, así que hice el cepillo con sus púas en su honor.

—¿Cómo pudo un puercoespín salvarte la vida?

—Dándome algo que comer cuando me moría de hambre.

Se produjo un largo silencio mientras los chicos lo procesaban. Después todos dijeron «oooh» al mismo tiempo, y el interrogatorio continuó.

—¿Por qué te morías de hambre?

—Porque no había comida.

—¿Por qué no había comida?

—Porque era invierno.

—¿Cuánto tiempo has aguantado sin comer?

—Creo que el máximo fueron las dos semanas antes de matar a ese puercoespín.

—¿Puedes mostrarnos tu cepillo de puercoespín?

—Ya no lo tengo. Lo llevé a una charla como esta para mostrárselo a unos chicos de vuestra edad y alguien me lo robó. ¿Os imagináis lo triste que me puse?

—¿Tienes armas?

—Sí, varias.

—¿Alguna vez has matado a una persona?

—No.

—¿Estás casado?

—No.

—¿Por qué no?

—Supongo que aún no he encontrado a la mujer adecuada.

—¿Te gustaría estar casado?

—Más que nada en el mundo.

—¿Alguna vez te sientes solo en el bosque?

Eustace dudó y sonrió con nostalgia.

—Solamente por la noche.

Esa misma noche, cuando nos quedamos solos, Eustace me contó lo desconsolado que se siente cada vez que habla con adolescentes estadounidenses. Sí, es capaz de comunicarse con ellos, pero nadie entiende cuánto le desgarra por dentro ver su ignorancia, su ausencia de disciplina en las interacciones personales y su poco respeto a sus mayores, su obsesión por lo material y su incompetencia, que nunca veríamos, por ejemplo, en los niños amish.

Pero no escuché con atención el lamento de Eustace, porque tenía otro tema en la cabeza.

—Oye, lo que ha pasado esta noche... ¿Recibes este tipo de respuesta en todos los lugares donde hablas?

—Sí.

—¿Con grupos de cualquier edad y origen?

—Sí.

Me quedé un instante pensando.

—Pues dime por qué crees que estos adolescentes en concreto se han quedado tan hipnotizados contigo esta noche.

La respuesta de Eustace fue tan inmediata, tan inflexible y tan fría que me produjo un pequeño escalofrío.

—Porque se han dado cuenta enseguida de que yo era una persona real —me contestó—. Y seguramente nunca habían conocido a ninguna.

Capítulo 2

Hijo mío, mi verdugo,
te tomo en mis brazos,
silencioso, pequeño y apenas despierto,
y a quien mi cuerpo calienta.

—Donald Hall,
«My Son, My Executioner»

En el invierno de 1975, cuando Eustace Conway tenía catorce años, empezó un nuevo diario y escribió este párrafo a modo de introducción:

«Yo, Eustace Conway, vivo en una casa bastante grande en Gastonia, Carolina del Norte. Mi madre y mi padre están vivos en este momento, y también tengo dos hermanos (Walton y Judson) y una hermana (Martha). Soy muy aficionado a la artesanía y la tradición indias. He organizado un grupo de danza india de cuatro personas, yo incluido. El grupo está formado por: mi hermano Walton, que es el mayor de mis dos hermanos; Tommy Morris, que es un buen amigo que vive a unas dos manzanas de mi casa; Pete Morris, su hermano, y yo. El padre de Tommy y Pete se suicidó hace unos dos años, pero su madre va a volver a casarse pronto. Voy al Museo Schiele de Historia Natural cada vez que puedo porque me gusta mucho y me encanta la gente que hay allí. Casi me he convertido en un miembro del personal… Mi habitación también es un museo. La he cubierto de pinturas y fotos indias, pieles de oso de mi tío, que está en Alaska, y muchas artesanías indias que he hecho. En mi habitación no queda sitio para nada más, está abarrotada y tengo muchas más cosas que no puedo anotar».

Era un chico diferente. Siempre estaba haciendo algo. Iba a la escuela todos los días, por supuesto, pero solo porque lo obligaban. Después de clase, iba en bicicleta al Schiele, un pequeño museo de historia natural lleno de dioramas polvorientos de la época de la Primera Guerra Mundial sobre la flora y la fauna de Carolina del Norte. Y allí empezaba para Eustace la verdadera jornada escolar; el señor Alan Stout, el director del museo, le había cogido cariño y siempre le daba la bienvenida al maravilloso manicomio del Schiele.

Era difícil resistirse a Eustace. Tenía una sonrisa maravillosa, cuando sonreía, y una capacidad de concentración fuera de lo común. Siempre estaba motivado y le interesaban la geología, la antropología, la historia, la biología…, todo lo que le ofrecieran. El señor Stout le dejaba pasar horas en las salas traseras del museo, para gran alegría del chico. («No conozco a nadie que sepa más de indios que el señor Stout —lo elogiaba Eustace en su diario—. Es muy buen acuarelista y pinta escenas de Tennessee, donde nació y creció»). El señor Stout nunca había conocido a un chico como Eustace, y nunca lo conocería después. Si le dabas un libro, lo estudiaba, hacía una decena de preguntas y pedía otro la tarde siguiente. Si el señor Warren Kimsey, el taxidermista del museo, enseñaba a Eustace a despellejar y desollar un conejo, este lo hacía con fanática perfección y pedía otro conejo para intentar mejorar la técnica.

«Warren es nuevo —escribió Eustace en su diario—, pero en muy poco tiempo se ha convertido en la persona más cercana a mí. De hecho, es la persona que me cae mejor en este mundo».

Y era un ayudante estupendo. Un trabajador entusiasta, siempre dispuesto a barrer los almacenes o a encargarse de cualquier tarea que nadie más quisiera hacer. El señor Stout incluso le dejaba utilizar el museo para ensayar con su grupo de danza india. Eustace era el jefe del grupo, pero el señor Stout entrenaba a los bailarines, los llevaba a competiciones y les enseñaba a coser y bordar los intrincados trajes tradicionales indios. Cuando Eustace se hizo más mayor, el señor Stout lo llevaba de excursión en canoa por el río South Fork Catawba para recoger muestras de agua para estudios medioambientales del gobierno. A veces lo llevaba de acampada a él solo y observaba con silenciosa admiración cómo el adolescente cazaba, mataba, despellejaba, cocinaba y comía serpientes de cascabel.

Al señor Stout, más que caerle bien Eustace, lo respetaba. Le parecía brillante. Observaba con atención su desarrollo como Thomas Jefferson había observado con atención el de un joven vecino llamado Meriwether Lewis (un niño al que el presidente siempre recordaría como «excepcional, incluso en la infancia, por su iniciativa, su audacia y su discreción»). Y, en cualquier caso, el señor Stout tenía la sensación de que Eustace necesitaba desesperadamente un lugar al que ir por las tardes, un lugar que no fuera su casa. No estaba al corriente de los detalles de su situación familiar, pero había conocido a su padre, y no hacía falta ser un genio para darse cuenta de que la vida no era fácil en aquella casa bastante grande de Deerwood Drive.

Así que Eustace pasaba las tardes en el museo y después se iba a recorrer el pequeño bosque de detrás de su casa. Revisaba las trampas, buscaba tortugas y creaba senderos. Tomaba notas de lo que veía durante esas incursiones en el bosque. Llevaba un diario desde hacía años, pero no era tanto un medio de expresión personal como una crónica compulsiva de todo lo que había hecho ese día (tanto en la naturaleza como en su vida cotidiana) y una larga lista de lo que pretendía hacer al día siguiente.

«Hoy he dado de comer gusanos a mi cría de tortuga. He visto una película sobre un niño y una paloma mensajera, he ensayado el baile del aro y he empezado a trabajar en las plumas para mi bastón de mando. Después he desarrollado mis destrezas en el ping-pong. Ya soy bastante bueno. Voy a leer la Biblia todas las noches hasta que la termine. Quizá me haga una cresta de plumas con plumas de cola de pavo».

«Hoy he encontrado un rastro de puma de hace tres días. He atrapado una serpiente del maíz que medía ciento sesenta y siete centímetros. También he puesto una trampa para un mapache en un sitio donde he visto huellas de mapache de hace tres días. Espero cazarlo por la piel».

«He empezado a leer un libro, *Fighting Indians of the West*. Después he disecado dos patas de ciervo… Martha me ha dicho que habían atropellado a una ardilla en Gardner Park Drive. La he despellejado, pero luego la he congelado para separar la carne más adelante».

Una página entera de uno de sus diarios de infancia se titulaba RANAS y estaba llena de información y observaciones sobre estos animales. («El otro día atrapé tres ranas arbóreas y las metí en mi terrario de cuarenta litros. Al día siguiente encontré huevos en el recipiente del agua. También atrapé una salamandra y la metí con las ranas. Creo que una de las ranas se ha muerto, porque hace tiempo que no las veo a las tres juntas»).

Eustace era una especie de Thoreau niño. O quizá no. Aunque estaba atento a su entorno, Eustace no mantenía, ni mantendría nunca, esa lánguida comunión de Thoreau con la naturaleza. (Por ejemplo: «A veces, en las mañanas de verano, después de haber tomado mi baño habitual —reflexionaba Thoreau—, me sentaba al sol ante la puerta de mi casa desde el amanecer hasta el mediodía, absorto en ensoñaciones, entre pinos, nogales y zumaques, en una soledad y una quietud imperturbables»). Eustace Conway jamás habría soportado esa quietud decadente. Incluso de niño, era demasiado compulsivo para sentarse durante semanas a contemplar cómo cambiaba la luz. Su instinto lo obligaba a involucrarse. Es más acertado decir que era como el joven Teddy Roosevelt, otro niño enérgico y decidido, que también estudió con un taxidermista, que también creó un museo de historia natural en su dormitorio y que también consignó observaciones académicas concienzudas en diarios preadolescentes. Al igual que Teddy Roosevelt, podríamos describir al joven Eustace Conway como «pura acción».

Eustace no tenía muchos amigos. Era diferente de los demás, algo que él mismo sabía ya a los diez años. Cuando miraba a los chicos de su edad, veía a niños que se pasaban horas viendo la televisión, hablando de lo que veían en ella e imitando a personajes de la televisión. Ninguna de sus referencias tenía sentido para él.

Los demás chicos también tenían pasatiempos extraños. Iban a una cafetería a jugar a un juego complicado que consistía en romper lápices. Intentaban robarse los lápices unos a otros y partirlos por la mitad, y llevaban la cuenta de cuántos rompía cada chico. Para Eustace era desconcertante y molesto. ¿Cómo podían tener tan poco respeto por la propiedad? Al fin y al cabo, los lápices estaban hechos de árboles y tenían algún valor. También veía que los niños de su clase desperdiciaban semestres enteros haciendo dibujos de coches de carreras en sus cuadernos, ¡y además solo utilizaban una cara del papel! Ya entonces Eustace pensaba: «Qué pérdida de tiempo y qué desperdicio de papel». Esos chicos parecían aburridos como ostras. Solo se les ocurría pelear y destrozar cosas. Pero a Eustace siempre se le ocurría algo útil; el día no tenía suficientes horas para todo lo que quería hacer y aprender.

Muchos niños del barrio conocían a Eustace y hacían cosas con él, pero no eran amigos como suelen serlo los niños; eran más bien versiones tempranas de aprendices. Eustace hacía cosas como pasear por la acera con una enorme serpiente negra colgada del cuello, lo que por supuesto llamaba la atención. Los niños se acercaban a él y le hacían preguntas, y él les explicaba los hábitos y la naturaleza de la serpiente, les pedía que buscaran comida para el animal o, si mostraban más interés, los llevaba al bosque y les enseñaba a cazar serpientes. Incluso niños mayores que Eustace lo seguían al bosque para construir fuertes bajo su supervisión o vadear pantanos en busca de comida para sus tortugas.

¿Y en la escuela? Eustace no tenía amigos. Si el tema de conversación no eran las serpientes, si el entorno no era un bosque en el que pudiera mostrar su habilidad, a Eustace no se le daba bien relacionarse con sus compañeros. Se sentaba a comer con los demás marginados: los niños con retraso mental, los niños con aparatos ortopédicos en las piernas y los hijos tristes de las familias más pobres de Gastonia. No era amigo de esos niños. Ninguno de ellos sabía cómo se llamaban los demás. Comían juntos a diario, pero cuando alguien se metía con uno de ellos, los demás desviaban la mirada con vergonzoso alivio.

Pero estaba también Randy Cable, un chico que acababa de llegar a Gastonia. Sus padres eran montañeses, de los Apalaches, que se habían trasladado a esa próspera ciudad para trabajar en una fábrica. Randy tampoco conocía a nadie. Un día, durante el séptimo curso, a la hora del recreo, Randy estaba solo, como siempre, en los alrededores del patio, donde terminaba la acera y empezaba el bosque. Los demás niños jugaban al béisbol a gritos, pero él no sabía jugar, así que se puso a pasear junto a la linde y encontró una tortuga. Estaba jugueteando con ella y dándole golpecitos cuando un chico delgado, moreno y serio se acercó a él. Era Eustace Conway.

—¿Te gustan las tortugas? —le preguntó Eustace.

—Claro —le contestó Randy.

—Lo sé todo sobre las tortugas. Tengo más de cien en mi patio —le dijo Eustace.

—No me lo creo.

—Créetelo. Si vienes a mi casa, te las enseño.

Randy Cable pensó: «Sí, claro».

Pero esa tarde se acercó a su casa en bicicleta y descubrió que era cierto. En el patio trasero de la casa de Eustace había una comunidad enorme y ordenada de tortugas. Decenas de jaulas y cajas, con agua y a la sombra, en las que vivían más de cien tortugas de diferentes razas que Eustace alimentaba y cuidaba, según un sistema de rotación minuciosamente documentado, desde que tenía seis años.

A Eustace le encantaban las tortugas. Le encantaban su carácter, su calma, su perfecto equilibrio espiritual y su aura reconfortante y antigua. Tenía un don para las tortugas. Las encontraba en cualquier parte. Detectaba a una escondida en un denso camuflaje con solo un trozo de caparazón del tamaño de una uña a la vista. Varias veces en su joven vida las había «oído». Mientras caminaba por el bosque sin hacer ruido, oía el silbido casi inaudible de las tortugas al meter rápidamente la cabeza y las patas en el caparazón. Entonces se detenía, se quedaba inmóvil y miraba a su alrededor hasta que la localizaba. Porque sí, había una pequeña tortuga de caja a un metro de distancia, escondida entre la maleza y metida en su caparazón.

Eustace incluso había desarrollado un sistema para capturar tortugas pintadas asustadizas en estanques y lagos. Acechaba en el bosque, a la orilla del agua, con una caña de pescar provista de un gran trozo de tocino como cebo. Lanzaba el tocino unos metros por delante de la tortuga, que estaba tomando el sol, y lo arrastraba despacio ante los ojos del animal hasta que olía el cebo y lo seguía. Eustace atraía a la tortuga hacia la orilla centímetro a centímetro y después salía de su escondite, saltaba al agua con una red y la atrapaba antes de que se zambullera asustada.

De vuelta en casa, dejaba su nuevo hallazgo en una de sus jaulas de madera contrachapada, diseñadas a medida y con el equilibrio adecuado de sombra, agua y hierba para cada especie. Tenía tortugas de pantano, tortugas almizcladas, tortugas de caja y tortugas pintadas. Las alimentaba con cangrejos, verduras y gusanos (que recogía de debajo de los troncos ordenados que había colocado en el bosque, detrás de su jardín), y estaban tan contentas en ese hábitat que se reproducían aunque estuvieran en cautividad. Y también tenía serpientes en el patio, así como una cría de zorro huérfana a la que llamaba Sputnik. (El señor Stout le había regalado el zorro a Eustace después de que un vecino de Gastonia lo encontrara y lo llevara al Museo Schiele para que lo cuidaran). Ese imperio ordenado fue lo que le mostró esa tarde a su nuevo amigo Randy Cable. Y para un chico de campo como Randy, todo aquello fue algo parecido al paraíso. Los dos chicos se hicieron buenos amigos.

«Hoy he ido por primera vez a casa de Randy Cable —escribió Eustace en su diario poco después de la exhibición de tortugas—. Me ha enseñado su bosque y un arroyo donde hemos visto huellas de ratas almizcleras, mapaches, pájaros y gatos. Me ha mostrado una madriguera de rata almizclera en un banco de arcilla. Hemos construido una trampa para pájaros con una cesta y le hemos puesto pan como cebo. Hemos utilizado una cuerda larga y una palanca de madera. Había muchos mirlos a nuestro alrededor, pero no hemos atrapado ninguno porque no han entrado. Hemos hecho varias trampas. He despellejado un conejo de Florida para hacerme un chaleco».

Y así siguieron durante meses y años. Randy recuerda a Eustace como un niño extraño y fascinante, con grandes conocimientos y muy sensible a su mundo, como pocos niños de doce años. Prestaba atención al más mínimo detalle. Por ejemplo, Eustace le dijo a Randy:

—¿Te gusta el chocolate? ¿Quieres saber cuál es la mejor manera de comerlo? Métete un cuadradito debajo de la lengua y deja que se derrita. Así obtendrás el máximo sabor durante más tiempo y lo apreciarás más.

Eustace estaba encantado con Randy Cable y con su padre, un hombre que se había criado en la montaña y que lo sabía todo sobre caza, pesca y qué plantas silvestres que crecen en las orillas de los ríos son comestibles. Eustace iba a casa de Randy cada vez que podía. Randy iba a la casa de los Conway con mucha menos frecuencia. No se sentía tan cómodo. La señora Conway era amable, pero el señor Conway daba miedo. La hora de la cena era especialmente aterradora. Los niños apenas hablaban y su madre, tampoco. El señor Conway, sentado a la cabecera de la mesa, era severo y sarcástico, con un mal genio que ponía los pelos de punta. Parecía centrar toda su atención en Eustace. Si el chico se decidía a decir algo, el señor Conway ridiculizaba su gramática. Si el chico comentaba algo que había hecho ese día, el señor Conway se reía y lo tachaba de «infantil y ridículo». Si el señor Conway le preguntaba a Eustace cómo le había ido en un examen de Matemáticas y recibía una respuesta que no le gustaba, soltaba una retahíla de insultos y burlas.

—Eres tonto —recuerda Eustace que le decía su padre—. Nunca he conocido a un niño más zopenco. No sé cómo he podido engendrar un hijo tan idiota. No sé qué pensar. Creo que eres un incompetente y que nunca aprenderás nada.

Y entonces el señor Conway animaba a sus hijos menores a reírse con él de la ridícula estupidez de su hermano mayor inútil, lo que hacían de buena gana, como los niños marginados del comedor de la escuela con aparatos en las piernas, que se sienten aliviados al ver que se meten con otro, no con ellos.

Otra cosa que llamaba la atención de Randy Cable era la incesante insistencia en los modales en la mesa. Nunca había estado en una casa tan «correcta» ni había presenciado una formalidad tan rígida a la hora de comer. Si Eustace comía demasiado deprisa o empleaba un utensilio de forma incorrecta, su padre le echaba en cara sus «absurdos y primitivos» modales. A Randy le ponía nervioso coger el tenedor; en su casa nunca había tenido problemas por algo así. Treinta años después, a Randy todavía le desconcierta la insistencia del señor Conway en la etiqueta a la hora de comer.

—En nuestra mesa cada uno iba a lo suyo —recuerda.

Sí, bueno. Algo así sucedía también en la de Eustace.

Creo que el razonamiento que subyace a la decisión de un hombre de ponerle su nombre a su primogénito responde a muchos factores. Entiendo que esta costumbre suela considerarse una mera convención social (sobre todo en el sur de Estados Unidos), pero a mí me parece más cargada de significado. Algunos la interpretan como vanidad, pero yo me pregunto si no será lo contrario: inseguridad. A mí me parece un deseo conmovedor y esperanzado, como si el padre, asustado por la importancia de haber creado una nueva vida, un nuevo hombre y un nuevo rival, recitara una pequeña plegaria para que al ponerle su nombre al hijo se produjese una especie de hermandad entre el niño y él. Al llevar ese nombre tan familiar, el niño deja de ser un extraño o un posible usurpador. Es como si el padre pudiera mirar sin miedo a su hijo recién nacido y proclamar: «Tú eres yo; yo soy tú».

Pero él no es tú, y tú no eres él. Por eso, en última instancia, esta costumbre es tan peligrosa como consoladora.

El nombre completo del señor Conway es Eustace Robinson Conway III, y llamó a su hijo Eustace Robinson Conway IV. Desde el principio, los dos se diferenciaban solo por un adjetivo: «mayor» frente a «menor». Eustace el mayor y Eustace el menor incluso se parecían, tenían los mismos ojos castaños, grandes e inteligentes. Al principio, Eustace el mayor no cabía en sí de gozo por tener a Eustace el menor en casa. Trataba de maravilla a su bebé, estaba encantado, orgulloso a más no poder, era atento, paciente y cariñoso, y presumía de él. Quería jugar con él a todas horas. Y cuando el niño creció un poco, lo llevaba al bosque de detrás de su casa, señalaba los árboles y le decía: «Mira…».

Eustace el menor era brillante y perspicaz, y era lógico, porque a Eustace el mayor todo el mundo lo consideraba un genio. Eustace el mayor, orgullo de una antigua y acaudalada familia de terratenientes y empresarios sureños, era ingeniero químico con un doctorado en el MIT. (Se había saltado cursos en el instituto, también se los había saltado en la universidad, y había abandonado el MIT con su doctorado cuando tenía poco más de veinte años). Tenía un auténtico don para los números y las ciencias. Más que un don, era amor. Para Eustace el mayor, el cálculo desvelaba sus misterios con la misma facilidad con la que se desvela la armonía para las personas dotadas de instinto musical. ¿Y la física? Magnífica. ¿La trigonometría? Un placer. ¿La química? Bueno, la química solo ocultaba facilidad, fascinación y emoción. Vivía para los rompecabezas, las cifras, las tablas y las ecuaciones. Era, como le gustaba describirse a sí mismo, un hombre cuyo «ser responde a la pura lógica». ¿Era vanidoso? Tal vez. En ese caso, solo porque era lógico ser vanidoso en un mundo en el que los demás humanos eran criaturas alegremente descuidadas que tomaban decisiones basadas en caprichos y emociones en lugar de en razones concretas.

Tras terminar los estudios, Eustace Robinson Conway III fue profesor de la Universidad de Carolina del Sur y de la Estatal de Carolina del Norte, donde dio clases de ingeniería química a alumnos no mucho más jóvenes que él. Era un buen trabajo, pero no le gustaba el politizado mundo académico. Le costaba trabajar con gente. Al final dejó la enseñanza y encontró trabajo en el sector privado, en una planta química. Allí tampoco socializaba con sus compañeros, pero estos respetaban su intelecto, y hasta cierto punto lo temían. Un antiguo compañero de trabajo, que alude a Eustace el mayor como «el doctor Conway», recuerda que un día se dirigió a él con una pregunta rápida sobre una fórmula química concreta. El doctor Conway, deseoso de responderle con toda minuciosidad, empezó a escribir una ecuación en una pizarra, siguió escribiendo y añadiendo datos hasta que la ecuación ocupó toda la pizarra, y amplió otros conceptos químicos hasta que, mareado por la emoción, se quedó sin sitio en ella donde escribir. A esas alturas, por supuesto, hacía rato que su compañero de trabajo se había perdido.

Estaba enamorado de verdad de su cerebro, así que sin duda disfrutaba observando la evolución del de su hijo. Seguro que le emocionaba ver que ese niño que llevaba su nombre resolvía con inteligencia todos los dilemas maravillosos que surgen durante el desarrollo infantil. ¿Veis cómo aprende a diferenciar la luz del sol de la oscuridad? ¿Veis cómo aprende a identificar caras y objetos? ¿Veis cómo se impulsa para ponerse de pie? ¿Cómo intenta formar frases? ¿Cómo le muestras una hoja y te dice el nombre del árbol? ¡Qué genio! ¡En cualquier momento estará listo para resolver problemas de cálculo por diversión!

Y entonces Eustace el menor cumplió dos años.

La mañana del cumpleaños, durante el desayuno, Eustace el mayor le dio un regalo a su hijo, que aún estaba en la trona. Quería verlo jugar con el regalo antes de irse a trabajar. Era un rompecabezas. Pero era demasiado complicado para un niño de dos años, así que Eustace el menor, frustrado tras varios intentos de montarlo, perdió rápidamente el interés. Según recuerda la señora Conway, su marido se enfureció con el niño. «Empezó a gritarle y a decirle cosas terribles». El niño, horrorizado y confundido, aullaba a pleno pulmón, y cuando la señora Conway intentó intervenir, su marido le gritó también a ella por malcriar al bebé y animarlo a ser un rajado y un imbécil. ¡Por Dios! ¡El rompecabezas era sencillo! ¡Era obvio! ¿Hasta qué punto hay que ser retrasado mental para no saber montar un sencillo rompecabezas?

No será necesario que diga que las cosas no mejoraron con el paso del tiempo. Empeoraron dramáticamente. El señor Conway decidió que su hijo lo provocaba comportándose como un tonto por «cabezonería» y que, por lo tanto, lo que el chico necesitaba era más disciplina. Eustace recuerda (y su madre y sus hermanos lo confirman) una educación que se parecía más a una estancia en un campo de prisioneros de guerra que a una infancia. Si Eustace el menor se atrevía a tocar un martillo del cobertizo de Eustace el mayor sin pedirle permiso, lo enviaba a su habitación y lo obligaba a quedarse allí durante horas sin comida ni agua. Si Eustace el menor no se terminaba toda la comida del plato a su debido tiempo, Eustace el mayor lo obligaba a quedarse sentado a la mesa toda la noche, aunque eso significara que el niño tuviera que dormir sentado en la silla. Si Eustace el menor, jugando, arrancaba sin querer un trozo de césped, su padre le pegaba con un remo de madera. Si Eustace el menor, al hacer sus tareas, se atrevía a cortar el césped en el sentido contrario a las agujas del reloj, en lugar de en el sentido que su padre le había ordenado, le montaba una escena y el castigo era terrible.

Si lo piensa ahora (y es sorprendente que esté dispuesto a hacerlo), el señor Conway admite que seguramente cometió errores. Quizá fue un poco duro con el niño, pero solo pretendía que su hijo fuera perfecto, y sus enfados eran el resultado de las enormes decepciones que sufrió debido a las carencias de su hijo, que no había previsto.

—Es humano pensar que puedes controlar a tus hijos, pero ahora me doy cuenta de que es una premisa imposible —me dijo—. El mejor plan es no tener ningún plan; dejarlos que se vayan y se conviertan en las personas que están destinadas a ser. Pero de joven no lo veía así. Me hacía mucha ilusión tener un hijo y creía que podría manejar a Eustace para que fuera como yo quería, pero resultó que tenía muchos problemas de personalidad. ¡Quería que fuera como yo!

—¿Cómo? —le pregunté.

—Esperaba que como mínimo fuera buen estudiante, como lo había sido yo. ¡Sin duda estaba convencido de que un hijo mío sabría contar! Pasaba horas con él intentando enseñarle a contar monedas de un centavo, pero no había forma de que aprendiera. Era la antítesis de lo que yo había esperado. Quería hacer cosas con él, pero era imposible. Siempre fue un niño problemático. No lo entiendo en absoluto. No nos entendemos el uno al otro.

En otra ocasión le pregunté al señor Conway:

—¿Alguna vez ha deseado que las cosas fueran diferentes entre Eustace y usted?

Me contestó de inmediato, como si hubiera estado esperando la pregunta.

—Para mí ha sido una verdadera decepción tener una relación tan mala con Eustace. Es la mayor decepción de mi vida. Y no sé qué hacer. No creo que haya ninguna esperanza de que llegue a tener una buena relación con él.

—¿No hay esperanza? ¿Ninguna en absoluto?

—No sé si suscribo la teoría de que no quise lo suficiente a mi hijo. Quizá la gente lo diga. No lo sé, pero creo que quería mucho a mi hijo. Me hacía mucha ilusión tener un hijo. ¿Te lo he dicho? Estaba impaciente por que naciera.

Debo decir que Eustace Conway también recuerda esas monedas de un centavo. Noche tras noche, en el suelo del salón, hora tras hora, su padre reunía y separaba pilas de monedas y exigía a Eustace las respuestas a problemas de división, suma y multiplicación. Recuerda que se le quedaba la mente en blanco y que su padre se negaba a dejarlo irse a la cama hasta que lo hiciera bien, que lo obligaba a quedarse despierto hasta pasada la medianoche con aquellas espantosas pilas de centavos. Recuerda sus lloros y los gritos de su padre. La humillación y el ridículo interminable.

Había algo extremo y personal en las reacciones del señor Conway con su hijo mayor. Era como si desde muy pronto hubiera decidido negarse a valorarlo, hasta el punto de que resultaba muy extraño. Cuando en el periódico aparecía una foto de Eustace por sus éxitos en competiciones con su grupo de danza india, su padre no leía el artículo. («Me parece ridículo —decía—, pero nadie me hace caso»). Cuando la Smithsonian Institution le concedió a Eustace un premio nacional juvenil, su padre no asistió a la ceremonia.

Un año, por Navidad, Eustace el menor, que había ahorrado todo su dinero, le compró a su padre cacahuetes y chicles porque sabía que le encantaban. La mañana de Navidad, nervioso, le entregó el regalo a su padre. Eustace el mayor aceptó el paquete, le dijo «gracias» y lo dejó a un lado, pero nunca lo desenvolvió.

Por si fuera poco, Eustace no era buen estudiante. En el parvulario le fue bien (su boletín de notas muestra que saltaba satisfactoriamente, se ataba los zapatos, se llevaba bien con los demás, obedecía las órdenes sin replicar y se sabía su número de teléfono), pero en segundo curso sacaba suficientes, su progreso era mediocre y, según sugería su maestra, necesitaba «mucha más ayuda en casa con los deberes».

«Eustace se esfuerza poco —anotó su maestra de tercero—. Debe memorizar las sumas».

¡Menuda indicación! El niño de siete años ya pasaba cuatro horas cada noche en la mesa de la cocina con su padre, que cerraba las puertas, bajaba las persianas de las ventanas (para aislarse del resto de la familia) y en la más absoluta intimidad le gritaba mientras su hijo hacía los deberes de aritmética. ¿Más ayuda en casa? Eustace ya estaba estresado con la escuela, muerto de miedo por los deberes y aterrorizado por el temido ciclo nocturno de esfuerzo, fracaso y castigo. No era como los maltratos infantiles que leemos en los periódicos (Eustace el menor no tenía los brazos llenos de quemaduras de cigarrillo), pero no nos equivoquemos: estaba totalmente traumatizado. Estaba tan angustiado que su miedo se manifestaba en una contención física concreta: estuvo estreñido durante toda su infancia, «demasiado aterrorizado incluso para cagar».

—Noche tras noche —recuerda Eustace—, semana tras semana, mes tras mes, año tras año, era como si mi padre me cortara las piernas. Luego me cortaba los muñones. Luego me cortaba los brazos. Luego me atravesaba el cuerpo con la espada».

Había otros tres niños en la casa: Walton, Martha y Judson, que era un bebé precioso. Su experiencia fue diferente, y es lógico si tenemos en cuenta la teoría de que cada niño de una familia crece en un país diferente, porque los acontecimientos cambian mucho con el paso del tiempo. Los hermanos de Eustace no recibieron esa presión de su padre.

Al parecer, Judson, el menor, fue el que más se libró de los duros dramas familiares, como suele suceder en el caso de los afortunados e inconscientes hijos menores. Su padre era «testarudo y egoísta», pero nunca le tuvo miedo. Era un niño adorable al que su padre quería y llamaba Bichito. De todos modos, cuando Judson nació, su padre prácticamente había renunciado a criar hijos perfectos, los había dejado en manos de su mujer y, según sus propias palabras, había «abdicado y se había trasladado al sótano» a rumiar en resentido silencio. Así que Judson nunca vio lo peor.

La infancia de Judson fue, en efecto, un campamento de verano interminable, porque tenía un hermano mayor, Eustace, que lo llevaba al bosque, le hacía subir montañas y le enseñaba cosas interesantes sobre la naturaleza. Judson fue, desde que nació, el proyecto especial de Eustace; lo sacaba de casa y lo llevaba al bosque, donde todo era más seguro. Intentaba mantener a Judson fuera del radar de su padre. Eustace recuerda haber tomado esa decisión deliberadamente. Sabía que era demasiado tarde para salvar a Walton y Martha (sentía que su padre ya les había «lavado el cerebro»), pero cuando nació Judson, lo miró y se dijo: «Este es mío. Voy a salvarle la vida». Por su parte, Judson adoraba a Eustace, aunque admite que «nunca fui el niño activo que Eustace quería que fuera. Yo era un vago. Él me decía: "Vamos a hacer ante", y yo quería quedarme en mi habitación jugando con mis figuras de *La guerra de las galaxias*, pero hacía cualquier cosa por estar con él».

Martha, la única hija, era una niña seria y responsable que recuerda una infancia totalmente diferente de la de sus amigas, una infancia con serpientes, tortugas y crías de zorro a las que había que alimentar con pájaros vivos y largas expediciones con Eustace («el cabecilla») al bosque, donde tenían lugar elaboradas aventuras. Recuerda los peligros a los que se enfrentaban sus hermanos y ella todas esas tardes jugando con ríos embravecidos, arañas venenosas y casas que hacían en los árboles. Ahora que es una madre muy organizada y estrictamente protectora, no se explica por qué a sus hermanos y a ella les permitían vivir esas experiencias sin que los vigilaran. Recuerda a un padre duro, sí, pero también a una madre permisiva hasta lo absurdo y las peleas de sus padres sobre la educación de los hijos. («¡Decidíos!», quería gritarles Martha). Y recuerda a Eustace como un niño que «se buscaba problemas» porque no le iba tan bien en la escuela como esperaba su padre y porque era «testarudo».

En cuanto a Walton Conway, apenas recuerda los detalles de su infancia. Es «una mancha borrosa, unas pinceladas oscuras». Eso y una pesadilla infantil recurrente en la que su padre lo llevaba al sótano, lo ataba a una mesa y le serraba las extremidades. Eso y un episodio concreto en plena noche en el que sus padres se peleaban y su padre le gritaba a su madre que iba a «clavarle un picahielos en el corazón». Eso y el recuerdo de ver a su padre inclinado sobre su hermano Eustace, de diez años, amenazándolo con «molerlo a palos».

Pero la situación no era tan mala como la pinta Eustace, dice Walton. Sin duda su padre tenía momentos cariñosos, como cuando les secaba las lágrimas porque se habían despellejado las rodillas. ¿Y qué pasó esa horrible noche en la que Walton amenazó con marcharse de casa y su padre derribó la puerta del dormitorio, sorprendió a su hijo en el alféizar de la ventana, mientras intentaba escapar, y lo tiró? Bueno, en realidad no lo tiró. El señor Conway no lanzó intencionadamente a su hijo por la ventana de un segundo piso, «solo me empujó un poco».

En fin. Lo que Walton no recuerda es la sensación de que su padre fuera la principal fuente de descontento y problemas en casa. No, era Eustace. El problema siempre era Eustace. Incluso de niño, lo volvía todo más difícil de lo necesario. Era huraño, infeliz y tozudo, y «no hacía los deberes». Su padre tenía mal genio y era estricto, sí, pero si lo obedecías, se calmaba. Tanto para Walton como para Martha, que eran excelentes estudiantes y siempre estaban entre los mejores de su clase, la solución a la infelicidad de la familia era bastante obvia: si Eustace destacara en la escuela, nuestro padre sería feliz. Si Eustace dejara de ser tan tozudo, nuestro padre dejaría de gritarle a nuestra madre y a todo el mundo.

—¿Por qué no respetabas su autoridad? —se preguntaría Walton años después aludiendo a Eustace—. ¿Por qué no te doblegabas? ¿Por qué siempre tenías que hacer las cosas a tu manera, incluso de niño, solo para fastidiarle? ¿Por qué siempre tenías que enfrentarte a él y hacerle enfadar tanto?

Sin embargo, cuando se le piden ejemplos, Walton no recuerda ni un solo caso concreto en el que Eustace se enfrentara a su padre, aunque está seguro de que los hubo. De hecho, su imagen de Eustace como un contrincante de su padre agresivo, como un adversario tan tozudo como él («incluso de niño»), es la que describe el señor Conway y la que todos los hermanos han adoptado fielmente. Aun así, la idea de un Eustace combativo no concuerda con lo que cuentan los adultos que estuvieron en la casa de los Conway durante esos años. El señor Stout, del Museo Schiele, recuerda que lo invitaban a cenar a casa de los Conway y que veía al joven Eustace comer en silencio, petrificado, sumiso, nervioso y procurando «no establecer nunca contacto visual con su padre».

Una tía de Eustace recuerda que en cierta ocasión el señor Conway despertó a Eustace, de cuatro años, a altas horas de la noche, lo bajó con las visitas, le hizo preguntas difíciles de matemáticas y le instó a contestar. Cada vez que el niño se equivocaba, su padre se burlaba de él y lo humillaba, porque se suponía que esa batalla verbal era para entretener a los invitados. Y así siguió, pregunta tras pregunta, hasta que el niño se echó a llorar, momento en el que la tía abandonó la sala pensando que no podía seguir aguantándolo, que era «sádico, el peor maltrato a un niño» que había presenciado en su vida, y se prometió a sí misma que nunca volvería a esa casa.

Y, al igual que el señor Stout, la tía no recuerda que en ningún momento de la velada Eustace le dijera a su padre algo parecido a «vete a la mierda, papá».

Aun así, cuando Walton recuerda que su padre amenazó a su hermano con molerlo a palos, se pregunta: «¿Qué hizo Eustace para que mi padre se enfadara tanto?». Cuando Walton recuerda que su padre amenazó a su madre con clavarle un picahielos en el corazón, supone que «estarían discutiendo otra vez por Eustace». Y si Eustace tuvo que pasar horas encerrado en su habitación sin comida ni agua: «Bueno, seguramente se había portado muy mal».

Quizá la parte más difícil de entender de esta historia es dónde estaba la madre durante todo ese dolor. ¿Cómo era posible que Karen Conway (que tiempo atrás había sido Karen Johnson, la marimacho impenitente, excelente jinete y hábil leñadora que a los veintidós años había vendido su flauta de plata para viajar a Alaska) se hubiera convertido en una mujer incapaz de proteger a su hijo? ¿Por qué nunca pudo proteger a Eustace el menor de Eustace el mayor?

A día de hoy ni ella misma se lo explica. Los matrimonios tienen sus misterios, supongo, y las familias, sus tragedias. La señora Conway dice ahora que le tenía miedo a su marido. Sufría los mismos malos tratos que su hijo. (A su marido nada parecía gustarle más que incitar a sus hijos a burlarse de su madre llamándola «gorda hipopótamo»). Sus amigos y familiares la animaban a separarse, pero nunca reunió el valor para marcharse por mucho tiempo. Seguramente en parte se debía a su sincero cristianismo, que la había convencido de que el divorcio era un pecado mortal. Y en parte también a… ¿quién sabe? ¿Quién sabe por qué las mujeres se quedan? Lo que recuerda es que, cada vez que intentaba defender a su hijo, solo conseguía que su marido se enfureciera más y que los castigos al pequeño Eustace fueran más extremos, así que enseguida decidió que mejor no intervenir ni entrometerse.

Pero pensó en formas de ayudar en secreto a su hijo. Como si Eustace fuera un disidente encarcelado en el pabellón de aislamiento de una prisión totalitaria, le daba ánimos clandestinamente, por debajo de la puerta y a través de los resquicios de las paredes. A veces le pasaba notas («con amor, de quien tiene fe en ti y se preocupa por ti») y le mostraba cariño en privado cuando nadie miraba. Le ofreció tanto los conocimientos como la libertad para explorar el bosque, donde podía no solo sobresalir, sino también respirar una sensación de seguridad lejos del callejón de tornados que era su casa. Y lo que también le dio a su hijo, más importante que cualquier otra cosa, fue la idea secreta pero constante de que, al margen de lo que su padre hiciera o dijera, Eustace Robinson Conway IV crecería para convertirse en un hombre con un Destino.

La teoría del hombre con un Destino no se le había ocurrido a Karen Conway. La había tomado de su padre, un extraordinario idealista llamado C. Walton Johnson. Este personaje, abuelo materno de Eustace, era un honrado veterano de la Primera Guerra Mundial al que todos llamaban Jefe. Nada más volver a casa de la guerra, el Jefe Johnson fundó la sección de Carolina del Norte de los boy scouts de Estados Unidos. Quería trabajar con niños debido a su firme idea (no, llamémosla dogma inflexible y didáctico) sobre el proceso mediante el cual los niños débiles podían convertirse en poderosos hombres con un Destino. Creía que era más sencillo conseguir esta evolución en los desafíos de un entorno salvaje y, como muchos de sus compatriotas antes y después de él, le preocupaba que la desaparición de la naturaleza salvaje afectara al desarrollo de la masculinidad estadounidense. Y el Jefe Johnson no estaba dispuesto a quedarse de brazos cruzados y dejar que los chicos de Estados Unidos crecieran afeminados, decadentes y mimados por la «influencia de la ciudad, que suaviza y merma la visión».

No, señor. No iba a permitirlo.

Así que la primera tropa de boy scouts de Carolina del Norte fue un buen comienzo, pero el Jefe no tardó en desilusionarse del programa, porque sentía que mimaba a los niños. Por lo tanto, en 1924 fundó un campamento de verano privado extremadamente riguroso en cincuenta hectáreas de montaña cerca de Asheville. Lo llamó «Campamento Secuoya para Chicos: donde los débiles se hacen fuertes y los fuertes se hacen inmensos». (Por desgracia, no consta en ninguna parte si los débiles llegaron a hacerse inmensos, pero apostaría a que lo intentaron). Solo pedía una cosa a sus campistas y a su personal: que se esforzaran sin descanso por alcanzar la perfección física, moral e intelectual en todos los aspectos de su vida. Entonces, y solo entonces, podrían convertirse en hombres con un Destino.

«Todas las épocas necesitan hombres con un Destino —escribió el Jefe en uno de los muchos tratados que publicó sobre el tema—, y en todas las épocas algunos hombres responderán a la necesidad, como hicieron Aristóteles, Galileo y Wilson... Estos hombres creían que tenían un Destino y se prepararon para la tarea que tenían por delante. Los atenazaba una compulsión a la que no podían resistirse. Ningún hombre se convierte en uno con un Destino a menos que crea, con gran convicción, que puede aportar algo único a la sociedad de su tiempo. ¿Arrogancia? ¡No! Solo la sensación de que tiene una misión y el valor de llevarla a cabo. Aquel al que impulsa la convicción de que tiene una misión que debe cumplir, de que ha nacido con ese fin, de que debe cumplirla y de que lo hará, ese será un hombre con un Destino».

El Jefe creía que la mejor manera de preparar a esas figuras heroicas era empezar con los jóvenes y en la naturaleza. Al fin y al cabo, «el verdadero niño estadounidense ha heredado demasiado del espíritu pionero para sentirse a gusto en la ciudad», escribió. Por eso sugería que los padres alejaran a sus hijos del «estrés emocional de la vida» y los trasladaran a «un campamento con un propósito», donde la «grandeza de las montañas», combinada con la orientación de monitores seleccionados por el director por su «liderazgo maduro, sano, inteligente y responsable», ayudaría a los chicos a crecer «como la naturaleza y Dios quieren, hasta alcanzar la plena masculinidad».

El Secuoya no era un campamento de las Juventudes Hitlerianas. El Jefe creía que ningún chico de Estados Unidos, por débil o imperfecto que fuera (y, aunque cueste creerlo dada la época, fuera cual fuese su raza y su religión), debía quedar excluido de la oportunidad de convertirse en un hombre con un Destino asistiendo al campamento. ¿Tu hijo era un «chico sano y normal», bendecido con un «físico soberbio»? Pues volvería del Secuoya «con sus espléndidas facultades multiplicadas». ¿Tu hijo era «demasiado brillante, huraño y a veces hostil»? No debías dudar en apuntarlo al Secuoya; el aire libre le enseñaría «la necesidad de desarrollar su cuerpo y mantenerlo a la par con su mente». ¿Tu hijo era «tímido y reservado, y le costaba hacer amigos»? El Secuoya le enseñaría a socializar. ¿Tu hijo era un matón? Los monitores del Secuoya le enseñarían que meterse con los demás es «cobarde y despreciable». Incluso si tu hijo era «gordo y siempre se burlaban de él», debía ir al campamento Secuoya, si no para conseguir un físico magnífico, al menos para aprender a «aceptar las bromas y sacar lo mejor de las burlas».

La madre de Eustace Conway era la única hija del Jefe Johnson. (En una maravillosa fotografía del Secuoya en la década de 1940 se ve todo el campamento reunido en filas por edad. Todos son hombres muy rectos y chicos con el pelo rapado que sonríen a la cámara, con una excepción: una niña rubia con un vestido blanco sentada en medio de la multitud, la hija del Jefe, la madre de Eustace Conway, a los cinco años). Karen creció en el campamento Secuoya rodeada no solo de bosques y niños, sino también de ideales. Quería a su padre y aceptaba obedientemente su dogma más que ninguno de sus hermanos. Cuando le llegó el momento de casarse, incluso eligió como marido a uno de los monitores favoritos de su padre. Se enamoró del joven y brillante Eustace Conway III, que, con su estricta disciplina personal, su físico agraciado, su título del MIT y su gran amor por la naturaleza, debía de parecer la encarnación de los principios más queridos del Jefe.

Y aunque su marido dejó de lado sus sueños de enseñar el mundo natural cuando entró en la vida empresarial, Karen Conway nunca perdió la fe en el bosque, así que cuando nació su primer hijo, no tenía dudas de cómo iba a criarlo: libre, desafiante, motivado para realizar hazañas heroicas y siempre al aire libre. Gracias a su madre, a los siete años Eustace ya podía lanzar un cuchillo con suficiente precisión para clavar una ardilla a un árbol. Y a los diez, matar con un arco y una flecha a una ardilla que corriera a quince metros de distancia. Y a los doce, irse al bosque, solo y con las manos vacías, vivir de la tierra y construirse un refugio.

Mientras el señor Conway se dedicaba a explicar al joven Eustace lo idiota que era, la señora Conway iba todos los días a la biblioteca y volvía a casa con pilas cada vez más grandes de biografías inspiradoras de estadounidenses para que su hijo las leyera. George Washington, Davy Crockett, Daniel Boone, Abraham Lincoln, Kit Carson, John Frémont, Andrew Jackson, Gerónimo, Nube Roja, Toro Sentado…, historias audaces y nada irónicas de heroísmo, naturaleza salvaje y fortaleza. Cuando su marido no la escuchaba, le decía a su hijo que eran las vidas que debía emular, el tipo de hombre que podía ser: un hombre con un Destino.

Eustace Conway lo interpretaba todo de forma literal incluso de niño (sobre todo de niño) y absorbía los principios morales de esas historias como si su madre le colocara un embudo en la oreja y se los vertiera directamente en el cerebro. Cuando leyó que los valientes indios ponían a prueba su resistencia mental y física corriendo kilómetros por el desierto con agua en la boca, pero sin tragársela, intentó correr kilómetros por el bosque haciendo lo mismo. Cuando leyó que los hombres del salvaje Oeste llevaban los mismos pantalones de ante durante años, decidió hacerse unos y no ponerse otra cosa. Cuando leyó que Lewis y Clark viajaban con tanto papel y tinta como comida y balas, empezó a llevar un diario. Cuando leyó la historia de un valiente indio que se quedó detrás de las líneas enemigas en una batalla contra colonos, herido y abandonado con una bala en la rodilla, y sobrevivió todo el invierno escondido en una zanja, cubierto de hojas y comiéndose los roedores que le correteaban por encima… Bueno, Eustace no podía reproducir este escenario, pero imitó su espíritu pidiéndole al dentista de la familia que no utilizara novocaína para rellenarle las caries. Quería aprender a soportar el dolor físico.

Durante la escuela primaria, Eustace se llevaba a clase cada día unas seis biografías heroicas y libros de acción y aventuras. Leía un libro hasta que la maestra se lo confiscaba, y entonces empezaba otro. Cuando se lo quitaba, cogía otro y así sucesivamente. Cuando se le acababan todos los libros, miraba por la ventana y hacía planes inspirados en sus lecturas. Estaba aún en segundo curso, por ejemplo, cuando empezó a construirse una casa de cinco pisos en un árbol (con sótano y pasarelas que se extendían hasta las ramas del árbol de al lado) siguiendo el modelo de las descripciones de *El Robinson suizo*.

Por supuesto, las maestras no sabían qué hacer con ese chico tan raro que no prestaba atención en clase. Cuando estaba en quinto, su maestra tuvo que llamar a la señora Conway para hablar con ella.

—No creo que Eustace sea capaz de aprender —le dijo.

Pero era demasiado tarde; el niño ya tenía muchos conocimientos y principios morales que le había enseñado su madre. Y si sus ideas sobre la educación de su hijo entraban en conflicto con las de su marido, el truco consistía no en combinar sus filosofías en una sola doctrina, sino en aplicar cada una de ellas por separado; una pública y en voz alta, y la otra en secreto y firme. Las estrictas humillaciones del padre se aplicaban solo por las noches y durante los fines de semana; los conmovedores desafíos de la madre se reservaban para los largos días en el bosque, en los que era libre. El rasgo que compartían los padres era el énfasis absoluto. Ambos colocaban a Eustace en el centro de su atención, donde recibía o grandes elogios o una vejación degradante. La madre de Eustace le decía que era un hombre con un Destino y que no había hazaña en este planeta demasiado elevada para él; su padre le decía que era un inútil.

El pobre chico, que lo interpretaba todo de forma literal, los creía a ambos. Cuesta creer que no le explotara la cabeza con tales contradicciones, pero no es de extrañar que pasara gran parte de su juventud pensando en la posibilidad de ser objeto de un sádico experimento científico. Quizá toda su vida transcurría en un gran laboratorio donde lo ponían a prueba, y científicos a los que no podía ver ni entender estudiaban minuciosamente sus reacciones. ¿Qué otra explicación podía tener todo aquello? Una tarde Eustace recibía a escondidas una carta de su madre en la que le decía que era «un hijo guapo, audaz, intrépido, interesante y cariñoso del que se sentía orgullosa y por el que estaba agradecida», y quizá esa misma tarde anotaba en su diario que su padre le había dicho que no era «más inteligente "que un negro de los barrios bajos". Me han dado ganas de matarlo. Me pregunto qué será de mí».

Eustace dormía solo unas horas cada noche. Se quedaba despierto hasta las dos, las tres o las cuatro de la madrugada, mientras toda su familia estaba en la cama. Terminaba los deberes de la escuela, que siempre eran aburridos, salvo en las raras ocasiones en que tenía la oportunidad de hacer trabajos sobre temas como «El tipi antes y ahora». Cuando terminaba los deberes, escribía en su diario y llenaba páginas con sus hazañas y sus observaciones.

«Hoy he ido al lago Robinwood por primera vez este año y he cogido una gran tortuga pintada hembra que había dejado allí el invierno pasado para que hibernara».

«Hoy por fin he visto al mismo tiempo las tres ranas arbóreas de mi terrario».

«Hoy Randy Cable ha atrapado una salamandra albina y la he metido en alcohol».

«La serpiente negra está feliz en su nueva jaula».

Leía su diario e intentaba anotar sus avances para convertirse en un buen leñador. Cada día se proponía mayores desafíos en la naturaleza porque, como dijo más tarde, «crecí en una cultura y una familia que no tenían forma de proporcionarme ritos de paso para convertirme en un hombre, así que tuve que inventármelos yo mismo».

Después de escribir en su diario, Eustace se quedaba despierto hasta altas horas de la noche perfeccionando obsesivamente sus habilidades con las cuentas y el tejido. A veces pasaba meses trabajando en un solo par de mocasines de ante y se olvidaba de todo, sentado sin apenas luz, con un viejo libro sobre artilugios de los indios de las llanuras abierto encima de la cama, mientras reproducía los complicados patrones de cuentas de las imágenes de prendas indias antiguas.

Su infeliz mundo de extremos había incentivado en Eustace un perfeccionismo feroz. Para él era importante vivir todo momento de su vida sin un solo error, tanto para minimizar las posibilidades de que su padre lo ridiculizara como para demostrarle a su madre que merecía sus grandes elogios. Se ponía a sí mismo el listón muy alto. (Años después se lamentaría en sus diarios de que nunca sintió la «libertad atemporal de la juventud», de que siempre le perseguía la «amenaza de lo incompleto»). Incluso en sus momentos de intimidad, en plena noche, cuando trabajaba en secreto en sus queridas piezas con cuentas indias, su trabajo debía ser impecable o no le proporcionaría ningún consuelo. Eustace deshacía las puntadas cuando no eran perfectas y lo intentaba de nuevo, ajustaba cada línea de cuentas de los mocasines hasta que los patrones coincidían exactamente con los de los antiguos maestros cheyenes. Hacía arte en su habitación de Deerwood Drive que un niño ni siquiera debería haber intentado.

Cuando por fin estaba agotado, apagaba la luz y pensaba en dormir. A veces oía a sus padres discutir mientras estaba tumbado a oscuras. A menudo lloraba. También a menudo sostenía un cuchillo de caza apretado contra la garganta mientras se quedaba dormido. Era extrañamente reconfortante sentir la hoja en el cuello. De alguna manera le consolaba saber que podría suicidarse en cualquier momento si las cosas se ponían demasiado feas. Contar con esta opción siempre le proporcionaba la paz que necesitaba para quedarse por fin dormido.

Capítulo 3

Allí, a cientos de kilómetros de nuestras familias, en las aullantes tierras salvajes, creo que pocos habrían sido tan felices como nosotros. A menudo le decía a mi hermano: «¿Ves qué poco necesita la naturaleza para estar satisfecha?». La felicidad, compañera de la satisfacción, está más en nuestro pecho que en el disfrute de cosas externas.

—Daniel Boone

Davy Crockett se marchó de casa a los trece años para escapar de su iracundo padre. El padre de Daniel Boone pegaba a sus hijos hasta que le suplicaban clemencia, pero Daniel nunca se doblegaba. («¿No sabes suplicar?», le preguntaba su padre). El chico pasaba días enteros solo en el bosque para mantenerse alejado de su padre, y a los quince años se había ganado la reputación de ser uno de los mejores cazadores de las tierras salvajes de Pennsylvania. El explorador John Frémont tenía cinco años cuando perdió a su padre. Kit Carson perdió al suyo (que murió al caerle una rama de un árbol en llamas y dejó a su mujer sola con ocho hijos), y Kit se marchó de casa cuando tenía dieciséis años. El montañés Jim Bridger se independizó a los catorce.

Nada de esto era infrecuente en esa época. Las caravanas hacia el Oeste iban llenas de jóvenes que habían abandonado su hogar por diversas razones, pero seguro que muchos de ellos llegaban a la frontera porque creían que incluso las incertidumbres más peligrosas del mundo eran más atractivas que cualquier cosa que sucediera en su pequeña cabaña de Nueva Inglaterra, Virginia o Tennessee. En nuestros libros de historia se habla mucho de por qué los jóvenes se sentían atraídos por el salvaje Oeste, pero no me sorprendería en absoluto que la mala relación con un padre demasiado duro fuera uno de los principales factores que los empujaban en esa dirección.

Y así es como cada generación encuentra una nueva oleada de chicos que abandonan su casa y se mueren por ir a cualquier sitio alejado de su padre. Sin duda es una buena forma de poblar un país rápidamente, aunque quizá no sea la ideal para la vida emocional de nuestras familias. Eustace Conway intentaba hacer lo mismo: escapar. Sus años de adolescencia fueron un trauma interminable y soñaba a todas horas con huir.

«Justo antes de meterme en la cama —escribió en su diario cuando tenía catorce años—, mi padre ha entrado, me ha pegado un sermón sobre cómo debo comportarme con los demás y me ha reprochado que solo me preocupo de mí mismo. Me ha dicho que no voy a caerle bien a nadie, que doy órdenes a todo el mundo y que no hago nada por los demás. Aunque sería una tontería marcharme de casa, creo que sería más feliz en cualquier lugar del bosque. Si me voy, haré todo lo posible por no volver, aunque me muera de hambre. Cualquier cosa es mejor que esto».

Pero Eustace Conway no se escapó. Aguantó tres años más. No se marchó de casa hasta que hubo terminado el instituto. Cogió el tipi que había hecho a mano (una anciana nativa norteamericana que conocía a Eustace por aquel entonces lo describió como «lo más bonito que he visto nunca»), su cuchillo y varios libros, y se marchó.

«Espero no equivocarme y estar siguiendo un camino bueno para mí», escribió en su diario cuando se marchó de la casa de sus padres.

Los años siguientes fueron probablemente los más felices de la vida de Eustace. Y los más libres. Tenía un tipi y una moto, y eso era todo. Vivía en las montañas de los alrededores de Gastonia. Desmontó y volvió a montar la moto para aprender cómo funcionaba un motor. Se confeccionaba toda su ropa. Comía ortigas y cazaba animales pequeños con una cerbatana cheroqui, cuyos dardos fabricaba con palos, cardos y hebras de tendón de ciervo. Tallaba sus cuencos y sus platos en madera que barnizaba con grasa de castor. Hacía sus jarras con arcilla que sacaba de las cuencas de los arroyos, los mismos donde se bañaba. Dormía en el suelo, sobre pieles de animales. Tejía cuerdas con corteza de árbol y su propio pelo. Partía roble blanco y lo tejía para hacer cestas. Cocinaba y se calentaba con fuego, y no tocó una cerilla en tres años.

«Mi tipi parece estar en buenas condiciones —escribió en su diario cuando su nuevo hogar estuvo en orden—. Y espero conocerlo mejor y conocerme mejor a mí mismo con el estilo de vida que llevo ahora». Le costó un poco acostumbrarse a su nueva vida («En mitad de la noche ha empezado a llover, así que me he levantado de la cama de mala gana y he cerrado los respiraderos, cosa que debería haber hecho antes»), pero sintió casi de inmediato que por fin vivía en este mundo como debía hacerlo. «He dormido hasta las siete de la mañana —escribió después de una de sus primeras noches en el tipi—, cuando el sol que brillaba sobre la lona ha llamado mi atención hacia el mundo. Me he levantado y me he lavado la cara con agua de manantial. ¡Oh, cuánto me quiere mi cuerpo! ¡Feliz día a todos!».

Su tipi era maravilloso: un fuerte y un templo, un hogar tan ligero y transitorio que no tenía el impacto psicológico de la excesiva estabilidad de una casa. Podía montarlo o desmontarlo en cuestión de minutos. Podía empaquetarlo, cargarlo en el coche de un amigo, llevarlo a una escuela y volver a montarlo en el patio para deleite de los niños de primaria a los que ese día había sido contratado para hablarles de la naturaleza. Podía llevar su tipi a otro estado para pasar un fin de semana bailando y conviviendo con los nativos norteamericanos con los que había entablado amistad a lo largo de los años. Podía guardarlo en un almacén mientras recorría el país en autostop o podía quedarse en su tipi, escondido en algún lugar del bosque, encantado de saber que nadie lo encontraría.

Después del instituto aceptó un trabajo, pero solo por un tiempo. Fue a Tennessee a trabajar como educador de la naturaleza para niños con dificultades de aprendizaje y problemas en un centro llamado Bodine School. Era brillante con los alumnos, aunque no era mucho mayor que ellos. Con estos se llevaba muy bien, pero no tanto con los jefes. Hay que decir que a Eustace Conway no le gusta trabajar a las órdenes de nadie. Le molesta. No tardó en discutir con el director, que le había prometido que podría vivir en su tipi en los terrenos del campus, pero no había cumplido su promesa. Y a Eustace Conway no le gustan las personas que no cumplen sus promesas.

Así que, inquieto y enfadado, fue a ver a un conocido suyo llamado Frank, un chico de campo que iba a la universidad en Alabama. Pasaron un buen fin de semana. Dieron vueltas por el bosque, dispararon con un viejo rifle de pólvora negra y se hicieron bromas, pero Eustace tenía la sensación de que a su amigo le preocupaba algo, y sí, en una conversación posterior se enteró de que Frank había roto con su novia y estaba muy perdido. Había dejado de hacer deporte, de ir a la universidad y de trabajar. No sabía qué hacer con su vida. Cuando terminó de contarle su triste historia, Eustace le dijo («y las palabras salieron de mi boca como una rana de una sartén caliente»):

—Vamos a recorrer el Sendero de los Apalaches.

Ni siquiera sabía de dónde había surgido la idea, pero de repente estaba ahí.

—Claro —le contestó Frank—. Hagámoslo.

Entonces Eustace llamó al director de la Bodine School y renunció a su trabajo (no era para tanto; el tipo era un imbécil que no cumplía su palabra y, además, ¿quién necesita un maldito trabajo?), y cuatro días después los dos chicos estaban en una estación de autobuses de Montgomery (Alabama) esperando un autobús que los llevara a Bangor (Maine). La decisión fue tan repentina y audaz que sorprendió incluso a la madre de Eustace, que solía alentar esas aventuras.

«Tu llamada telefónica me ha sorprendido mucho —le escribió en una nota rápida con la intención de que le llegara antes de que se marchara—. Tengo sentimientos encontrados sobre el viaje a pie que piensas hacer. Entiendo que quieras hacer un viaje así y estoy de acuerdo con los aspectos positivos, pero por otra parte demuestras irresponsabilidad a la hora de mantener tu palabra e incapacidad para priorizar las cosas importantes». Lo que añadió después fue un poco provocador (además de obvio), pero probablemente lo escribió para subrayar sus preocupaciones: «Tu padre cree que eres un vividor y que nunca sentarás la cabeza si no empiezas a tomarte la vida en serio y a pensar más en preparar tu futuro. Cree que deberías trabajar más y cumplir tus compromisos. ¡No está de acuerdo con ese viaje!».

Bueno, así son las cosas. Para eso se llega a la mayoría de edad.

Su aventura empezó con una aventura. Eustace y Frank compraron los billetes, pero no podían subir al autobús hasta haber solucionado un último problema. Estaban esperando en la estación a que una amiga de Frank apareciera con su saco de dormir, una pieza vital del equipo. Esperaron y esperaron, pero la chica no aparecía. Suplicaron al conductor que les diera algo de tiempo, pero el hombre tenía que cumplir un horario y al final se puso en camino. Frank y Eustace estaban destrozados. Y entonces, unos instantes después de que el autobús hubiera salido de la estación, llegó la chica con el saco de dormir. Frank y Eustace subieron a la camioneta de la chica y persiguieron al autobús por la interestatal. Cuando lo alcanzaron, Eustace le pidió a la chica que se colocara al lado. Tocaron el claxon y agitaron los brazos, pero, aunque los pasajeros los miraban fascinados, el conductor hizo como si no existieran. Eustace Conway no iba a permitir que lo ignoraran y por nada del mundo iba a perder ese autobús a Maine, así que le pidió a la chica que colocara la camioneta (que avanzaba a ciento veinte kilómetros por hora) justo debajo de la ventanilla del conductor del autobús. Eustace bajó la ventanilla del copiloto, salió de la camioneta y se encaramó al autobús agarrando la baca con una mano y los billetes de autobús con la otra. Agitó los billetes delante de la cara del conductor y gritó una y otra vez al viento: «¡Déjenos subir al autobús!».

—En ese momento —recuerda Eustace—, el conductor decidió que quizá lo mejor fuera detenerse y dejarnos subir. Todos los pasajeros nos aclamaban y, mientras recorríamos el pasillo, una señora gorda gritó: «¡Dios mío! ¡Parecía una película!».

Llegaron a Maine, hicieron autostop hasta Bangor y descubrieron que se habían precipitado. Los guardas forestales les advirtieron que ni se les ocurriera adentrarse en el bosque mientras hubiera tanta nieve y hielo en el suelo. Por supuesto, hicieron caso omiso de la advertencia y se dirigieron a la montaña antes del amanecer del día siguiente. Esa tarde vieron un águila calva volando en el aire frío y húmedo, y se pusieron en camino un mes antes que los demás montañeros.

Lo que no habían previsto era que no encontrarían suficiente comida en el camino. Ni se les pasó por la cabeza. Se morían de hambre. Caminaban cuarenta o cincuenta kilómetros al día sin apenas comer. Llevaban algo de avena, y eso era todo. Cada uno se comía una taza por la mañana. Frank engullía su insignificante comida y miraba a Eustace con tristeza mientras este saboreaba cada copo como si fuera un delicioso trozo de chocolate. En el primer tramo del viaje prácticamente no encontraron ningún animal que cazar; era demasiado pronto para que los animales salieran del bosque y subieran a picos tan altos, y además el suelo estaba cubierto de hielo, sin plantas comestibles a la vista.

Cuando llegaron a New Hampshire, medio muertos de hambre, Eustace vio unas perdices entre la maleza. Sacó un trozo de cuerda que llevaba en el bolsillo, hizo un lazo de unos veinte centímetros de diámetro, enrolló la cuerda en un palo largo y se acercó sigilosamente a una. Dejó caer el lazo sobre el ave, tensó la cuerda, la agarró y le arrancó la cabeza.

Frank gritaba, bailaba, abrazaba y besaba a Eustace mientras la perdiz, que aún aleteaba, salpicaba de sangre la nieve blanca y compacta.

—Dios mío —recuerda Eustace—, nos comimos ese pájaro entero.

Se comieron la carne, los sesos, las patas y, como seguían hambrientos, hasta el último de los huesos. Tenían tanta hambre que se convirtieron en grandes cazadores. Eustace enseñó a Frank a cazar pájaros con lazo (por suerte había jugado muchas veces a tirar el lazo con Randy Cable), así que ambos los buscaban mientras se dirigían al sur. También comían cangrejos, truchas, bayas, ortigas y cualquier cosa. Mataban serpientes de cascabel y las abrían para ver si tenían crías de conejo o alguna otra cosa apetitosa en la barriga; se comían la serpiente y lo que esta acabara de comerse. Eustace incluso mató un día una perdiz de una pedrada. Vio el ave, pensó: «Tengo que comérmela», cogió la piedra más cercana, la lanzó, mató la perdiz y después se comió la bendita criatura entera, excepto las plumas.

Estaban decididos a ser cazadores y recolectores. Les resultaba complicado, porque el Sendero de los Apalaches estaba tan transitado que era más difícil encontrar comida que en los bosques normales. Y Eustace sabía muy bien que no tenía ningún sentido desde el punto de vista medioambiental que todos los que recorrieran el Sendero de los Apalaches arrasaran aún más el territorio haciendo lo que él estaba haciendo. Consciente de todo ello y quizá sintiéndose un poco culpable por explotar una tierra ya explotada, continuó con el experimento. Sabía que los pueblos primitivos habían recorrido enormes distancias a pie comiendo solo lo que encontraban por el camino, y estaba seguro de que Frank y él también aguantarían, pero eso no cambiaba el hecho de que estaban muertos de hambre.

Comían todo lo que conseguían cazar, recoger, escarbar y a veces robar. Dio la casualidad de que el 4 de julio estaban en el Bear Mountain Park, en el estado de Nueva York, donde cientos de familias puertorriqueñas y dominicanas lo celebraban con pícnics. Fue una bonanza alimentaria para Eustace y Frank. Se emocionaron al descubrir que todos los cubos de basura del parque estaban repletos de hermosas latas de arroz, judías y pollo medio llenas, y de palomitas de maíz y tartas. Los dos eran como la rata Templeton en la escena de la feria de *La telaraña de Carlota*: un par de omnívoros en el paraíso, gritándose desde cubos de basura distantes por encima del estruendo de la música:

—¡He encontrado un jamón entero! ¡Dios mío! ¡Boniatos!

Pero la experiencia alimentaria más desesperada la vivieron en Maine, cuando abandonaron el sendero durante unos días y se quedaron en un pequeño pueblo con una familia que tenía un cerdo comunitario en el patio trasero. El sistema consistía en que todos los habitantes del pueblo alimentaban al animal con las sobras y, cuando llegaba el momento de la matanza, se repartían la carne para el invierno. Frank y Eustace se enteraron de esta interesante costumbre el día en que la dueña de la casa cocinó unas tartas de manzana y les dio a los chicos un cubo de peladuras para que se lo llevaran al cerdo. Frank y Eustace, que estaban fuera, se miraron, miraron las pieles de manzana y dijeron: «A la mierda». Se escondieron detrás del granero y se las comieron. Después se ofrecieron amablemente a ocuparse de dar de comer al cerdo. Hasta el día de hoy, lo que cuentan sobre esta experiencia es que los habitantes de ese pequeño pueblo de Maine tiraban un montón de comida en perfecto estado y que el bonito cerdo de la comunidad no engordó nada mientras Eustace Conway y Frank Chambless estuvieron allí.

El viaje fue un triunfo en todos los sentidos. Senderismo, deleite, revelación, desafío y epifanía día tras día. Frank y Eustace desarrollaron una enorme comunicación entre ellos, una sensación de parentesco. Coincidían en sus ideas sobre la naturaleza y sobre lo que iba mal en Estados Unidos, y a ambos les interesaban mucho la sabiduría y las enseñanzas de los nativos norteamericanos. Eustace podía hablar con Frank de los problemas con su padre, y Frank podía hablar con Eustace de eso mismo y de lo que sentía por su novia, Lori. Eran dos jóvenes sinceros, sin el cinismo, el desapego y la frialdad que caracterizaban a toda su generación. No les incomodaba abrirse el uno al otro.

Ni siquiera les daba vergüenza hablar de Dios. Los dos habían crecido en hogares bautistas del Sur, donde la devoción y el fundamentalismo eran la norma. El abuelo de Eustace, el Jefe Johnson, había sido un cristiano sólido como una roca, un hombre de fuertes valores morales, y la madre de Eustace había intentado transmitir esas convicciones a su primogénito. De niño, Eustace había destacado en la iglesia. Era la estrella de la escuela dominical: agudo, curioso y atento. Siempre fue un gran admirador de Jesucristo. Le encantaba la idea de Jesús entrando en el templo de los cambistas y «volcando todas las putas mesas», y le gustaba sobre todo la parte en la que el Salvador se adentraba en el desierto en busca de grandes respuestas.

No obstante, a medida que crecía, iba desilusionándose de la congregación y de los líderes de su iglesia. Olía falta de sinceridad y engaño por todas partes. Todos los domingos se sentaba entre sus padres, que inclinaban la cabeza para escuchar el piadoso sermón. Domingo tras domingo, Eustace se daba cuenta con tristeza de lo que representaba esa actitud y del tremendo contraste entre esa imagen pública de santidad familiar y la discordia real, una discordia brutal que los domingos guardaban en un contenedor oculto para no molestar a los vecinos. Pronto empezó a mirar a las otras familias que parecían santas en su banco, bien vestidas y con la cabeza inclinada, y no podía evitar preguntarse qué horrores se escondían detrás de sus himnarios.

También empezó a cuestionar cada vez más el ciclo cristiano de rezar, pecar, arrepentirse, rezar, pecar, arrepentirse, rezar, pecar y arrepentirse. Le parecía obvio que no era más que una evasión moral en toda regla. Pecas, te perdonan de inmediato, sales y vuelves a pecar porque sabes que te perdonarán una vez más. Le parecía estúpido, débil y rastrero. ¿Y por qué daban por sentado que las personas están destinadas a pecar? Si amaban tanto la Biblia, ¿por qué no se limitaban a obedecer sus claras instrucciones y dejaban de mentir, engañar, robar, asesinar y prostituirse?, se preguntaba Eustace. ¿Cuántas veces hay que leer los putos Diez Mandamientos para entenderlos bien? ¡Dejad de pecar! ¡Vivid como os han enseñado! Así no tendréis que venir a la iglesia cada domingo, y arrodillaros, llorar y arrepentiros. Y podréis pasar mucho más tiempo en el bosque, donde, como creía Eustace, «solo se encuentra verdad, sin mentiras, sin engaños, sin espejismos y sin hipocresía. Un lugar verdadero donde todos los seres se rigen por una serie de leyes perfectas que nunca han cambiado ni cambiarán».

Por supuesto, dada su disposición y su fuerza, Eustace no tardó en negarse a ir a la iglesia y en empezar a buscar respuestas por sí mismo. Pasó la adolescencia estudiando todas las religiones que encontraba, se quedó con las lecciones del cristianismo que le gustaban y les añadió partes de otras creencias. Le inspiraban las celebraciones de amor extático de los antiguos místicos sufíes, mientras que su atento perfeccionista interior respondía instintivamente al principio central del budismo, es decir, que solo se alcanza la iluminación a través de la atención constante. Le gustaba la idea taoísta de que las personas deberían intentar ser como el agua, fluir alrededor de superficies duras, alterar su forma para adaptarse a las formas de la naturaleza y erosionar poco a poco la piedra. Le gustaban las lecciones espirituales de las artes marciales orientales sobre inclinarse ante las agresiones de los demás y dejar que se lastimen sin que te hagan daño a ti.

En casi todas las religiones encontraba algo con lo que quedarse y hablaba de Dios con cualquiera (mormones, testigos de Jehová y hare krishnas en los aeropuertos), aunque la que más le llegaba desde siempre era la espiritualidad de los nativos norteamericanos. Había entrado en contacto con ella a través de los líderes nativos a los que había conocido en el Museo Schiele y de sus estudios de antropología. Aceptaba plenamente la idea de que Dios (de hecho, la divinidad) se encuentra en todo ser vivo de este planeta y de que todo en este planeta es un ser vivo. No solo los animales, sino también los árboles, el aire e incluso las piedras, todas ellas antiguas y esenciales.

Y aquí era donde Eustace y Frank, su compañero en el Sendero de los Apalaches, coincidían en su convicción mutua de que Dios solo se encuentra en la naturaleza. Por eso, por supuesto, estaban allí, en el sendero, para encontrar esa divinidad en ellos mismos y en el mundo. Tampoco les avergonzaba hablar de esa devoción noche tras noche. Ni sacar por la noche sus pipas indias hechas a mano, fumar y rezar, conectados entre sí por su creencia de que la pipa era el vehículo de la oración y el humo, la representación sagrada de lo que ofrecían al cosmos. Sabían que algunos considerarían una tontería, incluso una ofensa, la idea de dos blancos rezando con una pipa india, pero Eustace y Frank no se limitaban a jugar a los indios. Estaban allí, al borde de la madurez, viviendo de la forma más sincera posible y afrontando juntos las revelaciones y los retos diarios. Y era esa unión, más que ninguna otra cosa, lo que Eustace valoraba del viaje.

Y entonces, en Pennsylvania, Eustace Conway conoció a una chica.

Se llamaba Donna Henry. Era una estudiante universitaria de diecinueve años de Pittsburgh, y la conoció en el tramo de Pennsylvania del Sendero de los Apalaches. Donna había ido de excursión de fin de semana con su tía y su prima, y su breve viaje estaba siendo un infierno, porque la tía y la prima estaban en pésima forma física y llevaban la mochila atiborrada de comida y equipo. Así que, cuando se encontraron, Donna Henry no estaba caminando; estaba sentada a un lado del camino, descansando, porque sus familiares se lo habían pedido. Intentaba no escuchar a su tía y a su prima, que se quejaban de que les dolían los pies, las piernas y la espalda, cuando apareció Eustace Conway.

A esas alturas, Eustace había empezado a deshacerse de las posesiones que consideraba inútiles. Mientras avanzaba hacia el sur y se acercaba a Georgia, se había cansado de cargar con cosas, de modo que, siguiendo el viejo principio de «cuanto más sabes, menos necesitas», poco a poco se había ido deshaciendo de todo menos del saco de dormir, un cuchillo, un poco de cuerda y un pequeño cazo. Incluso se deshizo de parte de su ropa. Recorrió los últimos mil quinientos kilómetros del viaje sin más vestimenta que dos pañuelos anudados para cubrir sus partes íntimas. Ni siquiera se quedó con una chaqueta para abrigarse. Mientras caminaba, no tenía frío; cuando no caminaba, dormía. Cuando llovía, se cubría con una bolsa de basura. Cuando se cansaba de su tedioso ritmo (el de un hombre que recorría casi cincuenta kilómetros al día), corría por el sendero a toda velocidad.

Y así apareció ante Donna Henry ese día: una criatura delgada, morena, con barba, salvaje, casi desnuda y con zapatillas de deporte, que corría por el bosque como un coyote. Estaba flaco, por supuesto, pero se le marcaban los músculos. Y tenía una cara espectacular. Dejó de correr en cuanto vio a Donna. Ella lo saludó. Eustace le devolvió el saludo, le brindó su mejor sonrisa y Donna sintió que su tía, su prima y su pesada mochila desaparecían en el brillo de esa sonrisa, sustituidas por la certeza de que su vida nunca volvería a ser la misma.

Tengo la costumbre de especular sobre la vida sexual de todas las personas que conozco. No sé si llamarlo afición o perversión. No estoy defendiéndome. Estoy constatando un hecho. Aun así, confieso que pasé meses contemplando a Eustace Conway antes de pensar por un instante en la posibilidad de que fuera un ser carnal. Sobre todo comparado con su hermano Judson, que no es más que un ser carnal, Eustace parecía de algún modo por encima de esas tonterías mundanas y corporales. Como si no las necesitara.

La primera vez que vi a los dos hermanos juntos observé ese gran contraste. Allí estaba Judson, en el bar del East Village, coqueteando y bailando con todas las mujeres que pasaban por su campo de visión, y allí estaba Eustace, sentado muy recto en un rincón, hablándome con total seriedad del placer de beber agua directamente de la tierra, de que la calidad de la luz solar que se filtra a través del follaje de los Apalaches cambia la química del cuerpo y de que solo los que viven en la naturaleza pueden reconocer la verdad más importante de la existencia, que es que la muerte vive a nuestro lado en todo momento, tan cercana y tan relevante como la vida misma, y que no debemos temer esta realidad, sino alabar esta verdad sagrada.

«Soy el maestro de todos —parecía decir mientras salía de su mundo y se cernía sobre el nuestro—. Se debe confiar en mí y se me debe seguir, pero no se me debe besar».

Al fin y al cabo se baña en arroyos helados, así que me cuesta imaginar que tenga problemas de libido. Aun así, y es lo que me atrajo, Eustace Conway se presentaba a sí mismo como un épico héroe masculino estadounidense, y la idea del amor romántico o sexual está absolutamente ausente de la clásica épica masculina estadounidense.

Como señaló el escritor Leslie Fielder en su libro *Love and Death in the American Novel*, los estadounidenses somos la única cultura importante del mundo conocido que nunca ha considerado que el amor romántico sea un precepto sagrado. El resto del mundo tiene a don Juan; nosotros, a Paul Bunyan. No hay ninguna historia de amor en *Moby Dick*, Huckleberry Finn al final no consigue a la chica, John Wayne nunca pensó en renunciar a su caballo y atarse a una esposa, y el puto Davy Crockett no sale con mujeres.

Sean cuales sean los conflictos y la evolución que experimenten estos hombres, lo hacen en compañía de su único y verdadero amor, la naturaleza, y lo hacen solos o con la ayuda de un compañero masculino de confianza. Las mujeres están para rescatarlas y para quitarse el sombrero ante ellas mientras cabalgan hacia la puesta de sol sin ellas. Y a veces esto da lugar a una extraña circunstancia: mientras que en la mayor parte de la literatura universal se representa a las mujeres protegiendo celosamente su sagrada virginidad, en las narraciones heroicas estadounidenses los hombres suelen ser tan castos como ellas.

Pensemos, por ejemplo, en *El cazador de ciervos*, de James Fenimore Cooper. El guapo, sabio, valiente y cotizado Natty Bumppo nunca se casa, porque si lo hiciera, tendría que abandonar su mundo de perfecta soledad en la naturaleza salvaje, donde siempre es libre. El cazador de ciervos no solo no se casa, sino que parece que no le gusten las chicas. Cuando la heroína más hermosa, valiente y enérgica, Judith Hutter, una mujer delgada, morena y de ojos brillantes, se lanza a sus pies, él rechaza amablemente sus insinuaciones, aunque ha pasado muchísimo tiempo en las montañas sin compañía femenina. Es cierto que le asegura que siempre la respetará y estará dispuesto a salvarle la vida si lo necesita.

Judith no lo entiende, por supuesto. ¡Qué hombre tan inescrutable es este héroe salvaje vestido de ante! ¡Nada que ver con los elegantes capitanes nacidos en la ciudad que viven en cuarteles cercanos y a los que les encanta coquetear y bailar! Incluso le propone irse a vivir al bosque con él para siempre, lejos de las comodidades de la civilización, pero él sigue rechazándola. ¿Acaso el cazador de ciervos nunca ha conocido el amor?

—¿Y dónde está tu amada? —quiere saber Judith, que intenta entender la situación.

—Está en el bosque, Judith —le contesta (en un discurso que ejemplifica no solo la relación del épico hombre estadounidense con las mujeres y el medio ambiente, sino también una pésima escritura)—, colgando de las ramas de los árboles, en la suave lluvia, en el rocío sobre la hierba, en las nubes que flotan en el cielo azul, en los pájaros que cantan en el bosque, en los dulces manantiales donde sacio mi sed y en todos los demás dones gloriosos de la providencia de Dios.

—¿Quieres decir que hasta ahora nunca has amado a una persona de mi sexo, sino que amas más los lugares en los que vives y tu forma de vida? —le pregunta Judith. (Las mujeres de estas novelas a veces son un poco tontas, pero resultan muy útiles para exponer los temas).

—Eso es, eso es —le contesta el cazador.

Y así envía a la bella Judith a saciar su sed en el dulce manantial de otro hombre.

He leído mucho y soy tremendamente impresionable. ¿Quién podría culparme por imaginar a primera vista que Eustace Conway debía de ser como Natty Bumppo, el cazador de ciervos? Incluso se parecen («un metro ochenta con mocasines, pero de complexión ligera y delgada, aunque sus músculos prometían una agilidad poco frecuente») y visten igual. Y recordemos que Eustace me escribía cartas llenas de noticias tan sexis pero castas como: «El amanecer me ha encontrado mirando mi caballo ensillado desde lo alto de un árbol lleno de cerezas maduras, con la boca y las manos llenas de ellas y muchas más por recoger». Sí, la naturaleza debe de ser el único amor de Eustace, y la providencia de Dios, su única necesidad.

Pues me equivoqué.

El caso es que en 1981 Eustace Conway se cruzó con Donna Henry en el Sendero de los Apalaches. Donna, una chica sana, simpática y guapísima, llamó la atención de Eustace, y este la de ella. Se saludaron y se sonrieron. Donna no sabía por qué llevaba puestos esos dos pañuelos, pero enseguida le ofreció comida, fascinada. En parte, su motivo para dar de comer a Eustace era conseguir que se quedara más tiempo, porque de inmediato se sintió atraída por él, y en parte quería aligerar la mochila de su tía llorona y la de su prima quejica. Eustace se comió todo lo que le ofreció. Comía sin parar, como si estuviera muerto de hambre. Y lo estaba.

Cuando él le dijo que tenía que llenar la cantimplora, Donna le contestó: «¡Yo también!», y mientras caminaban un kilómetro y medio hasta un arroyo cercano, él le habló de las aventuras que había vivido en su caminata desde Maine. Donna Henry, fascinada, lo invitó a cenar con ella y sus parientes esa noche. Él volvió a darse un atracón mientras contaba más cosas sobre sus audaces correrías, su tipi y su estilo de vida primitivo.

Donna le dijo a Eustace que podía acampar con ellas esa noche. Él aceptó la invitación y, cuando el cielo estaba muy oscuro y la hoguera, casi apagada, se coló en la tienda de Donna y arrimó su cuerpo largo y delgado al de ella. Y estuvo perdida.

Al día siguiente, ya oficialmente enamorada, Donna dejó a su tía y a su prima con todo el equipo y recorrió los siguientes cuarenta kilómetros con Eustace. Estaba en plena forma (había hecho senderismo el verano anterior con amigos de la universidad), así que no le costó seguirle el ritmo. Hablaron, caminaron y comieron moras recién cogidas de las zarzas, y Eustace le enseñó cosas sobre las plantas, rocas y ramitas que encontraban por el camino.

Al final de la caminata, Donna tenía que volver a su vida real en Pittsburgh, pero no quería marcharse. Eustace le dijo que eran un buen equipo, y ella estuvo de acuerdo: ¡sí, lo eran! Y el momento también era el oportuno, porque resulta que Eustace estaba a punto de perder a su compañero. Frank Chambless se retiraba del viaje porque echaba mucho de menos a Lori, su novia, y creía que si abandonaba la caminata y dedicaba sus energías a reconciliarse con ella, podría conseguir que su amor funcionara. Eustace lo entendió y aceptó las sinceras disculpas de su amigo, aunque lamentaba mucho perder a su compañero de viaje cuando todavía quedaban más de mil quinientos kilómetros por recorrer. Así que, al ver lo buena excursionista que era Donna (además de una compañera de tienda cautivadora), se le ocurrió una idea. Le preguntó si quería encontrarse con él en Virginia unas semanas después y unirse a la caminata. A ella le pareció perfecto. En ese momento, Donna Henry habría aceptado encantada ir caminando a Islamabad con tal de volver a ver a Eustace Conway.

Unas semanas después subió a un autobús en plena noche con su mochila y su saco de dormir y se dirigió al sur para reunirse con él. Su madre se enfadó tanto con ella por que se marchara por capricho con un hombre flaco vestido con pañuelos que ni siquiera se despidió.

Bueno, así son las cosas. Para eso se llega a la mayoría de edad.

Donna creía que recorrer el Sendero de los Apalaches con Eustace Conway consistiría en seguir charlando, caminar, recoger bayas, observar la naturaleza y vivir su amor hasta el final del viaje. Y sí, el primer día de caminata Eustace se quedó a su lado y le enseñó muchas cosas sobre árboles y flores, pero la segunda mañana se levantó temprano y le dijo: «Hoy voy a adelantarme. Quiero recorrer cincuenta kilómetros. Te veré en nuestro campamento para cenar». Y no volvieron a caminar juntos. Día tras día, ella no lo veía en el camino. Él se marchaba al amanecer y ella lo seguía. Su única comunicación eran las breves notas instructivas que le dejaba a lo largo del camino: «Donna, hay agua a seis metros a la izquierda. Este es un buen sitio para descansar». O: «Sé que es una subida dura. ¡Lo estás haciendo muy bien!».

A última hora de la tarde se reunía con él en el campamento que ya había preparado. Comían cualquier cosa que recogían o cazaban, o comida podrida que encontraban, y después dormían. A veces Eustace se quedaba despierto y hablaba hasta altas horas de la noche sobre sus sueños de cambiar el mundo, que a ella le encantaba escuchar. Donna nunca fue más feliz que en esos momentos, excepto quizá cuando Eustace le decía con orgullo que era su «pequeña y dura italiana».

Todo este asunto de la naturaleza era nuevo para Donna (una vez, mientras pasaban junto a un rebaño de ganado en un pasto de montaña, le preguntó a Eustace: «¿Eso son vacas o caballos?»), pero estaba abierta y dispuesta a aprender. Un día, después de haber recorrido cuarenta kilómetros, se pusieron a cenar juntos. El sol se ponía y el cielo estaba precioso. Donna le dijo: «¡Oye, Eustace, subamos corriendo esa montaña para ver la puesta de sol!». ¡Después de haber caminado cuarenta kilómetros! Ella era, como él solía decirle, «una sólida escultura de músculo», además de una compañera de viaje que no causaba problemas. Estaba dispuesta a hacer cualquier cosa para seguir el ritmo de su hombre. Además, Donna creía en todos los sueños de Eustace Conway y quería ayudarlo a cumplirlos. Se sentía inspirada y vigorizada por él. Cuando llegaba la mañana, él se adelantaba, y de nuevo ella lo seguía sin dudarlo ni hacerle preguntas, y eso «era un símbolo de la relación», dice Donna ahora.

—Me metí de lleno en él —recuerda—. Me sentía arrastrada tras él como por una fuerza magnética y caminaba cuarenta o cincuenta kilómetros al día. Estaba delgada y quería demostrarle que podía seguirle el ritmo. Estaba completamente enamorada de ese hombre. Lo habría seguido hasta el fin del mundo.

Cuando Eustace Conway recuerda su viaje por el Sendero de los Apalaches, no piensa en Donna Henry ni en Frank Chambless. Aunque reconoce el mérito de sus compañeros de viaje, que se esforzaron sin quejarse, lo que más recuerda de esos maravillosos meses en el bosque son imágenes de sí mismo, solo. Por fin solo. Lejos de la casa de su familia, lejos del control de su padre y por fin solo.

Recuerda que le dolían tanto los pies que se le caían las lágrimas mientras caminaba, pero no se detenía, porque de niño había aprendido por su cuenta a soportar el dolor físico como un indio valiente. Recuerda momentos en los que estaba tan deshidratado que veía manchas ante sus ojos. Recuerda que llegó al pueblo de Pearisburg (Virginia), que está justo al lado del sendero y tiene un albergue y un supermercado. Llevaba tanto tiempo hambriento que decidió, qué demonios, darse un capricho. Una comida de verdad, pagada con moneda estadounidense, no una mierda de comida de supervivencia a base de conejito medio digerido sacado del estómago de una serpiente de cascabel. Esto es lo que compró:

«El melón más maduro, grande y hermoso que hayas visto. Compré un cartón de huevos, que son dos docenas y media. No eran pequeños. No eran medianos. No eran grandes. Eran extragrandes. Compré la hogaza de pan de trigo más grande que encontré. Compré cuatro litros de leche y un envase grande de yogur. Compré una barra de margarina, un trozo de queso y una cebolla grande. Después fui a la cocina del albergue, rehogué la cebolla en la margarina y batí los huevos para hacerme una tortilla enorme, que rellené con la mitad del queso. Me la comí. Luego tosté todas las rebanadas de pan y coloqué encima el resto del queso cortado a trozos. Después me bebí los cuatro litros de leche. Luego me comí el yogur. Y luego me comí el hermoso melón maduro. Cuando terminé, no quedaba nada de comida, pero no estaba lleno. Solo me sentía satisfecho por primera vez en meses. Sentía que por fin había comido lo suficiente».

Recuerda otro largo día en Virginia en el que acabó caminando a altas horas de la noche por una oscura carretera rural para hacer los kilómetros diarios que le correspondían. Era un viernes por la noche, así que todos los paletos de la zona, que se dirigían a fiestas, pasaban en camioneta escuchando música y bebiendo, y se detenían para ver qué hacía Eustace.

—¿Necesitas que te lleve, tío? —le preguntaron unos buenos chicos.

—No, gracias —les contestó Eustace.

—¿Desde dónde vienes?

—Desde Maine.

Esta respuesta no impresionó mucho a los buenos chicos.

—¿Y adónde vas?

—A Georgia —les dijo Eustace, y esta vez los chicos gritaron, incrédulos:

—¡Este loco va a Georgia caminando!

Está claro que nunca habían oído hablar de Maine.

Entonces se compadecieron de Eustace, le dieron una cerveza y se marcharon. Eustace caminó en la oscuridad bebiéndose la cerveza y tarareando para sus adentros mientras escuchaba cantar a los insectos nocturnos de Virginia. Cuando se terminó la cerveza, llegó otra camioneta llena de paletos.

—¿Necesitas que te lleve, tío?

Y la conversación se repitió, palabra por palabra, hasta el final.

—¡Este loco va a Georgia caminando!

Eustace terminó la ruta en septiembre de 1981, justo al cumplir veinte años. Había tardado cuatro meses y medio en completar el viaje. Se escribió a sí mismo una carta de felicitación, una carta dramática como las que un hombre solo puede escribir el día de su vigésimo cumpleaños, orgulloso, serio y asombrado por la magnitud de lo que acababa de conseguir.

El sol se ha ocultado tras las montañas y las sombras empiezan a jugar en el bosque. Es la última noche en el Sendero de los Apalaches, un «largo viaje de siempre y para siempre». Empecé hace tanto tiempo que me parece un sueño borroso. Mis costumbres han cambiado. Me he convertido en un hombre. Como los indios, he adoptado un nuevo nombre: Cazador de Águilas. Aspiro a las elevadas metas y a la moral del Rey de los Seres Alados. Tengo muchas historias que contar. He visto muchos lugares, he visto a muchas personas, todas diferentes, pero en su mayoría buenas. He aprendido a rezar a menudo y he aceptado muchos regalos del Santísimo Proveedor. Creo que Dios me ayudó a planear este viaje incluso antes de que yo lo supiera… Los motivos que tenía para recorrer el sendero empezaron siendo bastante simples y fueron adquiriendo profundidad con el paso del tiempo y la experiencia. En un principio quería acercarme a la naturaleza de forma íntegra y, en segundo lugar, encontrarme más a mí mismo. Creo que he conseguido ambas cosas. Estoy muy satisfecho. Desearía que la luz del sol me diera más fuerzas para terminar estos pensamientos escritos, pero la noche avanza y ya no veo las sombras. Los animales nocturnos han salido y debo seguir adelante con el ciclo que he elegido.

EUSTACE R. CONWAY

Y, efectivamente, siguió adelante con el ciclo que había elegido. Todos los demás viajes y logros de su vida se derivarían de este. Por ejemplo, unos meses después, cuando Eustace estaba sentado a una mesa de pícnic en Carolina del Norte despellejando un mapache, un hombre se acercó a él y le dijo:

—Eres Eustace Conway, ¿verdad? La última vez que te vi fue en el Sendero de los Apalaches y estabas despellejando una serpiente. Recuerdo que hablamos de aventuras en la naturaleza. —El hombre se presentó como Alan York. Charlaron un rato y después Alan le dijo—: Oye, caminemos juntos por Alaska.

Eustace le contestó:

—No creo que sea posible cruzar Alaska a pie, pero estoy seguro de que se puede hacer en kayak.

Y eso hicieron. Eustace y Alan atravesaron el estado en kayak, luchando contra el frío y las olas brutales, flotando a centímetros de arenques, salmones, algas y ballenas.

Después de eso, ¿cuán difícil podía ser viajar al México rural para estudiar alfarería y tejeduría? Y ese exitoso viaje a México le dio al joven emprendedor la seguridad en sí mismo para volar a Guatemala, bajarse del avión y preguntar: «¿Dónde están los pueblos primitivos?». Pero todo empezó con el Sendero de los Apalaches. Y lo que Eustace imagina cuando piensa en cuando tenía diecinueve años y estaba en el Sendero de los Apalaches es un momento concreto, un momento que siempre considerará el más feliz de su vida.

Está en New Hampshire. Ha hecho el trayecto desde Maine sin morirse de hambre ni de frío. Llega a la cima de una montaña. Mire adonde mire, ve la exquisita luz rosada de la mañana proyectada sobre la nieve, el hielo y el granito. Esto es todo. Una vista típica de las Montañas Blancas a finales del invierno. Con el paso de los años, Eustace viajará a muchos lugares más interesantes que este y disfrutará de algunas de las vistas más espectaculares del mundo, desde Alaska hasta Australia y Arizona, así que quizá esta no sea la más hermosa que va a ver. Tampoco es un momento tan heroico y emocionante como el que vivirá cuando complete el recorrido meses después, en Georgia, donde podrá dar rienda suelta a su retórica intensa y escribir: «Tengo muchas historias que contar». Pero este es mejor, porque es el telón de fondo del momento en que Eustace Conway entiende por primera vez que es libre. Es un hombre y está exactamente donde quiere estar, consiguiendo lo que siempre ha sabido que podría conseguir si decidía por sí mismo. Este momento le hace sentirse humilde, exaltado, simplificado, purificado y salvado, porque aquí arriba, en esta hermosa montaña, entiende que su padre no está a la vista. Su padre ya no puede alcanzarlo. Nadie puede alcanzarlo. Nadie puede controlarlo y nadie podrá volver a castigarlo.

Eustace se queda ahí, paralizado de alegría y palpándose con asombro. Se siente como un hombre que se ha alejado de un pelotón de fusilamiento cuyas armas se han atascado y está comprobando si tiene agujeros de bala, y no los tiene. El aire desprende un olor dulce, siente los latidos del corazón y se ríe a carcajadas al darse cuenta de que está intacto.

Es el mejor momento de su vida, porque es aquel en que Eustace Conway entiende por primera vez que ha sobrevivido.

Capítulo 4

Aquí nos volvemos un poco locos con los proyectos de reforma social. No hay hombre que sepa leer que no lleve en el bolsillo del chaleco el borrador de una nueva comunidad.

—Ralph Waldo Emerson

Cuando Eustace Conway regresó a Carolina del Norte, en el otoño de 1981, empezó a buscar un sitio para instalar su tipi. Sabía que encontraría un buen lugar si dedicaba tiempo a buscarlo. Durante esos primeros años de su vida adulta, cada vez que tenía que establecerse durante un periodo de tiempo significativo, le resultaba fácil vivir en (y vivir de) las tierras de personas que tenían la amabilidad de dejarle ocuparlas.

«Soy único porque vivo en un tipi indio —escribió Eustace en una carta que decidió mandar a un terrateniente de Carolina del Norte cuyas excelentes tierras acababa de inspeccionar—. Mientras buscaba un terreno en el que quedarme el próximo otoño, he dado con el suyo y me gustaría saber si me dejaría acampar en su propiedad, junto al arroyo. No tengo mucho dinero, pero podría pagar un pequeño alquiler. Podría cuidar su propiedad. Sería muy respetuoso y comprensivo con sus deseos. He adjuntado un sobre con mi dirección y sello para que me responda. También he adjuntado un artículo de periódico para que tenga más información sobre mi estilo de vida».

Para Eustace debió de ser una ardua tarea decidir qué artículo de periódico enviarle; en los últimos tiempos habían escrito muchos sobre él. Recibía mucha atención y era el niño mimado de los periodistas de Carolina del Norte, a los que les gustaba ir a ver a ese «chico tranquilo, sencillo y muy humilde» que vivía «más austeramente que un espartano, sin permitirse siquiera el lujo de tener cerillas para hacer sus fogatas».

La prensa lo adoraba porque era perfecto. Elocuente, inteligente, educado, intrigante y tremendamente fotogénico, el joven Eustace Conway en su tipi era el sueño de todo redactor de artículos de interés humano. Vivía de la tierra como un antiguo montañés, pero no era un temible supremacista que se negaba a pagar impuestos y despotricaba sobre la inminente extinción del hombre blanco. Era amable e idealista respecto de la naturaleza, pero no era un hippy enclenque que animaba a quitarse la ropa y besar árboles. Se había aislado de la sociedad, pero no era un ermitaño a la fuga, de lo que daba prueba su amable acogida a la prensa. Sí, desafiaba a poner en cuestión los supuestos de los estadounidenses modernos, pero era educado y bien hablado, y podía esgrimir su condición de estudiante universitario con sobresalientes para demostrar su respetabilidad.

Así es: estudiante universitario con sobresalientes. Curiosamente, Eustace había decidido ir a la universidad después de terminar el Sendero de los Apalaches. Extraña elección en una persona que odiaba tanto la escuela, pero siempre había creído que podría ser un buen estudiante si conseguía quitarse el pie de su padre del cuello, y de hecho en la universidad sacó notas insuperables desde el principio, incluso en las asignaturas de matemáticas. Me atrevería a asegurar que en el Gaston Community College no había otros estudiantes como Eustace. Era una celebridad en el campus, con su tipi, su ropa, su voz tranquila y sus historias de aventuras en las montañas y a lo largo del río Mississippi. Sus compañeros reaccionaban como lo haría todo el mundo el resto de su vida. A las chicas las volvía locas, y los chicos querían ser como él. Su aspecto era cada vez más insólito, pero atractivo: huesos faciales anchos, boca fuerte, ojos oscuros grandes y caídos, y nariz larga y arqueada. Estaba en excelente forma (un amigo que vio a Eustace después de haber recorrido el Sendero de los Apalaches dijo que parecía «una roca alta y dura») y su pelo era más negro que castaño. Tenía la piel oscura y los dientes blancos. No había ambigüedad en su rostro; eran todo ángulos, sombras y planos. Era una criatura de sorprendente vigor, que parecía tallada en madera dura. Olía a animal, pero a animal limpio. Llamaba la atención. Era popular e interesante.

Scott Taylor, que estudiaba con Eustace en esos años, recuerda que lo veía por el campus con «esa gran sonrisa y esa ropa de ante, y parecía el tío más guay del mundo. Me moría por ver su tipi, pero no iba a autoinvitarme». Tiempo después, Scott consiguió que lo invitara un «bonito y lluvioso día de otoño», y Eustace le pidió que se sentara junto al arroyo y cortara verduras para preparar un guiso. Scott, que nunca había hecho algo así, estaba entusiasmado. Era un chico conservador que se había casado joven y estudiaba química en la universidad, y todo lo que Eustace decía y hacía le sorprendía y le interesaba.

Scott recuerda:

—Yo tenía diecinueve años y mi mujer también, y vivíamos en un piso pequeño que intentábamos acondicionar para que pareciera el hogar del típico matrimonio estadounidense de clase media. Imitábamos a nuestros padres sin meditar siquiera sobre nuestra vida en profundidad. Un día invité a Eustace Conway, que recorrió el piso en silencio, mirándolo todo, y después dijo: «Tío, tenéis un montón de posesiones materiales». Nunca me había planteado que hubiera otra forma de vivir. Eustace me dijo: «Imagínate si cogierais todo el dinero que os habéis gastado en estas cosas y viajarais por todo el mundo o comprarais libros y los leyerais. Piensa cuánto sabríais sobre la vida». Te aseguro que nunca había oído ideas así. Me prestaba libros sobre carpintería y curtimiento para mostrarme que podía aprender técnicas y fabricar cosas por mi cuenta. Me decía: «Mira, Scott, puedes hacer cosas durante el verano, cuando no hay clase, aparte de trabajar en una oficina. Puedes recorrer Estados Unidos en autostop o puedes ir a ver Europa». ¡Europa! ¡Hacer autostop! Eran las palabras más exóticas que había oído jamás.

En los dos años que pasó en el Gaston Community College, Eustace sacó buenas notas y pudo matricularse en la Universidad Estatal de los Apalaches, situada en el pueblo montañoso de Boone (Carolina del Norte). Al principio le preocupaba, porque sabía que esta institución le exigiría más en el plano intelectual que su anterior centro, y aún se sentía un poco lastrado por los años de críticas de su padre, además de intimidado por la perspectiva de tener tantos compañeros de clase.

El primer día de clase ni siquiera se puso la ropa de ante, porque temía llamar la atención. Se vistió con ropa de calle, se montó en la moto y salió del tipi con tiempo para echar un vistazo al campus y orientarse. Mientras se dirigía a Boone, vio a un lado de la carretera un conejo al que acababan de atropellar y, por costumbre, se detuvo y lo recogió. (Los animales atropellados eran un ingrediente básico de su dieta desde hacía tiempo. Su regla era que, si las pulgas aún estaban vivas y saltaban en la piel, la carne estaba lo bastante fresca para comérsela). Metió el conejo en la mochila, volvió a subir a la moto y fue el primero en llegar a la clase de arqueología. De hecho, no llegó nadie más en una hora, porque había querido asegurarse de que llegaba con tiempo para orientarse. Como faltaba mucho para que empezara la clase y no tenía ningunas ganas de quedarse sentado sin hacer nada, se preguntó si despellejar el conejo.

Entonces tuvo una inspiración. Recordó que su madre solía decirle que «la escuela solo es lo que haces de ella», así que decidió hacer algo con ella. Preguntó a varias personas, localizó a la profesora a cuya clase iba a asistir y se presentó. Seguramente la asustó. Era la profesora Clawson, recién salida de la Universidad de Harvard, y era no solo su primer día de clase, sino también su primer trabajo como profesora y la primera vez que vivía en el Sur.

—Verás —le dijo Eustace—, sé que es tu clase, pero tengo una idea. He pensado que quizá hoy podríamos enseñar juntos algo interesante sobre arqueología si les explico que vivo de forma primitiva y tradicional, ¿sabes? Acabo de encontrar este conejo muerto al lado de la carretera y tengo que despellejarlo para comérmelo esta noche. ¿Te parece bien que despelleje el conejo delante de la clase como lección? Utilizaré las herramientas que he hecho con piedras, como las que utilizaban antiguamente. Incluso podría hacer las herramientas delante de la clase. Sería una gran lección de arqueología, ¿no crees?

La profesora se quedó mirándolo un buen rato. Después se recuperó y le dijo:

—De acuerdo. Hagámoslo.

Bajaron al laboratorio de geología, cogieron varias piedras duras y se dirigieron a la clase. Cuando los demás alumnos llegaron, la profesora Clawson se presentó, repartió unos papeles y dijo:

—Y ahora doy paso a un compañero vuestro, que os enseñará a despellejar un conejo a la manera primitiva.

Eustace se levantó del asiento, sacó el conejo de la mochila con gestos de un mago experimentado, cogió las piedras y empezó a hablar con entusiasmo mientras las tallaba para hacer las herramientas.

—¡Chicos, cuidado, no vaya a caeros una astilla en los ojos! —les dijo, y les explicó que los hombres primitivos tallaban piedras hasta conseguir bordes tan afilados que con dos pequeñas piedras podían desmembrar y descuartizar un ciervo adulto. Él mismo lo había hecho muchas veces. Les contó a sus compañeros que, de hecho, los aztecas conseguían que sus herramientas de piedra estuvieran lo bastante afiladas y fueran lo bastante precisas para operar el cerebro—. ¡Operaban con éxito el cerebro!

Para los arqueólogos, les dijo Eustace, estudiar estas herramientas de piedra es fundamental no solo por la importancia que tienen en sí mismas, sino también porque un animal descuartizado con ellas presenta un patrón concreto de marcas en los huesos, lo que puede ayudar a los investigadores a determinar si la antigua criatura murió de muerte natural o la mataron humanos para comérsela.

Después Eustace colgó el conejo atropellado con un nudo corredizo en la cuerda de una de las viejas persianas venecianas beis del aula. Lo destripó rápidamente mientras les explicaba que el intestino grueso del animal solía estar bastante limpio, ya que solo contenía bolitas fecales negras y duras, pero que había que tener cuidado con el intestino delgado y el estómago, ya que contenían los líquidos digestivos más salobres y fétidos. Si se abrían esos órganos accidentalmente, «ese líquido repugnante se te esparce por las manos, y es asqueroso».

Mientras trabajaba, Eustace les hablaba de la fisiología del conejo salvaje, que tiene la piel tan delicada como el papel crepé, y por eso es difícil manipularla sin desgarrarla. No es como la piel de ciervo, les explicó mientras hacía una incisión desde una pata trasera hasta el ano y descendía por la otra pata. La piel de ciervo es fuerte y flexible, y se puede utilizar para muchas cosas, pero la de conejo no. No se les puede arrancar la piel de una sola pieza, doblarla y hacer una manopla con ella. Mientras retiraba con cuidado la piel del animal, frágil como una toalla de papel húmeda, señaló que el truco consistía en quitar la piel en una sola tira larga, como si se pelara una manzana. Así se acaba con una tira de piel de dos metros y medio de un solo conejo, «¡como esta!».

Eustace hizo circular la piel por la clase para que todos pudieran tocarla. Los alumnos le preguntaron qué se podía hacer con una tira de piel tan frágil. Eustace sabía la respuesta, por supuesto. Los nativos envolvían una cuerda de hierba tejida con esa tira de piel de conejo, con la piel hacia dentro y el pelo hacia fuera. Cuando se secaba, la hierba y la piel se habían fusionado a la perfección y obtenían una cuerda larga y resistente. Si se tejen varias decenas de cuerdas como esas, se puede hacer una manta que será no solo ligera y suave, sino también muy cálida. Y si exploras antiguas cuevas de Nuevo México, como Eustace Conway había hecho muchas veces, puede que encuentres una manta así escondida en un rincón oscuro, conservada durante más de mil años en el árido clima del desierto.

A partir de ese día Eustace Conway fue famoso también en su nueva universidad. Recuperó la confianza en sí mismo e incluso empezó a llevar su ropa de ante en el campus. De hecho, esa misma noche la profesora Clawson había ido al tipi de Eustace y se había comido con él un gran cuenco de estofado de conejo atropellado.

—¡Y hasta ese momento había sido vegetariana estricta! —recuerda Eustace—. Pero seguro que disfrutó de ese conejo.

Bienvenida al Sur, profesora.

Eustace vivió en el tipi durante todos sus años universitarios y fue adquiriendo cada vez más conocimientos sobre la ciencia de la vida al aire libre incluso mientras se formaba en las aulas de la Universidad Estatal de los Apalaches. La mayoría de las destrezas que necesitaba para sentirse cómodo en la naturaleza las dominaba desde su infancia y adolescencia. Todas esas horas atentas de exploración y descubrimientos en los bosques detrás de las casas de los Conway habían dado sus frutos, al igual que sus experiencias en el Sendero de los Apalaches. Lo que el propio Eustace llama su innata «atención vigilante y agresiva» ya le había aportado experiencia a una edad temprana.

Durante esos años también dedicó mucho tiempo a perfeccionar sus técnicas de caza. Se convirtió en un estudioso del comportamiento de los ciervos, consciente de que, cuanto más supiera sobre los animales, mejor se le daría encontrarlos. Años después, convertido en un experto cazador, recordaría esos días de universidad y admitiría que sin duda había pasado por alto decenas de ciervos, que debía de haber estado muchas veces a menos de seis metros de uno y no se había dado cuenta. Eustace tuvo que aprender a no limitarse a escudriñar el bosque en busca de «un enorme par de cuernos y un animal inmenso en un claro con un gran cartel señalándolo que dijera: ¡EUSTACE, AQUÍ HAY UN CIERVO!». Aprendió a detectarlos como antes había detectado tortugas, buscando con atención pequeñas diferencias de color o movimiento entre la maleza. Aprendió a captar el movimiento de una oreja, a fijarse en las pequeñas manchas blancas del vientre, que resaltan entre el camuflaje otoñal, y a reconocerlas como lo que eran. Como un genio de la música capaz de captar los matices de todos los instrumentos de una orquesta, Eustace llegó a oír el chasquido de una ramita en el bosque y saber por el sonido el diámetro de esa ramita, lo que le indicaba si la había pisado un ciervo o una ardilla. ¿O el chasquido era simplemente el sonido de una rama seca cayendo de un árbol con la brisa de la mañana? Eustace aprendió a distinguirlo.

Durante sus años en el tipi, también llegó a respetar y valorar todas las condiciones meteorológicas que la naturaleza le brindaba. Si llovía durante tres semanas, era inútil quejarse; obviamente, era lo que la naturaleza necesitaba en ese momento. Eustace intentaba adaptarse y aprovechaba el tiempo dentro del tipi para confeccionar ropa, leer, rezar o practicar con las cuentas. Llegó a entender que el invierno es una estación tan importante y hermosa como la primavera, y que las tormentas de hielo son tan pertinentes y necesarias como el sol del verano. Eustace oía a sus compañeros quejarse del tiempo, volvía a su tipi y escribía en su diario largas entradas sobre su descubrimiento de que «en la naturaleza no existen los días "malos". No se puede juzgar así la naturaleza, porque siempre hace lo que tiene que hacer».

Un gélido día de diciembre, mientras estudiaba en la universidad, Eustace Conway escribió en su diario: «Esta noche he alimentado bien mi hoguera y estoy recogiendo una hermosa cosecha de CALOR. Me encanta. Vivo de una manera que a muchas personas modernas les costaría manejar. Por ejemplo, ayer por la tarde, cuando oscurecía, encendí un fuego, calenté agua y me preparé la cena. Cuando el agua estuvo caliente, me quité la ropa de la parte de arriba (a temperaturas gélidas) y me lavé el pelo y el cuerpo. Sería demasiado para mis compañeros de clase».

Probablemente era cierto. Aunque, para ser justos, algunos jóvenes modernos podrían haber protagonizado esa escena sin problemas. Donna Henry, por ejemplo. Aunque su nombre no aparece a menudo en los diarios, Donna estuvo con Eustace gran parte del tiempo, allí mismo, en el tipi, a su lado, quitándose también la ropa de la parte de arriba y lavándose el pelo en las mismas temperaturas gélidas.

Donna se quedó con Eustace después de terminar juntos el Sendero de los Apalaches. El verano siguiente recorrieron los parques nacionales del Oeste, de nuevo a una velocidad de vértigo (él en cabeza, y ella esforzándose por seguirlo), y tras haber pasado tanto tiempo juntos en la naturaleza, Donna descubrió que quería desesperadamente casarse con ese tipo. Fue sincera con él. Le dijo sin rodeos que «conectamos, somos almas gemelas y compañeros. Es una relación que se da una vez en la vida». Pero Eustace sentía que era demasiado inmaduro para plantearse el matrimonio. Casarse era lo último en lo que pensaba Eustace a los veinte años, aparte de en la posibilidad de volver a casa con su padre. Sus planes de estudiar, viajar y vivir en el tipi eran para él lo contrario del matrimonio. Se trataba de alcanzar la libertad perfecta.

Pese a todo, quería a Donna y le gustaba estar con ella, así que dejó que se quedara. La chica se mudó al tipi durante un tiempo, mientras él iba a la universidad, y adoptó sus intereses como propios. Aprendió a coser ante, estudió la cultura nativa norteamericana y empezó a ir a reuniones de indígenas con él, a conocer a sus amigos y a hacer de anfitriona del tipi.

Donna Henry estaba convirtiéndose en Donna Reed, pero se sentía sola y confundida. Lo cierto era que no veía mucho a Eustace, que estaba estudiando una doble licenciatura en Antropología e Inglés, y cuando no estaba en clase, se dedicaba a convertirse en el activista y profesor que se sentía cada vez más destinado a ser. A sus poco más de veinte años, era un hombre con un Destino en formación, y eso no le dejaba mucho tiempo para una novia. Había empezado a viajar por todo el Sur para dar charlas en escuelas públicas y estaba desarrollando lo que más tarde llamaría su «espectáculo», un programa práctico e interactivo de educación y concienciación sobre la naturaleza. Lo hacía con brillantez. Era capaz de poner en pie a los hombres de negocios más insensibles. ¿Y los niños? Los niños adoraban a Eustace como si fuera una especie de Papá Noel del bosque: «Señor Conway, es usted un hombre muy agradable»; «Gracias por asistir al día del Patrimonio»; «He disfrutado mucho aprendiendo sobre los indios. Sobre todo me ha gustado saber cómo vivían y qué comían»; «Ha sido muy interesante ver que sabe confeccionar ropa»; «Cuando sea mayor, puede que intente ser como usted»; «Creo que me ha enseñado más en un día de lo que he aprendido en los ocho años que llevo en la escuela».

Eustace también dedicaba mucho tiempo a elaborar su filosofía personal. Sabía que estaba destinado a ser profesor, pero ¿qué tenía que enseñar al mundo exactamente? Quería alertar sobre el lamentable impacto de la vida moderna, impulsada por el consumismo, en la tierra. Enseñar a liberarse de lo que su abuelo llamaba «la influencia suavizadora y restrictiva de la ciudad». Enseñar a prestar atención a las propias decisiones. («Reducir, reutilizar y reciclar está bien —decía en sus charlas—, pero estos tres conceptos deben ser el último recurso. En lo que de verdad debéis centraros es en otras dos palabras que también empiezan por erre, reconsiderar y rechazar. Antes de adquirir un bien desechable, preguntaos por qué necesitáis ese producto de consumo. Y descartadlo. Rechazadlo. Podéis hacerlo»). La idea era que las personas tenían que cambiar. Tenían que volver a vivir en consonancia con la naturaleza o, de lo contrario, el mundo estaba acabado. Eustace Conway creía que podía mostrarles cómo.

Así que también pasó sus años universitarios trabajando en el manuscrito de un libro (un libro de instrucciones, por así llamarlo) que se titulaba *Walk in Beauty: Living Outside*. Se trataba de un plan detallado para que los estadounidenses hicieran la transición de la insípida cultura moderna a una vida natural más rica en la que ellos y sus hijos pudieran prosperar lejos del «esmog, el plástico y el incesante parloteo de tonterías que revuelven el cerebro, elevan la presión sanguínea, crean úlceras y promueven las enfermedades cardíacas». Entendía que para la mayoría de los estadounidenses trasladarse de repente a la naturaleza salvaje sería aterrador, pero estaba seguro de que, si escribía una guía clara paso a paso, ayudaría incluso a las familias más mimadas a volver al bosque de forma cómoda y segura. El tono de *Walk in Beauty* es maravillosamente optimista. Cada palabra muestra lo seguro que estaba Eustace, a los veintiún años, no solo de tener las respuestas, sino también de que lo escucharían con atención.

El libro está organizado por temas, como calefacción, iluminación, bienestar, ropa de cama («Entender los principios del aislamiento es un buen punto de partida»), limpieza, ropa, herramientas, cocina, niños, agua, animales, comunidad, fuego, soledad, búsqueda de alimentos, espiritualidad y visión del mundo. Su prosa es clara y destila autoridad. Su mensaje reiterativo es que, cuanto más se aprende sobre la naturaleza, menos difícil resulta y, por lo tanto, más cómoda puede ser la vida. Asegura al lector que no hay razón para sufrir en el bosque en cuanto se sabe lo que se hace.

«¡No es divertido pasarlo mal en la naturaleza! Caminar en la belleza significa integrarse armoniosamente en la escena natural y crear momentos felices, alegres y memorables. No memorables porque te has quemado los zapatos al acercarte al fuego y te ha dado disentería por beber agua en mal estado, sino memorables en el sentido de suavizar la naturaleza y hacerla agradable, buena, pacífica, beneficiosa y acogedora, como debe ser un hogar».

Eustace nos tranquiliza y nos dice que vayamos con calma. Paso a paso. «Desarrolla las destrezas básicas en el jardín trasero de tu casa». Cuando aprendas a hacer ropa de cama con materiales naturales, «primero intenta dormir una noche fría en el porche para que puedas volver a tu dormitorio y descubrir qué ha fallado si es necesario». ¿Listo para empezar a buscar comida y cocinar en una hoguera? Prueba en un parque antes de trasladarte al interior de Australia. «Siempre podrás pedir pizza si se te quema la cena. O volver a empezar y hacerlo bien la segunda vez, o la tercera, mejorando cada vez». Sobre todo, por pequeño que parezca el detalle, «¡presta atención! Necesité tres años y medio en el bosque para darme cuenta de la gran diferencia que puede suponer que el globo de la lámpara de aceite esté limpio. No es que antes no lo limpiara, pero no lo hacía a conciencia. Ahora que lo mantengo impecable, veo mucho mejor por la noche».

Eustace promete que solo se necesitan práctica, sentido común y la voluntad básica de los estadounidenses de probar algo nuevo. Mantente firme, cree en ti mismo, y en poco tiempo podrás vivir con tu familia en una «casa escondida en el bosque [tan] maravillosamente tranquila» como la de Eustace Conway.

El problema era que, entre los estudios, las actividades y la escritura, el hombre del bosque más natural pasaba la mayor parte del tiempo fuera de él. Desde un tipi no se puede defender una causa. Si quieres cambiar el mundo, debes salir al mundo. No puedes dejar escapar ninguna oportunidad de hacer campaña. Eustace veía oportunidades para hacer campaña en todas partes, casi hasta el punto de distraerse. Un día de enero escribió una feliz observación en su diario: «Esta mañana me ha alegrado ver el lucero del alba a través de los respiraderos». Pero se apresuró a añadir: «Estoy empezando a escribir un artículo sobre la vida en un tipi para una revista».

Acumulaba tantas obligaciones y citas que a menudo pasaba días enteros fuera de su hogar en el bosque. Eso significaba dejar a su novia y antigua compañera de caminatas, Donna Henry, sola en el tipi la mayor parte del tiempo, día tras día. Era ella la que se quedaba observando la naturaleza mientras su hombre se dedicaba a enseñar, a estudiar o a bailar en alguna reunión de nativos o rodeado de admiradores, y todo aquello le parecía cada vez menos maravilloso. Donna (que hoy reconoce que solo puede culparse a sí misma por no haberse construido una vida independiente del hombre al que adoraba) no tenía mucho más que hacer con su tiempo que intentar complacer a Eustace y cuidar del tipi en su ausencia.

Y a veces, cuando Eustace sí veía a Donna, era duro con ella. Su perfeccionismo no se limitaba a sí mismo. Podía enfadarse porque no hubiera terminado todas sus tareas, porque no supiera hacer tortitas correctamente en la hoguera o porque el globo de la lámpara de aceite no estuviera lo bastante limpio. Y él estaba demasiado ocupado con sus obligaciones para enseñarle a hacer las cosas bien. Donna debía aprenderlo por su cuenta y tomar la iniciativa.

A medida que pasaban los meses, Donna sentía cada vez más que siempre metía la pata y que por más que se esforzara nunca complacería a ese hombre. Todos los días estaba nerviosa pensando en qué iba a reprocharle. Y entonces, una fría tarde de enero, por fin explotó. Eustace entró en el tipi con unas ardillas muertas que había encontrado a un lado de la carretera. Las tiró al suelo y le dijo: «Haz sopa con ellas para cenar esta noche». Y se marchó, porque llegaba tarde a su siguiente cita.

—Esa vida era su sueño, y yo lo seguía y vivía en el tipi porque lo amaba —dice hoy Donna al recordarlo—, pero yo no sabía hacer sopa de ardilla. Bueno, soy de Pittsburgh, ¿verdad? Lo único que me dijo fue que dejara las cabezas para no desperdiciar carne. Así que la corté para retirar los huesos sin saber que era mejor hervir el animal entero para que se desprendiera del hueso. Con mi método apenas saqué carne, por supuesto, pero lo hice lo mejor que pude, dejé las cabezas en la sopa y después enterré los huesos en el bosque, detrás del tipi. Cuando Eustace llegó y vio la sopa con las cabezas flotando, me preguntó: «¿Dónde está la carne? ¿Y dónde están los huesos?». Le conté lo que había hecho y se puso furioso. Tanto que me hizo salir del tipi en pleno enero, en mitad de la noche, desenterrar los malditos huesos de ardilla y llevárselos para que me mostrara cuánta carne había desperdiciado. Me hizo lavarlos y cocinarlos. Cuatro días después lo dejé.

Donna y Eustace no volvieron a hablar hasta seis años después. Donna se sumergió en el estudio de la cultura nativa norteamericana. Se trasladó a una reserva india y se casó con un sioux lakota, en buena medida porque pensó que sería un sustituto de Eustace, pero el matrimonio no fue feliz. Por el bien de su hijo, que se llama Tony, se recompuso y se separó. Tiempo después volvió a casarse, esta vez con un buen hombre, fundó una editorial exitosa y tuvo otro hijo.

Sin embargo, veinte años después, Donna sigue amando a Eustace. Cree que de algún modo están hechos el uno para el otro y que fue tonto por no casarse con ella. A pesar de que mantiene una «buena relación emocional» con su amable segundo marido (que ha aceptado los sentimientos duraderos de su mujer por ese antiguo amante como parte del lote), y aunque teme que Eustace «no sabe amar, solo mandar», cree que vino a este mundo para ser la «excelente pareja» de Eustace Conway. Y que quizá su historia no haya terminado, que puede que algún día vuelva a vivir en esa montaña con él. Entretanto, envía cada año a su hijo al campamento de verano de Turtle Island para que aprenda a ser un hombre.

—Eustace Conway es el héroe de mi hijo —dice—. No sé si llegará a tener hijos propios, pero, si los tiene de corazón, mi Tony es uno de ellos.

En cuanto a Eustace, guarda los mejores recuerdos de Donna, que era «la deportista más extraordinaria que he conocido, una compañera fuerte y voluntariosa». Dice que era estupenda y que podría haber sido una esposa fantástica, pero él era demasiado joven para casarse. Cuando le pregunté si recordaba el famoso incidente de los huesos de ardilla (mi pregunta exacta fue: «¡Eustace, dime que no fue así, por favor!»), suspiró y me contestó que no solo suponía que el episodio había sido real, sino que este tipo de incidentes se repiten en su vida «una y otra vez, con muchas personas diferentes». Parecía muy arrepentido de sus exageradas expectativas con todo el mundo y de que su personalidad inflexible a veces no consiga que personas buenas se sientan bien consigo mismas. Después cambiamos de tema y dimos por concluida nuestra conversación.

Sin embargo, cuando volví a casa esa tarde, encontré un mensaje de Eustace en el contestador. Había estado pensando en el incidente de las ardillas y «le preocupaba mucho» que yo no hubiera entendido la situación. Ahora la recordaba. Y recordaba que la razón por la que había hecho que Donna desenterrara los huesos de ardilla en plena noche era la excelente oportunidad que le brindaba para enseñarle a manipular de forma correcta un cadáver de ardilla.

—¿Y por qué desperdiciar carne en perfecto estado? —siguió diciendo—. Y el hecho de que fuera enero nos benefició, porque la temperatura era muy baja, lo que significaba que la carne se habría conservado muy bien en el suelo frío. Si hubiera sido pleno verano, lo habría dejado correr, porque la carne se habría echado a perder y se habría cubierto de gusanos e insectos. Seguramente tuve en cuenta todo eso, pensé que la carne seguía en buen estado, que era una buena oportunidad para enseñar y decidí que sería un desperdicio tirarla sin más, ¿sabes? Así que, cuando le pedí que trajera los huesos, solo estaba siendo lógico.

Concluyó con la esperanza de que ahora lo entendiera mejor, me deseó una agradable velada y colgó.

«¿Qué intenta demostrar este montañés moderno?», preguntó uno de los muchos periodistas que visitaron a Eustace Conway en su tipi durante esos años universitarios. Después citó la respuesta de Eustace: «Nada. A casi todo el mundo le gusta vivir en una casa, ver la televisión e ir al cine. A mí me gusta vivir en mi tipi, ver caer la lluvia o la nieve y escuchar el lenguaje de la naturaleza. Si creen que el dinero y el materialismo son las principales virtudes de la vida, ¿quién soy yo para juzgarlos? Lo único que pido es la misma consideración con mi vida».

Con todo, no era tan sencillo. Eustace pedía mucho más que el derecho inalienable a que le dejaran vivir en paz su vida, lejos de la mirada crítica de la sociedad. Que te dejen en paz puede ser bastante fácil: no hables con nadie, no impartas conferencias, no invites a periodistas a tu hogar, no le cuentes al mundo lo silencioso que es el sonido de la lluvia y no escribas artículos explicando a las personas cómo transformar su vida. Si quieres que te dejen en paz, vete al bosque y quédate allí, quieto y en silencio. Conviértete en un ermitaño y, si no te dedicas a enviar cartas bomba, lo más seguro es que nadie te preste atención. Si eso es lo que realmente quieres.

Pero no era eso lo que Eustace quería. Lo que quería era lo contrario de lo que le había dicho al periodista: quería que lo juzgaran, porque creía que conocía una forma de vida mejor para todos los estadounidenses, una forma que debían juzgar con mucho cuidado para ver la verdad de su visión. Quería que las personas que veían la televisión e iban al cine vieran cómo vivía, le hicieran preguntas sobre su vida, observaran lo contento y sano que estaba, reflexionaran seriamente sobre sus ideas y las probaran. Quería llegar a todas ellas.

Porque eso es lo que hacen los hombres con un Destino, y Eustace Conway todavía tenía la mirada puesta en este título. Al igual que su madre. En 1984, cuando se graduó en la universidad con honores, la señora Conway escribió a su hijo para felicitarlo y recordarle que la presión aún no había concluido.

«Has alcanzado un nuevo hito en tu trayectoria, un logro sobresaliente fruto de un largo y duro trabajo —le escribió—. Como la persona que mejor entiende y valora las circunstancias en las que has conseguido una doble licenciatura, te aplaudo y te felicito con gran orgullo y admiración. Pero recuerda que la educación debe ser un proceso continuo hasta la muerte. Acabas de hacer un gran trabajo de base; deseo que busques también la sabiduría, que es superior al conocimiento. Rezo para que Dios te guíe, te proteja y te bendiga durante tu viaje por esta buena tierra. Tu orgullosa y devota madre».

No es que Eustace necesitara que se lo recordaran. Ya estaba impaciente. «Quiero hacer algo grande, sentir que lo he conseguido, que he llegado», escribió en su diario.

Y cada vez le preocupaba más lo que veía. Una noche se produjo un incidente especialmente triste cuando una pandilla de paletos se acercó a su tipi para pedirle balas del calibre 22 para acabar con un gran mapache que habían acorralado en un árbol detrás de donde vivía Eustace. Parecía que habían estado bebiendo, cazando y divirtiéndose, pero admitieron que eran tan malos cazadores que habían disparado al mapache más de veinte veces sin matarlo ni conseguir que bajara del árbol. Seguro que ese cabrón testarudo estaba herido allí arriba. ¿Podría Eustace darles la munición para acabar con ese hijo de puta de una vez por todas?

A Eustace no le gustó nada la escena: los perros aullando, el ruido de los disparos («parecía una guerra», se lamentó más tarde en su diario), la ineptitud de esos hombres y su total desprecio por el espíritu del animal. ¿Cómo podían disparar a un ser vivo como si fuera una diana de plástico de una feria y después dejarlo sufrir mientras ellos daban vueltas durante una hora en busca de más munición? ¿Cómo podían ser tan imbéciles y chapuceros como para errar el tiro veinte veces? Y, por cierto, ¿por qué tenía que aguantar que esos idiotas invadieran su intimidad en plena noche cuando intentaba vivir alejado de la sociedad humana?

Eustace se levantó y se vistió en silencio, dando vueltas a estas preguntas. No tenía balas del calibre 22, pero cogió su rifle de pólvora negra y siguió a los perros y a los hombres por el bosque iluminado por la luna hasta el árbol. Con un disparo de su arma antigua acabó limpiamente con el mapache.

«Hasta que lo despellejé no me di cuenta de que el único agujero que tenía en la piel era el mío», escribió.

Los paletos ni siquiera habían rozado al animal. Ni una sola vez en veinte disparos. No es que les importara. Lo único que querían era la piel, que Eustace desolló para ellos y les entregó para que la vendieran. Casi lloró mientras lo despellejaba, y se quedó con la carne para comérsela más tarde agradeciendo solemnemente al mapache que hubiera entregado su vida. A los paletos ni se les habría ocurrido comer carne de mapache.

El incidente lo deprimió. El desprecio por la naturaleza. La codicia. La estupidez. El despilfarro. El desprecio por el espíritu de otro ser, la falta de reverencia por las leyes de la naturaleza… Todo eso ponía enfermo a Eustace, cuya misión en la tierra era defender las viejas ideas sobre el carácter sagrado inherente a la vida. Pero ¿por dónde empezar con personas tan inmaduras e inconscientes, personas que disparan a los animales por diversión cuando están borrachas y ni siquiera quieren la carne?

«Maldita sea —escribió en su diario—. ¿Qué voy a hacer? Me tacharían de friki de la naturaleza a lo Grizzly Adams si intentara explicárselo».

Y esa era otra cosa que molestaba a Eustace. Empezaba a cansarse de que lo vieran como un excéntrico, un friki de la naturaleza a lo Grizzly Adams, cuando tenía mucho más que ofrecer al mundo. Le daba vueltas, estaba cada vez más preocupado y ya no le satisfacía confeccionarse su ropa ni cazar con cerbatana. Estaba listo para algo más grande y audaz.

«Necesito algo nuevo, fresco, vivo y estimulante —escribió en su diario—. Necesito vida, primer plano, con uñas y dientes. Vida, realidad, poder y esfuerzo. Hay cosas más reales, plenas y satisfactorias por hacer que sentarse a hablar con un grupo de buenos chicos sobre las mismas cosas de siempre, año tras año. No quiero hablar de hacer cosas, quiero hacer cosas y quiero conocer las realidades y los límites de la vida. No quiero que mi vida sea nada, que no marque la diferencia. Y la gente me dice todo el tiempo que hago mucho, pero yo siento que ni siquiera araño la superficie. ¡Mierda, no! Y la vida es muy corta, podría morirme mañana. Visión, concentración, centrarme… ¿En qué? ¿Cómo hacerlo? ¿Qué hacer? ¿Puedo hacerlo? ¿Adónde voy? Escapar no es la respuesta. Solo hay un camino: el destino, el destino. Confiar en el destino».

En otras palabras, no le bastaba con sentarse en su tipi a hacer mocasines y escuchar la lluvia. Y, hablando de su tipi, no quería pasarse el resto de su vida trasladándolo de un terreno que no era suyo a otro. Todos los lugares en los que había acampado se vendían y se convertían en urbanizaciones ante sus ojos. Era terrible, como estar en un banco de arena y ver subir la marea. ¿Adónde podría ir que fuera invulnerable al desarrollo comercial? Y quería seguir enseñando, pero a su manera, no necesariamente durante los cuarenta y cinco minutos que le asignaba el director de la escuela pública que visitara ese día. Necesitaba más retos, más poder y llegar a más gente. Necesitaba tierra.

Años después, cuando le preguntaban a Eustace Conway por qué vivía en Turtle Island y dedicaba tanta energía a conservar sus cuatrocientas hectáreas, él soltaba un discurso para explicarse. Con el tiempo se convirtió en una de las partes más impactantes de sus presentaciones públicas.

—De niño me encantaba un libro que se titulaba *Return to Shady Grove*. Trata de unos animales que viven en un bosque maravilloso. Su vida es perfecta, feliz y segura hasta que un día llegan unas excavadoras y destrozan su hogar para construir una carretera para los humanos. No tienen adónde ir y han destruido sus casas. Un día los animales se suben a un vagón de tren y se dirigen al Oeste. Cuando llegan, encuentran un bosque, igual que el hogar que perdieron, y todos viven felices para siempre.

»Siempre me he sentido identificado con ese libro, porque todos los lugares en los que he vivido han sido destruidos. Cuando era pequeño, vivía en Columbia (Carolina del Sur), cerca de la naturaleza, de bosques y pantanos. Un día llegaron unos constructores, violaron la tierra y la destruyeron, así que mi familia se trasladó a Gastonia (Carolina del Norte), donde compró una casa que lindaba con cientos de hectáreas de tierra por la que transcurría un arroyo limpio y hermoso. Me enamoré de ese bosque. Lo conocía mejor de lo que jamás he conocido ningún lugar, porque me pasaba todos los días allí, jugando y explorando. Disfruté de esa tierra durante toda mi infancia. Construía fuertes, abría senderos, me entrenaba para correr a una velocidad de vértigo entre los árboles y para rodar si me caía, levantarme de un salto y seguir corriendo. Trepaba por la maleza y saltaba de liana a liana, como Tarzán. Conocía las texturas de las hojas y la calidez del suelo. Conocía los sonidos, el color y las sensaciones del bosque.

»Y un día empezaron a aparecer estacas de agrimensor por todas partes. No sabía para qué servían, pero sabía que eran malas. Sabía que era una violación de la naturaleza e intenté arrancar las estacas allí donde aparecían. Pero era un niño. ¿Cómo podía impedirlo? Los promotores destrozaron mi bosque y poco a poco construyeron cientos y cientos de casas en toda la zona hasta que la tierra que amaba quedó arrasada y el arroyo no fue más que agua contaminada. Llamaron a la urbanización Gardner Woods, pero era mentira.

Ya no había árboles. Habían destrozado Gardner Woods. Lo único que quedaba del bosque era el nombre.

»Después me instalé en un tipi en el terreno de unos amigos, cerca del bosque de Allen's Knob, y viví allí hasta que unos promotores inmobiliarios lo talaron para construir casas. Entonces encontré en Boone a un viejo montañés llamado Jay Miller, que me dejó instalar el tipi en su precioso terreno de los Apalaches. Me encantaba estar allí. Vivía en la ladera de Howard's Knob, un bosque lleno de osos, pavos y raíces de ginseng. Al lado de mi tipi había un manantial donde bebía todas las mañanas. Y fue maravilloso hasta el día en que el viejo Jay Miller decidió ambicionar el poderoso dólar y vendió su tierra para obtener madera. Y la empresa maderera llegó e instaló su aserradero cerca de mí, un aserradero que se acercaba cada vez más a medida que derribaban hasta el último árbol que se interponía entre ellos y yo. En ese momento yo estaba terminando mi último año de universidad y tenía que ponerme tapones en los oídos para estudiar porque la sierra hacía mucho ruido. Cuando me marché, el bosque que había amado, donde había vivido y del que había obtenido mi comida y mi ropa no era más que un inmenso campo de tocones. Y el hermoso manantial donde bebía se había echado a perder.

»¿Qué iba a hacer? Fue entonces cuando me di cuenta de que la moraleja de *Return to Shady Grove* era una mentira. Es una mentira descarada que se han inventado para asegurarles a los niños que siempre hay otro bosque en el que crearse otro hogar en algún lugar del Oeste, al otro lado de la colina. Es una mentira que dice que está bien que las excavadoras sigan llegando. Pero no está bien, y tenemos que enseñarle a todo el mundo que es mentira, porque las excavadoras seguirán viniendo hasta que hayan acabado con todos los árboles. No hay ningún lugar seguro. ¿Y qué pasó cuando me di cuenta? Pues que decidí conseguir un bosque que fuera mío y luchar a muerte contra todo aquel que intentara destruirlo. Era la única respuesta y lo más importante que podía hacer con mi vida en este mundo.

Había llegado el momento de encontrar Turtle Island.

«Tierra —escribió en su diario a principios de los ochenta, como recordándoselo a sí mismo—. Tengo que conseguir tierra. ¡Tierra! Sueño con ella. La quiero. Me sacrificaré por ella».

Capítulo 5

¡Este es el lugar!

—Brigham Young
al ver por primera vez el valle
del Gran Lago Salado

Estados Unidos siempre se ha prestado generosamente (tanto su cuerpo como su amplitud) a las visiones de los utópicos. Se podría argumentar que todo el que ha venido a Estados Unidos por voluntad propia ha sido un utopista en ciernes, un individuo con la idea de crear un paraíso en este Nuevo Mundo, por modesto que fuera. Por supuesto, también podría argumentarse que este país había sido una utopía durante milenios antes de que llegaran los europeos y empezaran a destrozarlo todo para adaptarlo a sus rígidos planes respecto del espacio. Pero pensemos en cómo debieron de ver el país aquellos primeros europeos: libre, interminable y vacío. Sin duda era tentador pensar en el tipo de sociedad que podría crearse aquí.

La idea de utopía no tiene su origen en los estadounidenses, por supuesto. Como siempre, la concibieron los griegos.

Y los europeos planeaban sociedades perfectas desde antes del Renacimiento. Tomás Moro, Tommaso Campanella y Francis Bacon tenían sus visiones, como después Rabelais, Montaigne y Hobbes. Pero lo que estos hombres no hicieron fue convertir sus proyectos en realidad. Eran pensadores y escritores, no líderes carismáticos. Además, en el desgastado mapa del Viejo Mundo no había ningún lugar donde se pudiera intentar fundar una utopía real. Política, geográfica y socialmente era imposible. Así que eran hombres que diseñaban barcos cuando nunca habían visto un océano. Podían imaginar los navíos de sus sueños del tamaño y la forma que quisieran, porque nunca tendrían que navegar.

Sin embargo, cuando se descubrió América (o, mejor dicho, cuando se inventó el concepto de «América»), tanto pensadores como escritores y líderes carismáticos empezaron a meterse en problemas, porque era el lugar para hacerlo. Si conseguías tierras y convencías a suficientes personas de que se unieran a ti, podías establecer tu paraíso. Y así, además de los grandes planes utópicos de hombres como Jefferson (planes que acabaron llamándose «gobierno»), tuvimos decenas de planes utópicos más pequeños y extraños repartidos por todo el país.

Entre 1800 y 1900, más de cien comunidades de este tipo surgieron en oleadas de entusiasmo por todo Estados Unidos. La Sociedad Inspiracionista de Amana fue concebida por primera vez en Alemania por un tejedor de calcetines, un carpintero y una criada analfabeta, pero su sueño solo se hizo realidad cuando los amanistas llegaron a Estados Unidos, en 1842, y compraron dos mil hectáreas de tierra en las afueras de Búfalo. Esta población estricta, en gran parte apacible, altamente cualificada, sobria y bien organizada, creció y con el tiempo vendió las tierras y se trasladó a Iowa, donde prosperó hasta 1932. Los *shakers* también prosperaron, más de lo que cabría esperar de una comunidad célibe. Y los diligentes *rappites* de Harmony construyeron, en su primer año en el valle de Conoquenessing, en Pennsylvania, cincuenta casas de troncos, una iglesia, una escuela, un molino y un granero, además de desbrozar sesenta hectáreas de tierra.

Pero a la mayoría de las comunidades modelo estadounidenses no les fue tan bien. En general se desmoronaron bajo realidades nada utópicas, como la bancarrota, las luchas internas por el poder, los desacuerdos filosóficos irresolubles y las miserias humanas. En 1825 Robert Owen fundó New Harmony en Indiana, «un nuevo imperio de buena voluntad», que se extendería «de comunidad en comunidad, de estado en estado, de continente en continente, hasta cubrir toda la tierra y derramar luz, fragancia, abundancia, inteligencia y felicidad sobre los hijos del hombre». Cientos y cientos de devotos siguieron a Owen, que no tenía un plan económico sólido para su comunidad y regresó a Inglaterra en cuanto todo empezó a desmoronarse. Sus seguidores aprobaron cinco constituciones en un solo año, se dividieron en cuatro comunidades rivales y al final se hundieron bajo la presión de más de diez demandas.

Bishop Hill la fundó el sueco Eric Janson, que trajo a sus ochocientos seguidores a Estados Unidos en 1846 para formar una comunidad socialista teórica. Los adeptos pasaron su primer invierno en cuevas de Illinois, donde ciento cuarenta y cuatro de ellos murieron de cólera en quince días. Janson los miraba y les decía alegremente «descansad en paz» a medida que sus seguidores caían, uno tras otro. La comunidad espiritualista de Mountain Cove estableció su sociedad perfecta en la Virginia rural, exactamente en el lugar, según sus cálculos, donde una vez estuvo el jardín del Edén. Sin embargo, como Adán y Eva, los espiritualistas quedaron expulsados del Edén antes de ser conscientes de lo que los había golpeado; su experimento solo duró dos años. Bronson Alcott, un encantador devoto de la «discusión profunda» que pensaba que solo se debía trabajar cuando el «espíritu lo dictara», fundó Fruitlands. Es posible que los despreocupados *fruitlanders* batieran el récord nacional de desmantelamiento de utopías; su proyecto duró todo el verano de 1843, hasta que empezó a hacer frío y todos volvieron a su casa.

Los icarianos llegaron desde Francia. Su líder, Étienne Cabet, los despidió con esta proclama: «El 3 de febrero de 1848 será una fecha que marcará una época, porque este día se lleva a cabo uno de los actos más grandiosos de la historia de la humanidad: la avanzadilla zarpa en el barco Roma hacia Icaria. ¡Que los vientos y las olas os sean propicios, soldados de la humanidad!». Quizá ningún soldado de la humanidad haya sufrido jamás tanto como los icarianos, que acabaron en cuarenta mil hectáreas de calurosos pantanos en las afueras de Nueva Orleans, diezmados por la malaria, el cansancio, el hambre, la deserción y la muerte por rayos.

Aun así, el utopista favorito de todo el mundo es Charles Fourier. Lo tenía todo planeado, como explicó en varios libros enormes. Surgieron seguidores suyos en todo Estados Unidos a mediados del siglo XIX, sobre todo en Nueva Inglaterra, donde una grave crisis económica había dejado sin trabajo a hordas de hombres. Sin embargo, de las cuarenta sociedades fourieristas que se formaron en Estados Unidos, solo tres duraron más de dos años. Analizando el fenómeno en retrospectiva, cuesta creer que las ideas de Fourier se extendieran más allá de los recovecos de su loca cabeza, pero algo debía de haber en el atractivo orden de su visión que tranquilizaba a los estadounidenses cuando más lo necesitaban, cuando buscaban respuestas ordenadas.

Charles Fourier había proclamado con toda claridad que la única esperanza para la humanidad residía en una estructura social muy organizada (de características y jerarquía parecidas a las de los insectos) de asociaciones humanas. La más pequeña, que llamaba «grupo», estaría formada por siete personas, dos de las cuales se situarían en las alas para representar los extremos «ascendente» y «descendente» del gusto, mientras que las otras tres se quedarían en el centro para mantener el equilibrio. En la sociedad ideal habría un grupo para cada ocupación (criar niños, cuidar aves de corral, cultivar rosas, etc.). Cinco grupos de siete formarían una serie, cada una de las cuales tendría de nuevo un centro y dos alas. Y las falanges (el último estadio de organización humana) se formarían uniendo varias series para crear batallones de entre 1.620 y 1.800 individuos. Cada falange abarcaría una hectárea de jardines y huertos, y sus miembros vivirían en un espléndido falansterio con dormitorios, salones de baile, cámaras del consejo, bibliotecas y guarderías.

En la sociedad perfecta de Fourier, el trabajo se valoraría en función de su utilidad. Por lo tanto, los trabajos más desagradables y necesarios (mantenimiento de aguas residuales y excavación de tumbas) recibirían el salario más alto y la mayor consideración. Las personas trabajarían según sus inclinaciones naturales. Dado que los niños, por ejemplo, tienen una inclinación natural a escarbar en la suciedad y la porquería, se convertirían en grupos especiales de recolectores de basura llamados las Pequeñas Hordas y ganarían un sueldo elevado, además de ir en cabeza en los desfiles, donde los demás ciudadanos los honrarían con el venerable «saludo de respeto».

Fourier llegó a afirmar que, además de comprender el funcionamiento de la sociedad humana perfecta, conocía el funcionamiento del universo. Según él, cada planeta duraba ochenta mil años, y esas épocas se dividían naturalmente en etapas. Cuando la tierra entrara en su octava etapa, a los humanos les crecerían colas dotadas de ojos, los cadáveres se transformarían en «aires aromáticos», los casquetes polares emitirían rocío perfumado, se formarían seis nuevas lunas y las bestias desagradables serían sustituidas por sus opuestos inofensivos (llamados «antitiburones», por ejemplo, o «antipulgas»). Y durante este episodio, la gloriosa octava etapa de la tierra, las falanges de Fourier se extenderían por fin por todo el planeta hasta llegar a ser exactamente 2.985.984, unidas en una sola hermandad y con una sola lengua.

En fin. Ya vemos que uno puede llevar sus ideales utópicos tan lejos como quiera.

Aun así, parece que hubo un tiempo para este tipo de ensoñaciones, y este fue el siglo XIX. En 1900 no solo habían desaparecido la mayoría de las comunidades idealistas de Estados Unidos, sino que ya nadie hablaba de comprar tierras en medio de la nada y crear una sociedad modelo con un puñado de seguidores. Como sucedió con el declive de tantas otras cosas en este país, la era industrial fue probablemente la culpable. La producción en masa de bienes, el paso de la economía agraria a la economía urbana y el declive de la manufactura doméstica erosionaban la idea de autosuficiencia de los estadounidenses. Cada vez costaba más creer que una persona (o una congregación, o una falange) pudiera separarse de la gran maquinaria del país. La red había empezado a emerger. O, si se prefiere, la soga había empezado a apretarse. A principios del siglo XX no parecía que valiera la pena intentar alterar la fuerte, arraigada, uniforme y omnipresente cultura estadounidense. De hecho, hasta la década de 1960 los estadounidenses no volverían a reunir la energía (o la locura) para intentar una vez más la formación masiva de sociedades utópicas.

Los años sesenta comenzaron en realidad en los cincuenta. Todo empezó con el auge del movimiento *beat*, que trajo consigo un cambio en la música, un cuestionamiento de la sociedad, un serio interés por experimentar con las drogas y el sexo, y una actitud general de resistencia a los convencionalismos. A mediados de la década de 1950, las viejas ideas románticas estadounidenses del siglo XIX sobre abjurar de las corrupciones de la sociedad en general empezaban a resultar de nuevo atractivas. Poetas como Allen Ginsberg (heredero de Walt Whitman) y escritores como Jack Kerouac (que se definía a sí mismo como un «Thoreau urbano») se propusieron redefinir y redescubrir formas de vivir en Estados Unidos sin agotarse en lo que Kerouac llamaba el incesante sistema de «trabajar, producir, consumir, trabajar, producir, consumir…».

Suele relacionarse a los *beat* con la vida urbana, en especial con San Francisco, pero, como Teddy Roosevelt en el siglo XIX, los poetas *beat* dieron la espalda a la influencia afeminada de las ciudades y buscaron experiencias más duras que los convirtieran en hombres de verdad. A principios de los sesenta, el poeta Lew Welch renunció a un trabajo estable de corrector en Chicago y se convirtió en ermitaño en las estribaciones de Sierra Nevada, en California. El joven Jack Kerouac encontró trabajo en el Servicio Forestal como vigilante contraincendios en la cordillera de las Cascadas. (También trabajó en un barco de la marina mercante y fue guardafrenos en el Ferrocarril del Pacífico Sur). Allen Ginsberg y el poeta Gary Snyder trabajaron en barcos en las décadas de 1940 y 1950. («He trabajado en todos los niveles de la sociedad —presumía Snyder—. Puedo enorgullecerme de haber trabajado nueve meses en un petrolero en alta mar y de que nadie adivinara jamás que había ido a la universidad»).

Los *beat* se sentían frustrados por los valores consumistas entumecedores de su tiempo y encontraron en la naturaleza y en el trabajo manual una excelente manera de, como dijo Kerouac, «eliminar los coágulos de sangre de la existencia». Había que volver a la vida salvaje para purificarse. A mediados de los años sesenta, estas ideas se extendían cada vez más entre los jóvenes estadounidenses. Las novelas de Kerouac por sí solas hicieron que un sinfín de jóvenes recorrieran el país en busca de su destino, pero en esta época también se redescubrió *Walden* (una obra largamente olvidada que celebraba tanto la naturaleza como el inconformismo), al igual que los ensayos del gran naturalista del siglo XIX John Muir. Una vez más empezaba a gestarse una revolución contracultural, y tras esa resistencia llegaron, casi inevitablemente, las nuevas utopías.

Entre 1965 y 1975 decenas de miles de jóvenes estadounidenses probaron suerte en experimentos idealistas de vida comunitaria. Las comunas eran más coloridas y extravagantes que sus homólogas del siglo XIX. La mayoría fracasaron rápidamente, a menudo de forma cómica, aunque es difícil no sentir simpatía por sus elevados conceptos idealistas.

Estaba la famosa Drop City de Colorado, fundada por unos alocados artistas hippies defensores de la pobreza que construyeron estructuras con tapones de botellas y lonas (no bromeo) y cuya efímera utopía se llenó de «todo tipo de música de tambores y campanas, tintineos y cánticos». Los fundadores de Drop City detestaban tanto las normas y los juicios que insistían en aceptar a todo el mundo en su utopía. Por eso la comuna acabó convirtiéndose en un refugio para drogadictos y temibles bandas de moteros. La misma suerte corrieron los bondadosos californianos de Gorda Mountain, que fundaron una comunidad abierta en 1962 creyendo que su política de acogida atraería a muchos artistas y soñadores, pero la comuna tuvo que cerrar en 1968 tras haber sido invadida por yonquis, vagabundos, fugitivos y delincuentes.

El gran gurú del LSD Ken Kesey y sus Merry Pranksters fundaron una utopía informal en miniatura en su casa de California (aunque Kesey acabó tan harto de su comunidad, de la que dijo que no era más que «una mentira comunal», que en 1969 metió a todo el mundo en autobuses rumbo a Woodstock con órdenes estrictas de no volver jamás). Timothy Leary fundó una utopía psicodélica más elaborada. Estaba en una exuberante finca de Millbrook (Nueva York) que había pertenecido a la familia de Andrew Mellon. El experimento de Leary se describía como «una escuela, una comuna y una fiesta de dimensiones incomparables», y aunque es cierto que a Millbrook acudían estudiosos serios para hablar de cultura y poesía, nadie hacía las tareas domésticas y el sueño se desintegró en 1965.

Otras comunas de la década de 1960 se caracterizaban por una ausencia de estructura interna similar. El Black Bear Ranch, que en un principio se basaba en la idea de no establecer normas de ningún tipo, al final cedió e impuso dos muy estrictas: 1) no sentarse en la encimera de la cocina y 2) no girar la manivela del separador de nata porque, como recordaba un viejo hippy, «la gente se volvía loca cuando se sentaba en la encimera de la cocina y jugaba con la manivela del separador de nata». Aparte de eso, en Black Bear Ranch se podía hacer prácticamente lo que se quisiera.

No era fácil conseguir que estas utopías funcionaran. Los chicos que las fundaron eran solo eso, chicos. Blancos, de clase media, con estudios universitarios y en su mayoría sin conocimientos prácticos de agricultura. Sus comunas se desmoronaron en todas partes, asaltadas desde dentro por el consumo de drogas, la desorganización, la apatía, los resquemores y la bancarrota, y atacadas desde fuera por los valores y las leyes que imperaban en Estados Unidos. Morning Star Ranch, en California, por ejemplo, tuvo infinitos problemas con el sheriff local, que en 1967 arrestó al líder de la comuna, Lou Gottlieb, al que acusaba de «dirigir un campamento organizado infringiendo la normativa sanitaria estatal». Gottlieb, que además de idealista utópico era un sabelotodo fantástico, bromeó en el momento de su detención: «Si encuentran alguna prueba de organización, me gustaría que me la mostraran».

Sí, agente, habría sido difícil encontrar alguna prueba de organización en la mayoría de estas utopías de los años sesenta. Ahora es muy fácil considerarlas un efecto secundario espástico de un movimiento juvenil salvaje que en realidad solo buscaba formas nuevas y creativas de eludir la responsabilidad de los adultos. Aunque, bien mirado, debo decir que no todas las comunas estadounidenses de los años sesenta eran un carnaval de locos. Algunas se fundaron sobre principios religiosos serios, otras tenían intensas agendas políticas y unas terceras fueron bendecidas con miembros que intentaban sobria y concienzudamente llevar una vida buena y sencilla. Y unas pocas comunas hippies aprendieron a gestionarse y pudieron garantizar su supervivencia a largo plazo.

La comunidad The Farm, en Tennessee, ha sido productiva desde 1971, tras realizar importantes ajustes en su política de anarquía total originaria. A lo largo de los años han introducido normas y restricciones más tradicionales, y la incorporación de ideas más realistas sobre los derechos del individuo dentro del marco más amplio de la utópica vida en común ha mantenido a sus miembros cuerdos y hasta cierto punto sin resentimientos ni resquemores. Como todo experimento comunitario que dure más de un año, The Farm tuvo que cambiar gran parte de su romanticismo inicial por principios organizativos más pragmáticos. Aun así, los duraderos y exitosos proyectos sociales de The Farm (varios programas de enseñanza medioambiental y un bufete de abogados defensores del medio ambiente) reflejan los sueños idealistas de sus fundadores.

De hecho, esa sensación de idealismo próspero parece ser un factor tan decisivo para mantener viva una comuna a lo largo de los años como llevar una buena contabilidad y tener una política de visitas estricta, del mismo modo que, en un buen matrimonio, la pareja soportará más fácilmente las dificultades de décadas si sobrevive la chispa original de su romance de juventud. Como explicó un antiguo miembro de The Farm: «Hemos pasado por momentos muy duros juntos. Emociona mucho ver que sale adelante».

En este sentido, pensemos en la famosa Hog Farm de California. Hog Farm sigue funcionando veinticinco años después de su fundación, una resistencia que se atribuye en gran medida a la dirección carismática de su visionario líder hippy, Hugh Romney, conocido como Wavy Gravy (que se enorgullece de ser el único utópico estadounidense que ha tenido un helado de Ben and Jerry's con su nombre). Wavy Gravy se ha negado obstinadamente a rechazar los valores de libertad y de hacer el bien de los años sesenta, y la utopía de sus sueños crece como un monumento al poder del idealismo puro. El campamento de verano de Hog Farm (Camp Winnarainbow) es una floreciente institución californiana, al igual que la rama benéfica de la comuna, que lleva años luchando con éxito contra la ceguera en países del tercer mundo.

Todos los que viven en Hog Farm en la actualidad siguen con firmeza y buen humor tanto a su encantador líder como su serio programa político. Su éxito duradero desafía a los que insisten en que la conformidad con las normas de la sociedad es la única forma de sobrevivir en el actual Estados Unidos. A pesar de las concesiones y decepciones que hayan podido experimentar a lo largo de las décadas, los miembros de Hog Farm siguen librando juntos la batalla por el bien y se mantienen fieles a la irreverente idea originaria de sí mismos como «una gran familia, una alucinación móvil y un ejército de payasos».

Eustace Conway nació a principios de los años sesenta. Aunque sus años de formación coincidieron con esta gran revolución contracultural, los valores libertarios de la época tuvieron al parecer poco efecto en sus ideas. Los hippies actuales responden positivamente a Eustace porque creen que es uno de ellos. A primera vista parece un hippy, con su pelo largo, su espesa barba, su ética de volver a la naturaleza y la simpática pegatina en el parachoques de su camioneta en la que pone «Los amigos son de todos los colores», pero en realidad Eustace es bastante conservador. Odia las drogas y a los que las consumen, pierde los nervios con los aficionados al intercambio sexual y a veces lo han acusado de dar más importancia a la disciplina que a la libertad. Si quisieras quitarle el arma, por ejemplo, probablemente tendrías que matarlo y arrancársela de los dedos fríos. Así que no, nuestro Eustace Conway no es precisamente una alucinación móvil ni un soldado de un ejército de payasos.

Pero lo que Eustace sí comparte con los soñadores hippies utópicos de los años sesenta (así como con sus románticos antepasados utópicos de la década de 1860) es el más estadounidense de los ideales: que la sociedad es capaz de transformarse y está dispuesta a hacerlo. Si se consigue un pedazo de tierra y una motivación seria, se puede iniciar un pequeño proyecto que crecerá e inspirará un gran cambio en todo el país. A Eustace Conway, como a todo buen utópico, no le dio miedo intentarlo. No le dio miedo afirmar que tenía todas las respuestas. No le dio miedo formular una visión del mundo totalmente nueva.

Quería que Turtle Island fuera algo más que una reserva natural. Más que lo que su abuelo había hecho con Secuoya. Esa tierra no iba a ser un campamento de verano donde los niños pudieran escapar temporalmente de los males de la ciudad y convertirse en ciudadanos fuertes. No, Eustace quería que Turtle Island fuera el escenario de un experimento utópico colosal en el que intentaría nada menos que cambiar y salvar Estados Unidos. Sería el modelo para el futuro. Había oído muchas veces esa sensiblera frase que dice que «Si cambias una sola vida, has tenido un efecto en el mundo».

Bueno, la verdad es que Eustace Conway pensaba que era una gilipollez. ¡No hay razón para pensar tan en pequeño! ¿Por qué conformarse con cambiar una sola vida? ¿Por qué no salvar todo el planeta? Sin duda ese debía ser su destino.

«Dios solo creó a una persona en el mundo como tú —le escribió su madre, que siempre estaba ahí para recordarle su singular misión—. Y Él te ha asignado una tarea especial: utilizar los talentos que te ha dado».

Eustace no podría haber estado más de acuerdo, y hacia los veinticinco años ya ardía en deseos de fundar su propia utopía. La voluntad estaba ahí; lo único que necesitaba era la tierra.

No esperaba encontrar su querida Turtle Island en Carolina del Norte, donde los bienes raíces eran cada vez más caros y empezaba a haber problemas de superpoblación. Pero resultó que, escondidos en las montañas, detrás del campus universitario y del pueblo turístico de Boone, había todo tipo de valles pequeños y sombríos en los que la vida no se había alterado en décadas. Las fincas eran baratas y los habitantes de esas colinas, tranquilos, así que Eustace preguntó si alguien tenía una gran extensión de terreno en venta. Cuando se enteró de que «el antiguo terreno de la iglesia Alley» estaba disponible, fue hasta allí con un exprofesor suyo de la universidad que sabía mucho sobre compra de terrenos y mapas fiscales, dos temas que Eustace desconocía en ese momento, pero que no tardaría en dominar.

Lo que encontraron al final de la accidentada pista de tierra era la perfección. Cuarenta y tres hectáreas de lo que Eustace describe ahora como «un bosque clásico recuperado del sur de los Apalaches», y era de una belleza alucinante. Tenía todo lo que buscaba: agua fresca de manantial, buena exposición al sol, atractivos límites de propiedad de cima a cima, terreno llano para cultivar, mucha madera para construir edificios y un ecosistema fascinantemente diverso. Era un paisaje boscoso mixto, dominado por algarrobos, abedules y oxidendros. El aire era húmedo y pesado y el sotobosque, frondoso y lleno de helechos. Era un clima magnífico para la hiedra venenosa y para las serpientes cabeza de cobre, aunque también contaba con especies apacibles: truchas, pájaros carpinteros, orquídeas rosas y amarillas, ginseng, sanguinarias, rododendros…

El suelo bajo sus pies era vigoroso, negro y húmedo. Como la mayoría de los bosques de la costa Este de Estados Unidos, no era originario. Estaba recuperándose y volviendo a ocupar el territorio después de que lo hubieran talado hacía más de un siglo, lo hubieran cultivado y después lo hubieran abandonado durante décadas (en este caso, cuando los habitantes se desplazaron a la ciudad para trabajar en las fábricas). Los animales salvajes habían regresado sanos y salvos, al igual que los árboles. Había muchas ardillas y todo parecía indicar que la población de ciervos iba en aumento. La cantidad de pájaros era extraordinaria y, en el aire húmedo de primera hora de la mañana, Eustace creía oír un grito de vida digno de la jungla. Sospechaba que también había pumas cerca. Y osos.

Eustace inspeccionó el terreno por primera vez en el invierno de 1986. En cuanto salió de la carretera principal se encontró en los Apalaches, algo que se volvió más evidente a medida que ascendía por la cordillera Azul. Los pocos habitantes de esa zona habían nacido allí. Eran auténticos montañeses. Sus hogares eran chozas con tejado de hojalata apenas adheridas a las laderas del escarpado valle. Los patios estaban llenos de electrodomésticos fosilizados y coches prehistóricos, y tenían los conejos y las gallinas en el tejado para mantenerlos alejados de los zorros. La palabra «miserable» se queda corta para describir lo dura y difícil que parecía su vida.

Como las carreteras eran sinuosas y no estaban señalizadas, Eustace no sabía si estaba en el lugar correcto, así que metió la camioneta en el patio de una de esas chozas destartaladas y llamó a la puerta para preguntar dónde estaba el antiguo terreno de la iglesia Alley. Una mujer pálida y delgada, con un delantal de calicó, se acercó a la puerta y miró a Eustace con terror desde detrás de la rejilla. Probablemente nunca había visto a un hombre en su puerta que no fuera un familiar.

—Estaba haciendo galletas —recuerda Eustace— y tenía las manos cubiertas de harina, pero al verme su cara se quedó tan blanca como la harina de las manos y se echó a temblar. Cuando por fin habló, su voz era tan débil y entrecortada que temí que se desmayara. Era como hablar con una persona que está enferma en el hospital, pero que aun así intenta hablar. Te dan ganas de decirle: «¡No malgastes fuerzas! ¡No hables!». Así de asustada estaba.

La mujer de la puerta era Susie Barlow, miembro de la red de familias de los Apalaches que pronto se convertirían en vecinas de Eustace. El clan Barlow, el clan Carlton y el clan Hicks habían vivido en ese valle escarpado desde que se tenía memoria. Eran personas amables y solitarias que aún se arrancaban los dientes con alicates de hierro hechos por ellas mismas cuando surgía la necesidad. Criaban cerdos y hacían magníficos jamones de más de veinte kilos curados en sal. Criaban sabuesos para cazar y para venderlos. Tenían las camadas en el salón, y los cachorros se tambaleaban a ciegas en una gran jaula de madera y meaban en una colcha de patchwork descolorida hecha a mano por la que en una subasta de Nueva York sin duda habrían pagado varios cientos de dólares. Los Carlton, los Hicks y los Barlow eran pobres, pero profundamente religiosos, honraban con reverencia el día del Señor y leían la Biblia con humildad.

—Te diré una cosa —dice Eustace—. Sabes que tengo problemas con el cristianismo, ¿verdad? Pero cuando voy a visitar a mis vecinos de los Apalaches y me dicen: «¿Quieres rezar con nosotros, hermano Eustace?», me pongo de rodillas y rezo. Me arrodillo en la cocina, en ese linóleo desgastado, tomo sus manos trabajadoras y rezo con todo mi corazón, porque son los creyentes más sinceros que he conocido.

Eran vecinos perfectos. Era un terreno perfecto. Eustace estaba listo para comenzar su viaje utópico. Pero no quería hacerlo solo.

Aunque era el arquetipo estadounidense del hombre solitario en la naturaleza, Eustace ansiaba desesperadamente una compañera con la que compartir su sueño. Al igual que imaginaba su hogar utópico ideal, también diseñaba (con la misma precisión y con todo detalle) a su mujer utópica ideal. Sabía exactamente quién sería, cómo sería y qué aportaría a su vida.

Sería guapa, brillante, fuerte, cariñosa, competente y su fiel compañera, el toque suave que humanizaría su excelente plan de vida y apoyaría su visión. A menudo aparecía en sus sueños como una joven belleza nativa norteamericana, silenciosa, cariñosa y tranquila. Era la Eva que lo ayudaría a construir su Edén. Era la misma chica de ensueño, por cierto, con la que Henry David Thoreau fantaseaba cuando se refugiaba a solas en Walden Pond; una hija intachable de la naturaleza, un modelo inspirado en la mítica semidiosa griega «Hebe, copera de Zeus, hija de Hera y un espíritu silvestre que tenía el poder de devolver a los dioses y a los hombres el vigor de su juventud, probablemente la única joven completamente sana y fuerte que jamás haya pisado la tierra, y allí donde llegaba era primavera».

Esta era la mujer de los sueños de Eustace, la viva imagen de la exuberancia, la fertilidad y la gracia, pero no le estaba resultando fácil encontrarla. No es que tuviera problemas para conocer a mujeres. Conocía a muchísimas, pero no encontraba a la adecuada.

Su relación con una mujer llamada Belinda, por ejemplo, es un buen ejemplo de su experiencia con el sexo opuesto. Belinda, que vivía en Arizona, había visto a Eustace Conway hablando de su vida en el bosque en un programa de televisión nacional llamado *PM Magazine*. Se enamoró de él de inmediato, transportada por la idea romántica del montañés salvaje y elocuente, y le escribió. Mantuvieron una correspondencia apasionada y Eustace pasó un tiempo en el Oeste con ella, pero la relación no llegó a más. Belinda tenía un hijo, que fue solo una de las razones por las que acabaron separándose. Eustace nunca estuvo del todo seguro de si Belinda lo quería como persona o como idea.

Después estuvo Frances, «la chica fuerte de Inglaterra», y Eustace también se enamoró de ella.

«Parece tener la sabiduría, la fuerza y la tenacidad necesarias para ser una buena compañera —escribió Eustace sobre Frances en su diario—. Necesito el amor y la compañía que tan poco he recibido. Sé que soy un romántico. A veces pienso y siento que soy muy lógico y de alguna manera frío y metódico, pero también puedo ser muy joven, ingenuo y poco realista».

Pero Frances no tardó en marcharse, y entonces llegó Bitsy, de la que Eustace se enamoró perdidamente. Bitsy era una guapa y misteriosa médica apache. No era una apache cualquiera, sino una descendiente de la banda de Gerónimo, y tenía todo lo que siempre enamoraba a Eustace: la amplia sonrisa, el pelo largo, la piel oscura, el cuerpo atlético, los «ojos que te derriten», la confianza en sí misma y la gracia. Pero las cosas tampoco funcionaron con Bitsy.

«Todavía te deseo —le escribió ella en una carta con la que rompía definitivamente la relación—, pero no he podido llegar a ti. Eres encantador, pero siento que me quieres para tus necesidades. No quiero que me salven, me enseñen o me guíen en otra dirección que no sea la mía en este momento. Eres un dador, un maestro. Esto es bueno para algunos, pero siento que me quieres para glorificarte a ti mismo. Perdóname si te parece duro. No es mi intención. Tus necesidades hacen sombra a las mías».

Eustace no se tomó bien la ruptura.

«¡OH! ¡MALDITA SEA, BITSY! —estalló en su diario en febrero de 1986—. Estoy llorando, golpeando el suelo y gritando de dolor. Maldita sea, no se me pasa. ¡No lo supero! Necesito verte. Eres la única llave, mi corazón sangra por ti. ¡Te amo como a la vida misma, al universo entero! ¡Estoy perdidamente enamorado de ti! ¿Qué puedo hacer? No puedo hacer nada. Nada nada nada NADA NADA. Oh, ¿cómo voy a soportar perderte? Te quiero como esposa, como compañera, para compartir las aventuras de la vida. Nunca encontraré a otra como tú. ¿Qué tienen que decir de esto el destino, Dios y la energía que fluye del universo?».

En febrero de 1987 Eustace Conway escribió en su diario: «Valarie Spratlin. Amor. Nuevo amor. ¿De dónde vienes? ¿Te ha enviado Dios? ¿Eres real? ¿Eres realmente mía? ¿Te amo tanto como creo o solo amo el amor que me das? Me encantaría pensar que eres la respuesta a mis oraciones. ¿Eres el siguiente paso en mi conmovedora, instructiva y predestinada vida? ¿Es el destino un gobernante tan fuerte y hemos nacido para ser almas gemelas?».

Valarie Spratlin, una mujer atractiva y enérgica diez años mayor que Eustace, trabajaba en 1987 en el Departamento de Recursos Naturales de Georgia. Estaba a cargo de una quinta parte de los parques estatales. Un amigo de Carolina del Norte le había hablado de Eustace Conway y de su espectáculo, así que lo invitó a Georgia para que impartiera unos talleres en sus parques. Se enamoraron rápidamente. Le intrigaban su vida, su magnetismo y sus audaces planes de salvar el mundo. Le escribía cartas dirigidas a «mi salvaje pagano primitivo». Le gustaba su imagen iconográfica: el ante, el tipi y todo. Como su anterior novio era músico de los Allman Brothers, se había pasado los últimos diez años viajando por todo el país con la banda, así que no había dudas de que estaba dispuesta a vivir aventuras.

«Sé que nos conocimos hace apenas dos semanas —escribió Valarie a Eustace en un breve poema espontáneo—, pero mis sentimientos por ti siguen creciendo».

Poco después de conocerse, Eustace le pidió a Valarie que lo acompañara en un viaje de tres semanas por el sudoeste, hasta Mesa Verde y los antiguos emplazamientos indios. «Claro que sí», le dijo ella. Cargaron sus cosas en el pequeño Toyota de Valarie y se pusieron en camino. Se acuerda de que Eustace ni una sola vez permitió que compraran comida; tenían que conseguirla ellos mismos o comer tres veces al día avena y pasas.

—Maldita sea —recuerda—, era el hombre más tacaño que he conocido en mi vida.

La llevó al Gran Cañón, «no a dar un agradable paseo, sino a pasar todo el día, sin comer otra cosa que avena y pasas de mierda», y al día siguiente se dirigieron al cañón Bryce para andar tres días más sin parar. Eran caminatas al estilo de Eustace: cuarenta kilómetros de un tirón y sin descansos.

—Eustace Conway —le dijo por fin una noche en que él insistió en que subieran otra montaña para ver la enésima puesta de sol—, estás presionándome demasiado.

Él la miró, incrédulo.

—Pero, Valarie, puede que nunca vuelvas a estar aquí. No me puedo creer que renuncies a la oportunidad de ver un paisaje tan bonito.

—Te propongo un trato —le dijo ella—. Subiré esta maldita montaña contigo si me prometes que cuando salgamos de aquí, me llevarás de inmediato a un restaurante y me invitarás a una hamburguesa, patatas fritas y una Coca-Cola.

Él se rio y aceptó, y ella subió la montaña. Era romántica y estaba enamorada, pero no era un pelele. Era tranquila y valiente. Sabía trazar una línea con Eustace donde a otros les resultaba imposible. Y estaba loca por él. Era ecologista por naturaleza y educadora por formación, y ahí estaba el tipo que cogía todas sus creencias sobre el mundo y las multiplicaba por cincuenta. Lo apoyaba en todos sus planes, y pronto se produjo un sutil cambio de pronombres en sus conversaciones sobre el futuro. Eustace ya no hablaba de «mi necesidad de encontrar buenas tierras», sino de «nuestra necesidad de encontrar buenas tierras». Esta mujer parecía ser en todos los sentidos lo que él siempre había esperado encontrar: una verdadera compañera. Juntos, Eustace y Valarie buscaron por todo el Sur un lugar que se ajustara a su utopía.

Y así, a finales del invierno de 1987, Eustace Conway llevó a Valarie Spratlin a las montañas detrás de Boone para mostrarle el lugar que estaba interesado en comprar. Era de noche. Llovía a cántaros. Iban en una vieja camioneta destartalada que Eustace había comprado hacía poco, con agujeros en el suelo por los que se colaban los gases que salían del tubo de escape. La carretera que subía la montaña parecía más el lecho seco de un río, lleno de cantos rodados y zanjas, que un camino para que pasaran los coches. Por fin salieron de la camioneta y Eustace, encantado, le gritó a Valarie:

—¡Hemos llegado! ¡Aquí es!

Hacía mucho frío y estaba oscuro. El viento aullaba. Valarie no veía nada. Se colocó debajo de un gran abeto para resguardarse de las inclemencias del tiempo, pero unas gallinas salvajes que habían anidado en el árbol empezaron a graznar y, al moverse, le lanzaron más agua helada por la espalda.

—No me gusta, Eustace —le dijo.

—Te gustará por la mañana —le aseguró él.

No había un solo edificio en el terreno. Esa noche durmieron bajo una lona y empezó a nevar. Hacia medianoche, Eustace subió solo al punto más alto de la finca y se fumó una pipa mientras daba las gracias por haber encontrado su Destino. Valarie, tiritando bajo la lona, pensaba: «Está nevando, no sé dónde demonios estoy, me muero de frío, ¿y este imbécil me deja sola para irse a fumar en pipa?».

Sin embargo, por la mañana, cuando Eustace la llevó a dar un paseo por la finca, ella empezó a ver lo que a él le gustaba de ese lugar. No era más que un denso bosque, pero Eustace ya estaba trazando el mapa de las cuarenta y tres hectáreas de su mundo personal: puentes para llegar hasta aquí, un campamento tipi allá, esto sería un terreno de pasto maravilloso, aquí podría estar el granero, aquí podríamos construir cabañas para los huéspedes, algún día compraré el terreno del otro lado de la colina y plantaremos trigo sarraceno...

Lo veía todo. ¿Y por qué lo explicaba con tanta claridad? Para que ella también lo viera.

El terreno iba a costarle casi ochenta mil dólares.

Eustace había ahorrado algo de dinero, pero no tanto. Y no había banquero en el mundo dispuesto a prestar atención a un chico vestido de ante que vivía en un tipi. Así que, ¿dónde puede un montañés moderno conseguir rápidamente ochenta mil dólares? La única persona que Eustace Conway sabía con certeza que tenía esa cantidad de dinero era su padre.

A Eustace le incomodaba mucho pedirle dinero al viejo. Le incomodaba todo él. A esas alturas, su padre todavía no le había dirigido una palabra amable. Nunca había reconocido que el «idiota» de su hijo se había graduado con honores en la universidad. Nunca había ido a escuchar a Eustace, que hablaba en auditorios llenos de público cautivado, ni escuchado una sola historia, ni mirado una sola fotografía de ninguna de las aventuras de Eustace, ni leído ninguno de los artículos de periódicos y revistas sobre su hijo. (La señora Conway los recortaba y los dejaba en la mesita para que su marido los viera, pero él no los tocaba; se limitaba a dejar *The Wall Street Journal* o un vaso de agua encima, como si fueran invisibles). Eustace el mayor estaba más desapegado de sus hijos ahora que ya no estaban en casa.

«Me gustaría que papá te escribiera —escribió la madre de Eustace a su hijo cuando estaba en la universidad—, pero parece que tiene muchos impedimentos. Martha recibió su primera carta de él el día de su cumpleaños y me dijo que le impactó tanto que lloró al leerla».

A Eustace le sorprendió darse cuenta de que incluso en ese momento, cuando tenía poco más de veinte años, seguía atormentándolo el dolor de su infancia. Había pensado que desaparecería en cuanto se hiciera mayor y hubiera abandonado el entorno de su hogar. ¿Por qué su padre seguía haciéndole llorar? ¿Por qué seguía teniendo sueños que lo despertaban a las cuatro de la mañana «desenterrando viejos recuerdos de pena y dolor»? Durante una visita a Gastonia por Navidad, a Eustace le sorprendió descubrir que su padre seguía siendo «el hombre más rudo que he conocido, el que más juzga y el que más critica».

No es que Eustace no hubiera intentado reconciliarse con el viejo. Lo había intentado ya en su adolescencia. Su madre siempre lo animaba a «hacer lo imposible» por mejorar su relación con su padre.

«Espero, y rezo mucho para ello, que el año que viene todo vaya mejor para ti y para todos nosotros en casa —le había escrito a Eustace antes de su último año de instituto—. Así como tú deseas tanto el amor y el respeto de papá, él también desea tu amor, respeto y obediencia. Lo que un hijo debe a sus padres. Estoy segura de que una de las principales razones de que siempre te haya costado llevarte bien con él es que siempre ha sido un "segundón" para ti, ya que me dedicabas la mayor parte de tu atención y de tu tiempo, y recurrías a mí para todo lo que necesitabas y para que te diera cariño. Empezó cuando eras pequeño y, como yo te dedicaba demasiado tiempo y atención, aquella se convirtió en una relación muy infeliz. A estas alturas todavía existe la posibilidad de que tu padre y tú desarrolléis una relación feliz, pero depende de ti. En la juventud eres más capaz de ser flexible y cambiar los patrones de comportamiento y las actitudes. Trágate el orgullo, humíllate ante papá y admite que en el pasado has hecho y dicho cosas que le han disgustado, pero dile que ahora estás dispuesto a hacer todo lo posible por complacerlo».

Así que Eustace, desde que tenía doce años, le escribía cartas a su padre. Sabía que este se consideraba un gran comunicador y esperaba mejorar su relación con él si se expresaba correctamente. Trabajaba en esas cartas durante semanas e intentaba encontrar la forma más madura y respetuosa de dirigirse a Eustace el mayor. Le escribía que creía que su relación era difícil y que quería esforzarse por mejorarla. Le sugeriría que quizá alguien podría ayudarlos a hablar. Le decía que lamentaba haberlo decepcionado y que tal vez, si hablaban de sus problemas sin gritar, podría cambiar su comportamiento para hacerlo más feliz.

Su padre nunca respondió a ninguna de las cartas, aunque de vez en cuando leía alguna en voz alta en tono de burla para entretener a los hermanos de Eustace. Había mucho de lo que burlarse: la ortografía, la gramática, su atrevimiento por dirigirse a él como a un igual y cosas por el estilo. A Eustace el mayor le divertía especialmente una carta que Eustace el menor le escribió en el instituto, en la que le sugería que a su hermano Walton, que tenía una mente brillante y un carácter sensible, le iría mejor en una escuela privada, donde no sufriría el acoso de los paletos del instituto de Gastonia. ¡Qué risa! Eustace el mayor se la leía a sus hijos una y otra vez y los animaba a todos, incluso a Walton, a burlarse de Eustace el menor por atreverse a decirle a su padre lo que podría ser mejor para la familia.

Aun así, cuando llegó a la edad adulta, Eustace siguió intentándolo a menudo.

«No te escribo para causarte dolor ni desanimarte —le escribió una vez de hombre a hombre—. Al contrario. Te pido disculpas por llevar dolor o cualquier cosa que no sea bondad a tu vida. Siempre he querido ser bueno. Bueno para ti, bueno para mamá y bueno para todos. Tengo la acuciante necesidad de que me aceptes, de que me valores, de que me reconozcas, de que me consideres algo más que basura (tonto, ignorante, equivocado y sin valor). Busco amor, pero tengo un gran vacío. Lo único que siempre he querido es tu amor. Me siento como una polilla cerca de una vela. Quizá debería aceptar la derrota y alejarme de ti, pero la negación y la distancia no satisfacen la necesidad de que me aceptes».

De nuevo, no recibió respuesta.

Así que no, la relación no mejoraba, pero Eustace necesitaba que le prestaran mucho dinero, y su padre, ahorrativo y listo, lo tenía. Eustace nunca le había pedido un céntimo y se enorgullecía de ello. En cierta ocasión en que el señor Conway le dijo al joven Eustace que debían discutir las condiciones de una asignación, este le contestó: «No creo que merezca una asignación», y ahí se acabó todo. Eustace nunca le pidió ayuda para pagar la matrícula de la universidad, aunque el señor Conway pagaba encantado las de sus hijos menores. Así las cosas, ¿cómo iba Eustace Conway a recurrir a él en 1987, ya adulto, para pedirle un préstamo? Un préstamo bastante cuantioso.

La conversación, como podemos imaginar, no fue muy amable. Eustace recibió una reprimenda del viejo: iba a fracasar en esa empresa, no debía esperar piedad de su padre cuando el sheriff llegara con los papeles de la quiebra, ¿y quién se creía que era para dar por sentado que podía asumir las responsabilidades de cuidar de cuarenta y tres hectáreas y dirigir un negocio?

—Te equivocas al pensar que puedes conseguirlo —le decía su padre una y otra vez.

Eustace aguantó como una roca en un arroyo, dejó que la fría corriente pasara a su lado, con la boca cerrada y el rostro inexpresivo, y se repitió: «Sé que tengo razón, sé que tengo razón, sé que tengo razón…». Y al final su padre le prestó el dinero.

A un tipo de interés competitivo, por supuesto.

El 15 de octubre de 1987 Eustace Conway compró el primer terreno de Turtle Island y se puso a trabajar de inmediato para devolverle el dinero a su padre. En un año estaban en paz. Consiguió esa enorme suma de dinero en tan poco tiempo trabajando como un loco, viajando por todo el Sur en una gira de conferencias física y emocionalmente agotadora en las que enseñaba, predicaba y llegaba a la gente. Valarie recurrió a sus contactos para conseguirle charlas en escuelas y centros de naturaleza, y Eustace se convirtió en un activo promotor de sí mismo.

—Esos dos primeros años en Turtle Island fueron muy emocionantes —recuerda ahora Valarie—. Durante un tiempo, Eustace vivió conmigo en mi bonita casa, en Georgia. Organizaba sus conferencias e intentaba devolverle el dinero a su padre. Yo le hacía de agente y conseguía que lo contrataran por todo el estado. Al final dejé mi buen trabajo, vendí mi bonita casa y me mudé a Turtle Island. Perseguía mi felicidad. Allí era donde quería estar. Trabajamos duro para poner el lugar en marcha. Lo ayudé con el primer edificio, un cobertizo para las herramientas, porque lo más importante para Eustace era un lugar donde guardar aquellas que necesitaría para llevar a cabo sus planes. Vivíamos en un tipi y yo cocinaba todos los días en una vieja cocina de leña, pero estaba contenta de vivir así porque quería aprender esas habilidades. Creía en lo que hacíamos. Creía en lo que enseñábamos. Estaba en una misión espiritual propia, paralela a la suya.

Su forma de vida era una pesadilla y una comedia. Eustace pasaba tanto tiempo de viaje que tenía que cargar con todos los papeles, cheques, calendarios y cartas en una vieja cartera de cuero. Guardaban las direcciones de las escuelas y los folletos en el tipi, en cajas que se empapaban con la lluvia y que después se comían los ratones, el moho y las larvas. No tenían teléfono. Una vez, Eustace bajó la colina para pedirle a un vecino, el viejo Lonnie Carlton, que le prestara el suyo para hacer unas llamadas de larga distancia que después le pagaría. Para un viejo granjero de los Apalaches como Lonnie, una llamada de larga distancia era un evento que se producía como máximo una vez al año, que probablemente tenía que ver con la muerte de un familiar y que nunca duraba más de dos minutos. Pues bien, Eustace levantó el teléfono y habló durante seis horas seguidas con directores de escuela, líderes de boy scouts y periodistas de todo el Sur. El viejo Lonnie se quedó sentado mirándolo todo el tiempo, boquiabierto.

Cuando se hizo evidente que necesitaría un teléfono, Eustace tendió un cable telefónico desde la casa de un vecino hasta una cueva cercana, que se convirtió en su oficina. Bajaba a pie por la montaña, se metía en la cueva por la noche, en invierno, y hacía lo que recuerda como «pequeños negocios bastante ingeniosos», establecía contactos y tomaba notas a la luz de un fuego crepitante. Más tarde consiguió el permiso para instalar una línea telefónica en un granero de su vecino Will Hicks. Valarie metió el teléfono en una nevera de poliestireno para que no se oxidara con la humedad. Recuerda haber hecho llamadas de trabajo y haber negociado honorarios por conferencias en el pajar, con las vacas mugiendo abajo.

—Los que estaban al otro lado de la línea me preguntaban: «¿Qué es ese ruido?», y yo les contestaba: «Ah, es la tele de otra habitación». Te lo aseguro, parecía una comedia. Un día el teléfono se mojó y se estropeó. Lo coloqué en la cocina de leña para que se secara, pero empezó a derretirse, como si fuera de Salvador Dalí. Así vivíamos.

Algo tenía que cambiar. Una noche, Eustace invitó a Valarie a cenar en el café Red Onion de Boone para agradecerle lo mucho que había trabajado. Durante la cena dibujó en servilletas el edificio de la oficina que había decidido que necesitaban. Al darse cuenta de que no tenía compromisos para dar conferencias en los siguientes cuarenta días, algo poco frecuente, durante la cena calculó que construiría la oficina en ese corto lapso de tiempo. De lo contrario, nunca lo conseguiría. Así que a la mañana siguiente, antes del amanecer, Eustace se puso manos a la obra.

El edificio tendría energía solar pasiva, mediría seis metros cuadrados y estaría hecho de bloques de hormigón, vidrio y madera tosca. Eustace no sabía exactamente cómo levantar un edificio solar y nunca había construido nada más sofisticado que un cobertizo, pero estaba seguro de que podría hacerlo. Eligió un buen lugar soleado cerca de la entrada de Turtle Island para que la oficina funcionara como recepción y estuviera lejos del centro más primitivo del campamento, que se adentraría en el bosque. Excavó la tierra y hundió tres lados del edificio para que mantuviera el calor, y Valarie lo ayudó a colocar un suelo de ladrillos para que absorbiera la energía del sol. La entrada eran unas bonitas puertas francesas que Eustace había comprado en un mercadillo por cinco dólares. Hizo los picaportes con cuernos de ciervo. Colocó grandes ventanales en la fachada de la oficina y tragaluces en el tejado, rescatados de chatarrerías, para tener luz y calor.

La parte delantera del tejado, que está a la vista, está cubierta de tejas cortadas a mano para que quede más bonito, pero la parte trasera es de hojalata. Las paredes interiores están revestidas con tablones de pino blanco envejecido de medio metro que Eustace recogió de un viejo granero abandonado y que dan calidez y profundidad a la habitación. Con los tablones que le sobraron construyó dos grandes mesas y sólidas estanterías que hacen de tabique y dividen la oficina en dos espacios de trabajo separados y soleados. En el suelo hay una alfombra antigua que encontró en una subasta navaja. En los estantes de la parte superior de las paredes hay cestas y cerámicas raras, como una antigua vasija de nativos pueblo que Eustace había visto una tarde en el porche de una vieja casa de Raleigh. Reconoció de inmediato su valor y ofreció a la dueña de la casa veinte dólares por la pieza. «Claro —le dijo la dueña de la casa—. Llévatela. Estoy cansada de limpiar ese trasto viejo». Tiempo después Eustace envió una fotografía de la vasija a un experto de Sotheby's, que estimó su valor en varios miles de dólares.

La oficina de Turtle Island es un edificio precioso. En el interior hay obras de arte y libros por todas partes, y en el exterior crecen las flores silvestres de Eustace: lirios, castillejas y orquídeas. Es una estructura solar pasiva, cálida, orgánica, acogedora y totalmente eficiente, con teléfono y contestador automático. Y Eustace la diseñó, construyó, decoró y ajardinó en cuarenta días.

A esas alturas, Eustace ya tenía fama en toda la cordillera de ser un poco entrometido. Por ejemplo, compraba la madera a un viejo montañés de los Apalaches llamado Taft Broyhill, propietario de un aserradero. Eustace trabajaba todo el día en el edificio y seguía haciéndolo por la noche, a la luz de los faros de su camioneta. Cuando necesitaba más madera, se subía al vehículo, se presentaba en el aserradero de Taft Broyhill, despertaba al viejo granjero y en plena noche negociaba con él para no perder horas de luz diurna. Después regresaba a Turtle Island, dormía tres o cuatro horas y volvía a trabajar en el edificio mucho antes del amanecer.

Una noche se dirigió a la casa de Taft Broyhill hacia la medianoche con un amigo que había ido unos días a ayudar a Eustace. Mientras el viejo apilaba la madera, Eustace vio en un montón de desechos un precioso tronco de nogal, demasiado bonito para convertirlo en leña. Le preguntó al señor Broyhill si podía comprarlo y si le importaría serrarlo en trozos manejables.

—¿Y para qué lo quieres? —le preguntó el anciano.

—Estaba pensando que sería bonito utilizar este nogal macizo para tallar mangos de herramientas y cosas así —le explicó Eustace.

El anciano encendió amablemente la motosierra y, a la luz de los faros de la camioneta de Eustace, a medianoche y nevando, empezó a cortar el tronco de nogal. De repente se detuvo y apagó la motosierra. Se quedó un rato mirando a Eustace y a su amigo. Eustace, preguntándose qué ocurría, esperó a que Taft Broyhill hablara.

—¿Sabéis qué, chicos? —les dijo el viejo—. Me preguntaba qué hacéis en vuestro tiempo libre.

Eustace se mataba a trabajar. En cuanto terminó la oficina, volvió a la carretera para ganar dinero predicando las bondades de la vida primitiva, la sabiduría de los nativos norteamericanos y las comodidades de la «vida sencilla». Viajaba frenéticamente de un estado a otro intentando convencer a su público de que abandonara el ajetreo cotidiano y disfrutara de la cálida comunión con la naturaleza. Llevaba una vida de locos. Un amigo llegó a comprarle un detector de radares para que dejara de recibir multas por exceso de velocidad en sus interminables carreras hacia los espectáculos. Y en febrero de 1988 Eustace parecía al borde de un abismo de locura cuando escribió:

«A largo plazo, el gran viaje, este empeño por conseguir lo que estoy haciendo ahora, un chico pobre pagando una gran extensión de tierra. Hay mucho que hacer, trabajo todos los días, me esfuerzo e incluso hoy, que no tengo clases ni conferencias, he pasado doce horas haciendo papeleo, respondiendo, solicitando y consiguiendo más trabajo, más más más MÁS. Puedo soportarlo, como un levantador de pesas entusiasta con la adrenalina por las nubes. Trabajo incluso mientras duermo; trabajo-sueño, lo llamo. Renuncio a tiempo para amar a Valarie, renuncio a tiempo para coger flores… Atlanta, después Augusta, trabajo en Toccoa y luego en Clarksville, prostituyo mi tiempo con cientos de personas, día tras día piso el escenario, el escenario, el escenario ¡y GRIIIITO!

»Vivo sacando fuerza y energía en el escenario… Duermo siete minutos, me levanto, conduzco, que te vaya bien. ¡Eres el mejor! Sujetan tus hilos como si fueras una marioneta que pueden manejar, controlar, escuchar, con la que pueden hablar, una y otra vez… ¡Ah, pero qué falta de comprensión! ¿No sabéis que necesito descansar? ¿No sabéis que necesito aire? ¡Necesito respirar, joder! ¡Dejadme en paz, hijos de puta! ¿No lo veis? Idiotas, ¿no lo entendéis? "¡Es el mejor programa que he visto nunca, lo has hecho muy bien!". Lo he oído muchas veces, es como subsistir en cartones. Qué demonios. Tengo mi tierra. Tengo una tranquila reserva natural en la que dormiré algún día al final de un largo túnel… Qué dicotomía… ¿Hasta qué punto dejaré entrar a los demás? Oh, mi buena gente del mundo, OS AMO… Dame fuerzas, Señor, para hacer mi camino. Algún día encontraré los suaves helechos y el sol para tumbarme y descansar. Paz».

Y al final de una perorata similar en su diario, unas semanas después, Eustace añadió: «Por no hablar de intentar descubrir si quiero que Valarie sea mi compañera de por vida».

En el verano de 1989 Eustace recibió a los primeros campistas.

Turtle Island había dejado de ser una idea para convertirse en una institución. Eustace se había hecho con folletos, tarjetas de visita, pólizas de seguros, botiquines de primeros auxilios y un estatus de organización sin ánimo de lucro. Era real. Y a los niños les encantaba. En lugar de hacer que los padres llevaran a los campistas montaña arriba hasta el improvisado aparcamiento, el personal de Eustace se encontraba con las familias en la carretera y después subían a pie hasta Turtle Island. ¿Y si los padres no podían hacer la caminata? Pues mala suerte. «Despedíos aquí, chicos». De este modo, los niños llegaban al fértil valle a través del bosque, a pie, y entraban en el reino como por una puerta sagrada y secreta. Al final, el bosque se abría a las soleadas praderas del campamento, y allí estaba ese maravilloso nuevo-viejo mundo, diferente de todo lo que esos niños habían conocido. Sin electricidad, sin agua corriente, sin tráfico y sin tiendas.

Y cuando llegaban, Eustace Conway estaba allí para recibirlos, vestido de ante y con su sonrisa más tranquila. A lo largo del verano enseñaba a los niños a comer alimentos que no conocían, a afilar y utilizar cuchillos, a tallar sus cucharas, a hacer nudos, a jugar a juegos indios y, cada vez que cortaban una rama de un árbol vivo, a cortarse un pequeño mechón de pelo para dejarlo como ofrenda de agradecimiento. Les enseñaba a ser respetuosos con los demás y con la naturaleza. Trabajaba para curar lo que él consideraba el daño espiritual que les había causado la cultura estadounidense moderna. Paseaba por el bosque con un grupo de niños, por ejemplo, y encontraban una zarza. En cuanto les contaba lo deliciosas que eran las hojas, los niños se lanzaban sobre la planta como langostas y arrancaban puñados de ramas.

—No —les decía Eustace—. ¡No destruyáis toda la planta! Sed considerados con los recursos limitados. Coged una hoja, mordisqueadla un poco y pasadla. Recordad que el mundo entero no está aquí para que lo consumáis y destruyáis. Recordad que no sois las últimas personas que pasarán por este bosque. Ni las últimas personas que vivirán en este planeta. Tenéis que dejar algo atrás.

Incluso les enseñaba a rezar. Al amanecer, cuando los campistas se despertaban, Eustace los llevaba a la colina donde había rezado con su pipa el primer invierno que había dormido en Turtle Island. La llamaban «la colina del amanecer», y se sentaban en silencio a ver como salía el sol y a meditar. Los llevaba de excursión a cascadas y estanques, y compró un viejo caballo para que montaran. Les enseñaba a atrapar y comer cangrejos del arroyo y a poner trampas para caza menor.

Acaso un niño le decía:

—No quiero matar a un animal indefenso.

Eustace sonreía y le explicaba:

—Voy a contarte un secreto, amigo mío. En la naturaleza nunca encontrarás un animal «indefenso». Excepto quizá algunos seres humanos que he conocido.

Por fin tenía su sitio, un lugar donde podía enseñar en un entorno interactivo y las veinticuatro horas del día, sin distracciones ni límites de tiempo ni de recursos. Todo lo que quería enseñar a sus alumnos estaba a mano. Era como si vivieran dentro de una enciclopedia.

En un paseo por la naturaleza podía decir:

—Esta seta es una *Lactarius*. Pero debéis tener mucho cuidado con esta especie, porque hay cuatro setas iguales en el mundo. Dos de ellas son venenosas y dos no, así que no corráis a coméroslas. La única forma de distinguirlas es romper la seta y acercar la lengua a la sustancia lechosa de su interior. ¿La veis? Si tiene un sabor amargo, es veneno, así que alejaos de ella.

O podía contarles que los pueblos primitivos cuidaban su salud con hamamelis.

—Crece aquí mismo, y es bueno para todo tipo de heridas.

O les decía:

—Esto es abedul dulce americano. ¿Por qué no lo masticáis? Tiene buen sabor, ¿verdad? La corteza interior es la parte más valiosa. Los antiguos habitantes de los Apalaches lo utilizaban para hacer cerveza. Podríamos hacerlo más adelante.

Estaba encantado con el éxito de lo que había creado. Lo que podía enseñar allí parecía no tener límites. Los campistas volvían a casa, a su vida, y sus padres escribían cartas a Eustace: «¿Qué le has hecho a mi hijo, que ahora es mucho más maduro? ¿Qué le has enseñado para que se interese tanto por su mundo?».

Eustace también organizaba seminarios de una semana para adultos. En cierta ocasión en que llevó a uno de esos grupos de excursión por el bosque, caminaban junto a un río cuando una mujer que nunca había estado en la naturaleza empezó a gritar. Había visto una serpiente nadando contra la corriente. Eustace, que solo llevaba puesto un taparrabos, se metió en el agua, la atrapó con las manos y explicó tranquilamente su fisiología a la mujer de ciudad. Le pidió que la tocase y que mirara la boca abierta. Al final la mujer cogió la serpiente y sus amigos le hicieron fotos.

En otra ocasión, Eustace llevó a un pequeño grupo de niños a dar un paseo por el bosque. Señaló el denso follaje y les habló de los diferentes tipos de árboles. Les dejó beber de un manantial para mostrarles que el agua sale de la tierra, no solo de los grifos. Les hizo masticar oxidendro, y a los niños les sorprendió descubrir que tenía razón, que sabía a caramelo ácido. Mientras caminaban por allí, les explicó cómo funciona el suelo, su circularidad. Las hojas caen de los árboles, se desmenuzan, se descomponen y se convierten en tierra. Les explicó que el agua se filtra en el suelo y alimenta las raíces de los árboles; que los insectos y los animales viven en el suelo del bosque, se comen unos a otros y toda la materia orgánica que encuentran, y mantienen el ciclo en marcha.

—El bosque está vivo —les dijo, pero vio que los niños no acababan de entenderlo. Entonces les preguntó—: ¿Quién quiere ser mi ayudante?

Cuando un niño dio un paso adelante, Eustace, con la ayuda de todos los demás, cavó dos zanjas largas y poco profundas en el terreno. El niño y él se tumbaron en los hoyos y los demás los enterraron de modo que solo la cara quedara al descubierto.

—Ahora somos el suelo del bosque —le dijo Eustace—. Y vamos a contarles a los demás lo que vemos y sentimos. Vamos a explicarles lo que nos pasa.

Eustace y el niño de cinco años se quedaron un rato tumbados en el suave mantillo y describieron lo que veían y sentían. Cómo el sol les daba en la cara durante un rato y después llegaba la sombra con el vaivén de las ramas por encima de ellos. Describieron las agujas de pino muertas que les caían encima, las gotas de humedad de lluvias pasadas que se posaban en sus mejillas y los insectos y arañas que les desfilaban por la cara. Era asombroso. Los niños estaban fascinados. Y después, por supuesto, todos querían meterse en las zanjas, así que Eustace fue enterrándolos por turnos, convirtiendo a cada niño durante unos instantes en el suelo del bosque y sonrió mientras sus agudas voces llenaban el aire húmedo y limpio.

—¡Está vivo! —repetían—. ¡Está vivo!

Apenas podían creérselo.

Capítulo 6

Mis compromisos públicos me consumen todo el tiempo. Me ha alegrado mucho saber que las primeras ediciones de mi libro se han agotado. Me gustaría saber si tiene usted un agente en Nueva Orleans y en las ciudades del Mississippi, ya que allí se venderá mejor que en otros lugares. Envíeme diez ejemplares, porque me gustaría repartirlos entre mis amigos más cercanos. También deseo que entienda que al honorable Thomas Chilton de Kentucky le corresponde la mitad del 62,5 por ciento de los beneficios de la obra, según el acuerdo al que llegamos usted y yo.

—De una carta de Davy Crockett
al editor de sus memorias

En mayo de 2000 me senté frente a Eustace Conway en su soleada oficina. Entre nosotros había una gran caja de cartón que, según la etiqueta original, había contenido una «motosierra y lubricante Stilh». Es donde Eustace guarda la información sobre todas sus parcelas de tierra, que ahora suman más de cuatrocientas hectáreas. Está llena de sobres manila desordenados en los que ha escrito a mano cosas como: «Escrituras de tierras en blanco», «Mapas de Johnson», «Facturas de impuestos sobre las tierras», «Predio Cabell Gragg», «Información sobre derechos de paso», «Gestión forestal», y en un sobre especialmente grueso, leo: «Personas que quieren tierras y tierras en venta».

Unos meses antes, Eustace y yo habíamos rodeado a caballo el perímetro de Turtle Island atravesando un manto de nieve de un metro de profundidad. El paseo nos llevó varias horas, y en algunos puntos desmontábamos para subir o bajar por las laderas casi verticales de las colinas, pero Eustace no dejó de hablar en todo el recorrido. Señalaba todos los árboles y piedras que marcaban el límite de su finca y me contaba quién era el propietario del otro lado, qué hacía con sus tierras y cuánto estaría dispuesto a pagar por ellas. Después de haber visto Turtle Island, ahora quería situarla en un mapa.

Así que Eustace sacó uno enorme y lo desplegó ante él, como si fuera un pirata. Sus tierras estaban divididas en pequeñas y grandes parcelas conectadas entre sí, y me contó cómo había adquirido cada una de ellas a lo largo de los años. El resultado era el retrato de un genio. Eustace había ido ensamblándolas como un maestro de ajedrez. Primero compró las cuarenta y tres hectáreas del valle de Turtle Island y después, a medida que ganaba dinero, fue adquiriendo las cimas de las colinas que rodeaban el valle. Las cimas de las colinas son los terrenos más valiosos para los promotores inmobiliarios, porque todo el mundo quiere una casa en lo alto de una montaña. Al asegurarse esas cimas, Eustace había conseguido que las laderas del otro lado resultaran mucho menos atractivas para cualquier especulador que pasara por allí y, por lo tanto, que fuera mucho menos probable que las vendieran antes de que él pudiera permitirse hacerse con ellas.

—Quería las cimas de todas las montañas que rodeaban mis tierras —me dijo Eustace—. Quería mirar hacia arriba desde mi valle y no ver contaminación lumínica, ni casas, ni erosión que destruyera el bosque, y no quería oír más sonidos que los de la naturaleza. Las cimas también eran claves porque es donde los promotores inmobiliarios construyen carreteras, y en cuanto una atraviesa un bosque, se acabó. Las carreteras traen gente y esta trae destrucción, y tenía que evitarlo, así que compré todas las cimas. Si no lo hubiera hecho, ahora mismo pasaría una carretera por aquí, te lo aseguro.

En cuanto adquirió las cimas, rellenó los huecos comprando las laderas situadas entre su valle y las cumbres de las montañas circundantes. Así protegió su cuenca hidrográfica. Lo que en realidad hacía era transformar una pequeña cuenca plana en un valle perfecto totalmente protegido por montañas. Compró un terreno decisivo de cuarenta y seis hectáreas llamado predio Johnson. («Dick Johnson poseía dieciséis mil hectáreas a mi lado y las puso a la venta. Obviamente, no podía permitirme comprarlas todas, pero tenía que asegurarme el pequeño territorio que limitaba con Turtle Island para formar una barrera entre mi reserva natural y lo que los promotores pudieran hacer al otro lado». Era urgente comprar el predio Johnson. Eustace tuvo que reunir el dinero en dos días, y lo consiguió). Después compró otro pequeño terreno al que llama Whale's Tail, porque tiene forma de cola de ballena. («Es un terreno precioso, con una gran vista, y sabía que algún día alguien lo vería y pensaría que sería un bonito lugar para una casa, así que tenía que asegurármelo»). A continuación compró su terreno más caro y pequeño, de apenas dos hectáreas, por el que pagó un ojo de la cara. («Me di cuenta de que si lo compraba, controlaría el acceso a la enorme propiedad que tenía al otro lado, ya que este pequeño terreno es el único donde se puede construir una carretera. No podía permitirme comprar toda la finca, pero sí esta pequeña barricada. Fue solo una medida de seguridad. Y quizá algún día pueda comprar el resto sin que nadie ofrezca más dinero»).

Pero la parte más importante de Turtle Island era un terreno de sesenta y tres hectáreas llamado predio Cabell Gragg. Cabell Gragg era un viejo y astuto granjero de los Apalaches que poseía una pequeña parcela justo detrás de Turtle Island. Era el último trozo que Eustace necesitaba para completar el perímetro que haría inviolable su valle. Desde la primera vez que Eustace vio ese bosque, supo que algún día construiría allí su hogar. No eran las sesenta y tres hectáreas más bonitas del mundo, pero si alguien se apoderaba de ellas, las talaba, las contaminaba o las urbanizaba, Turtle Island quedaría envenenada, porque estaba muy cerca. Ese terreno era fundamental. Era el talón de Aquiles de Eustace.

—Si no conseguía el predio Cabell Gragg —me dijo—, mi sueño se habría acabado. Si otra persona compraba la finca, eso sería el fin. Tendría que darme la vuelta al día siguiente, vender todas mis tierras y abandonar mis planes, porque se habrían ido al traste. Tendría que empezar de nuevo en otro lugar. Así que aquí estaba, levantándome todos los días durante casi diez años y dejándome la piel para que este lugar funcionara, levantando edificios, limpiando pastos y construyendo puentes, sabiendo en todo momento que, si no podía comprar el predio Cabell Gragg, todo ese trabajo no serviría de nada.

Desde 1987 hasta 1997, Eustace intentó por todos los medios hacerse con esas sesenta y tres hectáreas. No es posible leer diez páginas consecutivas de sus diarios de estos años sin encontrar al menos una alusión al predio Cabell Gragg. Eustace escribió muchísimas cartas a Cabell Gragg, le mostró Turtle Island, le envió regalos e incluso, con el paso de los años, fue a verlo a la residencia de ancianos donde vivía para negociar las condiciones. Eustace creyó más de diez veces que habían llegado a un acuerdo, pero de repente el viejo Cabell Gragg se echaba atrás, pedía el doble de dinero o decía que había encontrado una oferta mejor. Eustace se volvía loco. Había guardado una botella de champán para celebrar la compra de ese terreno, y transcurridos diez años la botella había acumulado (como dice él con su característica precisión) «1,58 milímetros de polvo en la superficie». Estaba dispuesto a hacerle cualquier propuesta descabellada para asegurarse la propiedad. En un momento dado, cuando Gragg mostró su interés por una lujosa casa victoriana en Boone, Eustace estuvo a punto de comprarla para intercambiarla con Cabell por el terreno, pero el acuerdo fracasó.

Al final, Eustace consiguió su valioso predio Cabell Gragg, pero a un coste personal enorme y de la forma más atrevida y peligrosa.

Lo consiguió acostándose con el diablo.

Al lado de donde vive Eustace hay una montaña que durante muchos años no fue más que bosque. Decenas de miles de hectáreas de esa montaña limitaban con las tierras de Eustace, y desde la primera vez que vio Turtle Island soñaba con comprarlas y multiplicar inmensamente sus propiedades. No sabía cómo iba a hacerlo, pero tenía toda la intención de encontrar la manera. Cada vez que se dirigía a Turtle

Island desde Boone, pasaba por un mirador en el que podía parar la camioneta y contemplar el barranco y los valles, una vista perfecta tanto de su propiedad como de la hermosa, enorme y boscosa montaña que estaba justo al lado. Pensaba: «Algún día encontraré la manera…».

Y una tarde de 1994, mientras conducía desde Boone hasta Turtle Island, vio un Cadillac parado en su mirador favorito. Cuatro hombres trajeados estaban fuera del coche, mirando con prismáticos esa montaña hermosa, enorme y boscosa al otro lado del valle. Eustace sintió que se le paraba el corazón. En ese momento supo que su sueño de poseer la montaña había terminado. No sabía quiénes eran, pero estaba seguro de lo que eran y sabía a qué habían ido. La moraleja de *Return to Shady Grove* se repetía. No hay razón en el mundo para que hombres trajeados escudriñen bosques con prismáticos pegados a la cara en ese lejano rincón de los Apalaches, a menos que pretendan comprar algo. Eustace detuvo la camioneta detrás del Cadillac y se bajó. Los hombres trajeados se giraron sorprendidos. Bajaron los prismáticos y lo miraron. Eustace los observó con las manos en las caderas. Uno de ellos se sonrojó, nervioso, y otro tosió. Era como si los hubieran pillado robando o manteniendo relaciones sexuales.

—¿Puedo ayudarlos en algo, caballeros? —les preguntó Eustace, muy serio.

Pero era demasiado tarde; ya estaban ayudándose a sí mismos.

Ese día no le dijeron nada a Eustace, pero la verdad salió a la luz en los meses siguientes. Un tipo llamado David Kaplan había llegado con la intención de comprar todos los terrenos disponibles en la zona para construir un complejo caro y exclusivo que se llamaría Heavenly Mountain, donde devotos adinerados podrían ir a practicar meditación trascendental rodeados de lujos. Heavenly Mountain necesitaría carreteras, un helipuerto, un campo de golf, una pista de tenis y muchos terrenos edificables.

David Kaplan era inteligente y ambicioso, y parecía tener todo el dinero del mundo. Hectárea a hectárea, adquirió la tierra que necesitaba. Lo compró todo: viejas granjas, barrancos perdidos, ríos limpios, pastos y valles rocosos. Lo gracioso era cómo decían que David Kaplan negociaba las compras. Llegaba en su Jaguar a una vieja choza destartalada y le decía al viejo paleto de la puerta: «Hola, soy David Kaplan. El dinero no es problema. ¿Qué tal está?».

Bueno, lo hecho hecho está. La leche derramada es exactamente eso. Eustace intentó no pensar en Heavenly Mountain. Incluso hacía bromas al respecto. Cuando talaron los árboles y construyeron el palaciego centro de meditación, Eustace decía:

—¿No parece mucho menos celestial ahora?

También se burlaba de sus nuevos vecinos imitando a la perfección al señor Rogers, un presentador de programas de televisión infantiles, con su inconfundible forma de hablar: «Heavenly Mountain es nuestro vecino. Niños, ¿sabéis decir "vecino"? Heavenly Mountain construye carreteras que dañan nuestro medio ambiente. Niños, ¿sabéis decir "dañan"?».

En cualquier caso, se decía que un centro de meditación trascendental no sería el peor vecino; sin duda era mejor que miles de hectáreas de casas unifamiliares. Al fin y al cabo, los trascendentalistas iban a Heavenly Mountain para estar en comunión con la naturaleza y, con su arquitectura védica y su vida vegetariana, buscaban sinceramente una relación más armoniosa con el universo (aunque construyeran casas de cuatrocientos metros cuadrados en las que buscar esa armonía). David Kaplan solo urbanizaría el diez por ciento de sus tierras y salvaría el resto del bosque de la tala, la caza y la construcción de carreteras. Y, como el complejo era un lugar al que acudir en busca de tranquilidad, le interesaría mantener la propiedad cercana arbolada y tranquila, lo que también servía a los intereses de Eustace. Así que la llegada de David Kaplan no era el peor acontecimiento posible en su vida.

Llegó a verlo de esta manera: de acuerdo, David Kaplan quería todas las propiedades del mundo. Muy bien, Eustace no podía culparlo por ello, pero debía centrarse en proteger lo que ya poseía. Lo que significaba que le parecía perfecto que David Kaplan se comprara hasta el último centímetro de Carolina del Norte, excepto las sesenta y tres hectáreas del predio Cabell Gragg.

Pero entonces Cabell Gragg empezó a hacerse de rogar. Cuando Eustace fue a hablar de la finca, Cabell le dijo:

—Bueno, ya sabes, esa gente de la meditación trascendental está interesada en comprarla.

Eustace no creía que fuera cierto, porque esa tierra solo tenía valor para él. De repente se dio cuenta de lo que estaba pasando. Cabell Gragg veía cómo sus vecinos se enriquecían vendiendo sus valiosas granjas a David Kaplan, con su elegante Jaguar, y no quería vender su terreno a Eustace Conway, con su destartalada camioneta de 1974. Quería sentir que él también participaba en ese boom inmobiliario. Esperaba la oferta del hombre más rico.

Entonces Eustace decidió reunirse con David Kaplan. No es que se cayeran bien precisamente. Eran competidores directos (el montañés de la nueva era contra el promotor inmobiliario de la nueva era) y probablemente los dos tipos más avispados del condado. Ya habían tenido algunos encontronazos desagradables. David Kaplan se había construido una casa de lujo en Heavenly Mountain, y los escalones de su porche estaban a poco más de un metro de la propiedad de Eustace. A Eustace le pareció una grosería, y así se lo hizo saber. Además, uno de los helicópteros del Heavenly Mountain Resort sobrevolaba a baja altitud la reserva natural de Eustace día tras día, lo que generaba viento y ruido. ¡Cuánto lo odiaba Eustace! ¿Cómo mantener el santuario de Turtle Island con un helicóptero volando a baja altitud? Pero, por mucho que Eustace lo llamara por teléfono para quejarse, seguía igual. Al final se hartó tanto que un día fue tras el helicóptero con una escopeta, apuntó a la cara del piloto y gritó:

—¡Lárgate de mi puta cabeza!

A David Kaplan le pareció bastante brusco.

Así que era todo un acontecimiento que Eustace le pidiera un favor a David Kaplan. No era solo un favor; era una súplica. Como sabía que no tenía otra opción, se acercó a su adversario y le mostró el cuello. Le contó a David Kaplan todo sobre el predio Cabell Gragg. Le dijo exactamente cuánto medía, cuánto costaba, cuántos años llevaba deseándolo, por qué lo necesitaba y qué haría si no lo conseguía. Recordemos que le dio esta información a un hombre que estaba intentando comprar todo centímetro de tierra posible. A continuación Eustace le pidió a David Kaplan que comprara el predio Cabell Gragg y que después se lo vendiera. Cabell tendría la satisfacción de venderlo a un rico promotor, Eustace tendría la tierra que necesitaba para preservar su sueño, y ¿qué ganaría David Kaplan? Bueno, absolutamente nada, pero sería muy amable por su parte.

David Kaplan aceptó. Los dos hombres no firmaron ni un solo papel; se estrecharon la mano para cerrar el trato.

—Si me la juegas —le dijo Eustace—, estoy acabado.

Y se marchó sabiendo que su vida estaba en manos de su mayor rival. Era un salto al vacío, una ruleta rusa, como apostar tu casa a los dados, pero no tenía más opción que arriesgarse. De todos modos, en el fondo sospechaba que David Kaplan era un hombre decente. No solo decente, sino lo bastante listo para no enemistarse de por vida con un tipo como Eustace Conway.

Al final, la jugada funcionó. David le hizo su oferta a Cabell Gragg (la misma que Eustace llevaba años haciéndole), que mordió el anzuelo. David Kaplan compró el terreno, y dos días después cumplió su palabra y se lo vendió a Eustace.

Ahora su imperio *estaba* a salvo.

Sin duda Eustace Conway no está muy al día. Puede que no lea los periódicos ni escuche la radio, y es cierto que en 1995, cuando un escolar le preguntó si sabía quién era Bill Clinton, le contestó:

—Creo que Bill Clinton es un político estadounidense, pero no estoy seguro.

Así que no está al tanto de la información más reciente, pero eso no significa que no sea un hombre de negocios tan hábil como cualquier tipo trajeado suscrito a *The Economist*. Eustace es astuto, entusiasta y potencialmente implacable, en el mejor sentido de la palabra.

Aun así, esta faceta empresarial es un aspecto que nadie suele ver, a menos que sea una de las personas que dibujan los mapas fiscales en el ayuntamiento de Boone. No se ve ese lado calculador de Eustace Conway porque no habla tanto de ello como de escuchar el sonido de la lluvia y de cómo hacer fuego sin cerillas. Tampoco le pagan por hablar de ello. Pero esta no es la única razón. La mayoría de las personas no comprenden el lado duro de los negocios de Eustace porque no quieren verlo. Porque temen que, si se acercan demasiado a este aspecto de él, podrían estropear la bonita imagen del ante, el tipi, el único disparo con el mosquete antiguo, el cuenco de madera tallado a mano y la sonrisa abierta y tranquila. Es la imagen que necesitan hoy, la imagen que siempre han necesitado.

«De modales caballerosos y libres como los vientos», como describía la escritora de viajes británica Isabella Lucy Bird a los hombres del Oeste estadounidense del siglo XIX.

«Mi salvaje pagano primitivo», como decía Valarie Spratlin cuando empezaba a enamorarse de Eustace.

Es lo que todos pensamos cuando empezamos a enamorarnos de Eustace. Los que lo hacemos, al menos. Y somos legión. Conozco el sentimiento. Durante un tiempo yo también pensé que era el primer hombre auténtico que había conocido, el tipo de persona que quería encontrar (de hecho, en el que quería convertirme) cuando viajé a Wyoming a los veintidós años, un alma genuina no contaminada por el óxido moderno. Lo que hace que Eustace parezca, en un primer encuentro, el último de una especie noble es que no hay nada «virtual» en su realidad. Se trata de un tipo que vive literalmente una vida que para el resto del país se ha convertido en una metáfora.

Pensemos en los muchos artículos que podemos encontrar cada año en *The Wall Street Journal* en los que se describe a un empresario o un hombre de negocios como «pionero», «inconformista» o «vaquero». Pensemos en las muchas veces que se describe a estos ambiciosos hombres modernos como «reivindicando su derecho», «traspasando los límites» o incluso «cabalgando hacia la puesta de sol». Seguimos utilizando estas imágenes decimonónicas para describir a nuestros ciudadanos más audaces, pero ahora se trata de un código, porque en realidad esos tipos no son pioneros; son talentosos programadores informáticos, investigadores biogenéticos, políticos o magnates de los medios de comunicación que causan sensación en la acelerada economía moderna.

Pero cuando Eustace Conway habla de reivindicar está reivindicando de verdad. Utiliza literalmente otras expresiones de la frontera que los demás empleamos como metáforas. Efectivamente, se sienta en la silla de montar, mantiene la pólvora seca y se construye un hogar. Cuando habla de tomar las riendas de los caballos, llamar a los perros o arreglar las vallas, puedes estar seguro de que hay caballos, perros o vallas de verdad. Y cuando Eustace entra a matar, no se refiere a una adquisición hostil de una empresa rival, sino a matar algo de verdad.

Recuerdo una vez que estaba en Turtle Island ayudándole a trabajar el hierro. La pequeña herrería de Eustace siempre está en funcionamiento. Es un herrero competente como lo eran antes en las granjas, es decir, que no hace filigranas, sino que repara su maquinaria agrícola y hace herraduras para los caballos. Ese día Eustace estaba calentando barras de hierro para arreglar una pieza rota de su viejo cortacésped. Tenía varios hierros calentándose en la fragua al mismo tiempo, se distrajo enseñándome los fundamentos de la herrería y varios de esos hierros se calentaron demasiado, hasta el punto de poner en peligro la resistencia del metal. Al verlo, dijo:

—¡Mierda! Tengo demasiados hierros en el fuego.*

Era la primera vez que oía esta expresión en su propio contexto, pero esta es la satisfacción de estar con Eustace; de repente todo parece estar en el contexto adecuado. Hace realidad una idea de identidad fronteriza que la mayoría de los hombres de su generación dejaron atrás hace tiempo y solo

---

* Expresión hecha en inglés que significa que se están haciendo demasiadas cosas a la vez. (N. del E.).

les queda el vocabulario. Y el vocabulario fronterizo ha sobrevivido a nuestra frontera real, porque hemos basado nuestra identidad masculina estadounidense en esa breve época de exploración, independencia romántica y asentamiento en el Oeste. Nos aferramos a esa identidad, aunque haya perdido toda relevancia real hace mucho tiempo, porque nos gusta mucho la idea. Creo que por eso tantos hombres estadounidenses tienen un concepto residual de sí mismos como pioneros.

Pienso en mi tío Terry, que nació en una granja de Minnesota y al que criaron hijos de pioneros estadounidenses. A Terry, un *baby boomer* sensible e inteligente, le cuesta salir de esa granja. Se trasladó al Este, montó un negocio y ahora pasa sus días trabajando como experto informático. Hace unos años Terry se aficionó a un juego de ordenador llamado *La ruta de Oregón*. La idea del juego es que tú, el jugador, eres un pionero estadounidense del siglo XIX que te diriges al Oeste en una caravana con tu familia. Para ganar, tienes que llegar al Pacífico y sobrevivir a una gran cantidad de dificultades virtuales, como enfermedades, tormentas de nieve inesperadas, ataques de indios y hambre en escarpados pasos de montaña. Cuanto mejor preparado estés (es decir, si has empaquetado las provisiones correctas y has seleccionado la ruta más segura), mayores serán tus posibilidades de supervivencia.

A mi tío Terry le encantaba este juego y se pasaba horas frente al ordenador esforzándose por dirigirse virtualmente hacia el Oeste, como sus abuelos se habían esforzado en el mundo real por dirigirse en la misma dirección un siglo antes. Pero en el juego había algo que frustraba a Terry: el programa no le permitía improvisar en caso de desastre. De repente aparecía un mensaje en la pantalla diciéndole que el eje de su carreta se había roto y que iba a morir porque no podía continuar. El ordenador proclamaba que ese pionero virtual había fracasado. El juego había terminado. Terry cogía otra cerveza y despotricaba de los diseñadores del juego, cómicamente ofendido.

—Si estuviera de verdad en la ruta de Oregón, sé que podría solucionarlo —decía—. Encontraría la manera de arreglar el puto eje. ¡No soy idiota! ¡Cortaría un árbol y me haría alguna pieza!

Seguramente sería así. Terry no solo se crio en una granja, sino que pasó su juventud idealista vagando por las tierras salvajes de Estados Unidos en busca de su modelo de independencia. Si se enfrentara a las dificultades de la ruta de Oregón, probablemente sobreviviría, pero no está allí demostrándolo todo el día. Eustace Conway sí. Eustace sí lleva a sus animales a través del continente, soporta todo tipo de dificultades y descubre cómo arreglar el eje cuando se le rompe.

La trampa es que decidimos lo que queremos que sea Eustace Conway para que se ajuste a nuestra idea de él y pasamos por alto lo que no encaja en nuestra primera impresión romántica. Mi primera reacción al conocer la vida de Eustace Conway fue de alivio. Cuando oí hablar por primera vez de su vida y sus aventuras, pensé: «Gracias a Dios». Gracias a Dios que alguien en Estados Unidos todavía vivía así. Gracias a Dios que había al menos un montañés auténtico, un hombre de la frontera, un pionero y un inconformista. Gracias a Dios que quedaba un alma salvaje habilidosa e independiente en este país. Porque, en el fondo, la existencia de Eustace significaba para mí que de algún modo seguía siendo cierto que los estadounidenses somos, pese a las evidencias en sentido contrario, una nación en la que las personas crecen libres, salvajes, fuertes, valientes y voluntariosas, en lugar de perezosas, gordas, aburridas y desmotivadas.

Así me sentí cuando conocí a Eustace, y así he visto reaccionar a decenas de personas cuando lo conocen. La primera reacción de muchos estadounidenses, sobre todo hombres, cuando descubren la vida de Eustace Conway es: «Quiero hacer lo mismo que tú». En realidad, si lo analizamos más de cerca, seguramente no es así. Aunque les avergüenza un poco la facilidad y la comodidad de su vida moderna, lo más probable es que no estén tan dispuestos a dejarlo todo. «Espera un poco, amigo».

Probablemente la mayoría de los estadounidenses no quieren vivir de la tierra si eso les supone incomodidades, pero aun así se emocionan cuando Eustace les asegura que «¡tú puedes!», porque es lo que la mayoría deseamos oír. No queremos estar en una tormenta de nieve en la ruta de Oregón, arreglando el eje roto de una carreta; queremos sentir que podríamos hacerlo si fuera necesario. Y Eustace vive como lo hace para ofrecernos esa prueba reconfortante.

—¡Tú puedes! —nos repite.

Y lo creemos porque él puede.

Es nuestro mítico yo interior encarnado, por eso nos reconforta conocerlo. Como ver un águila calva. (Pensamos que, mientras quede una, quizá las cosas no estén tan mal). Encarnar las esperanzas míticas de toda una sociedad es una labor demasiado grande para un solo hombre, por supuesto, pero Eustace siempre ha estado dispuesto a hacerlo. Y los demás lo perciben; perciben su seguridad de ser lo bastante grande para hacer de metáfora viva y de ser lo bastante fuerte para cargarse a la espalda todos nuestros deseos. Así que es seguro idolatrarle, y es una experiencia emocionante en esta época inmadura y desilusionada en la que no es seguro idolatrar a nadie. Y las personas se dejan arrastrar por ese entusiasmo un poco irracional. Lo sé porque he pasado por eso.

Uno de mis pasatiempos favoritos es releer las entradas de mi diario de la época en que Eustace y Judson Conway vinieron a verme a Nueva York. Me gusta sobre todo la parte en la que conozco a Eustace y lo describo como «el encantador, salvaje y completamente ingenuo hermano mayor de Judson».

¿Encantador? Sin duda.

¿Salvaje? Absolutamente.

¿Ingenuo? Vuelve a intentarlo, amiga mía.

No hay nada remotamente ingenuo en este tipo, y en ningún sitio es más evidente que en sus negocios con las tierras. Las personas que suben a la montaña para ver a Eustace Conway y sus tierras rara vez se preguntan a quién pertenecían antes. Turtle Island coincide tanto con Eustace que creen que surgieron de él o que él surgió de ellas. Como todo lo que Eustace representa para el público, sus tierras parecen ajenas a los procesos de corrupción de nuestra degradada sociedad moderna. De forma irracional, consideran Turtle Island una pequeña y última parcela de la vida salvaje estadounidense. Y Eustace no pudo hacer algo tan burdo como comprarla; debe de haberla reclamado.

Podemos ver a Eustace a través de los ojos de Domingo Faustino Sarmiento, un intelectual argentino del siglo XIX que estuvo en Estados Unidos el tiempo suficiente para ver que «este agricultor independiente busca tierras fértiles, un lugar pintoresco junto a un río navegable; y cuando se ha decidido, como en los tiempos más primitivos de la historia del mundo, dice: "¡Esto es mío!", y sin más preámbulos toma posesión de la tierra en nombre de los Reyes del Mundo: el Trabajo y la Buena Voluntad». Nos gusta tanto esta idea que pensar de otro modo sobre Eustace o sobre cómo consiguió sus dominios destrozaría nuestra maravillosa y tranquilizadora visión de él como el último hombre estadounidense. Pero la historia de Eustace Conway es la historia de la masculinidad estadounidense. Astuto, ambicioso, enérgico, agresivo, expansivo… Eustace es el último de una larga e ilustre lista.

Que sea espabilado no tiene nada de anacrónico. ¿Queremos que Eustace sea el puto Davy Crockett? Perfecto. ¿Quién creemos que era Davy Crockett? Era un congresista, eso era. Era de los bosques, claro, y era un hábil cazador que había matado un oso con un cuchillo (aunque probablemente no cuando era niño), pero también era muy astuto y sabía explotar su carisma de hombre de los bosques para obtener ventajas políticas. En un debate con un oponente político aristócrata, le preguntaron al leñador de Tennessee si estaba de acuerdo con que debía producirse un cambio radical «en el poder judicial en la siguiente sesión de la legislatura». Crockett (vestido de ante) se ganó a la multitud diciendo con aire inocente que no tenía ni idea de que existiera una entidad llamada «poder judicial», lo cual era encantador y divertido, sin duda, pero probablemente no fuera cierto, porque Crockett había trabajado durante años en el poder judicial como juez de paz, árbitro judicial, comisionado municipal y, en esos momentos, como miembro de la legislatura estatal.

Crockett era un brillante promotor de sí mismo con el que siempre se podía contar para ofrecer a un periodista una anécdota ocurrente o una historia dramática sobre un encuentro con algún animal salvaje y peligroso. Fue lo bastante astuto para programar la publicación de sus heroicas memorias, *The Life and Adventures of Colonel David Crockett of West Tennessee*, para que coincidieran con su campaña electoral para el Congreso, en 1833. «Qué lugar tan miserable es la ciudad», se quejaba Crockett. Y después se fue a vivir a Washington D. C., donde se metió de buen grado en la cama con sus rivales *whigs* del nordeste para conseguir que se aprobara su amado proyecto de ley sobre las tierras.

De hecho, todos estos famosos estadounidenses de los bosques llegaron a serlo gracias a su inteligencia, su ambición y su cuidadosa representación de sí mismos. Daniel Boone, el modelo de hombre de la frontera que vivía en libertad, era un especulador inmobiliario (de hecho, un promotor) de primer orden. Fundó el pueblo de Boonesborough, en Kentucky, y después presentó más de veintinueve reclamaciones jurídicas de tierras hasta llegar a poseer miles de hectáreas. Se vio envuelto en litigios por disputas sobre límites territoriales, incluido un desagradable caso que llevó ante el sistema judicial colonial durante más de veintitrés años. (Incluso en el siglo XVIII, hasta para Daniel Boone, el proceso para apropiarse de las tierras era más burocrático y complicado que limitarse a decir: «¡Esto es mío!». Boone sabía cómo funcionaba el mundo. Como escribió a otro colono: «No dudo que desees que se solucione el asunto de tus tierras, pero sin dinero es imposible»).

Sucede que muchos momentos heroicos de la historia de Estados Unidos habrían sido imposibles sin dinero. Daniel Boone se hizo famoso porque llegó a un acuerdo comercial con un maestro de escuela de Pennsylvania llamado John Filson, cuya familia también poseía muchas tierras en Kentucky y buscaba la forma de dar a conocer el estado para aumentar el valor de sus propiedades. Filson acabó escribiendo un libro apasionante, *The Adventures of Colonel Daniel Boone*, que se convirtió en un éxito de ventas y, como esperaba, un reclamo para que los colonos fueran a Kentucky y compraran todas esas buenas tierras de Boone y Filson. Fue una empresa muy rentable e inteligente por parte de Boone, y además lo convirtió en un icono en vida.

Tanto Boone como Crockett eran hombres de negocios mucho más astutos de lo que podría imaginarse al ver los programas de televisión de la década de 1950. («¡El hombre más excelente, valiente y luchador que la vida salvaje haya conocido jamás!»). Y no fueron los únicos inteligentes. Kit Carson escribió decenas de novelas de aventuras sobre sí mismo que se publicaron en Nueva York cuando aún vivía (*Kit Carson: Knight of the Plains* y *Kit Carson: The Prince of the Goldhunters*, entre otras). Y el antiguo jefe de Carson, el explorador John Frémont, fue lo bastante listo para añadir un toque romántico a los informes de exploración que le encargó el Congreso para convertirlos en éxitos de ventas. Incluso Lewis y Clark sabían venderse. Cuando regresaban de su famosa expedición, se cambiaron de ropa mientras navegaban río arriba hacia San Luis para que los recibieran un millar de habitantes entusiastas y no pocos periodistas, uno de los cuales escribió con admiración: «Parecían Robinsones Crusoe, vestidos totalmente de ante».

Así que cuando Eustace Conway hace «un pequeño negocio ingenioso», cuando intercambia tierras, cuando escribe en su diario: «He reunido un montón de artículos periodísticos para hacer publicidad; a lo largo de los años se han publicado unos treinta y cinco artículos importantes sobre mí; serán un material impresionante para venderme» o cuando explota su imagen de montañés para hacerse con su público, en ningún caso está traicionando a sus antepasados estadounidenses; los está honrando. Ellos reconocerían de inmediato lo que está haciendo y lo admirarían, porque en este continente el éxito siempre ha significado llevar a cabo esas astutas operaciones.

«Trabajo siete días a la semana, todas las horas del día desde hace un año —escribió Eustace en su diario cuando Turtle Island llevaba unos años abierta—. Supongo que soy un buen ejemplo de lucha por un objetivo elevado que no depende de los beneficios inmediatos, sino de la visión de futuro, y que forma parte de mi educación social y filosófica. Mi abuelo dio ejemplo en muchos sentidos con Secuoya. Incluso ahora, un búho real ulula y me recuerda a él mientras el calor del fuego vive conmigo».

Ya no debía dinero a su padre («y me siento muy feliz de haberme liberado de esa carga»), pero se enfrentaba a un sinfín de dificultades. Conseguir que el campamento para niños y el de niñas de Turtle Island funcionaran todos los veranos exigía un gran esfuerzo de organización. Y estaba también el hecho de tratar con niños. Uno se cortaba la mano con una obsidiana afilada y había que darle puntos, otro cogía hiedra venenosa y a otro lo pillaban fumando porros y tenían que mandarlo a su casa porque durante toda su vida Eustace se ha mostrado absolutamente intolerante respecto de las drogas.

Por no hablar de los problemas de personal. Como sus niveles de excelencia eran tan elevados, Eustace no tardó en darse cuenta de que iba a ser difícil encontrar trabajadores en los que pudiera confiar. Durante un tiempo, sus hermanos, Judson y Walton, trabajaron para Eustace como monitores. Eran estupendos, pero tenían su vida y no podía contar con ellos en Turtle Island para siempre. Walton había terminado la universidad y se disponía a marcharse a Europa, donde viviría varios años. Judson ya estaba impaciente por pasar los veranos en el Oeste y pronto emprendería sus aventuras en tren y en autostop. («Hace poco estuve de mochilero en la cordillera Wind River de Wyoming —escribió Judson a Eustace en una postal entusiasta, como todas—.

Luché contra una tormenta de nieve temprana durante veinticinco kilómetros por encima del bosque, a más de tres mil quinientos metros. Estuvo a punto de acabar con mi vida. Fue muy divertido. Espero que el campamento vaya bien. Ah, por cierto, ahora soy vaquero»).

Aparte de sus hermanos, a Eustace le resultaba muy difícil encontrar a personas que trabajaran tanto (o casi tanto) como él y que además le mostraran el respeto que creía merecer. Solía decir que la idea de una jornada laboral de solo ocho horas le parecía «repugnante» y rara vez estaba satisfecho con el trabajo de sus empleados. Llegaban a Turtle Island «asombrados, maravillados y enamorados de ese lugar» (como escribió un exempleado), y después les sorprendía tener que trabajar tan duro. Eustace perdía a su equipo una y otra vez, tanto porque abandonaban como porque los despedía.

Le habría gustado contar por arte de magia con el personal incondicional con el que su abuelo había trabajado en el campamento Secuoya, en la década de 1930, en lugar de con estos petulantes niños modernos con sus sentimientos y necesidades. Su abuelo había exigido pureza y perfección, y en general las había conseguido. Si al Jefe le llegaba el rumor de que habían visto a un monitor fumándose un cigarrillo en la ciudad en su día libre, ese monitor volvía al campamento y se encontraba las maletas hechas. Al Jefe nunca le preocupó pisotear los sentimientos de los demás ni que lo tildaran de «injusto». Tenía la máxima autoridad, que era lo que Eustace pedía. Eso y el compromiso de intentar trabajar tanto como él, lo cual era mucho pedir.

He trabajado con Eustace Conway. Nadie puede visitar Turtle Island sin echar una mano. Pasé allí una semana de otoño ayudándolo a construir una cabaña. Éramos tres: Eustace, un joven aprendiz tranquilo y fiel llamado Christian Kaltrider y yo. Trabajábamos doce horas al día, y no recuerdo las pausas para comer. Fue una labor silenciosa y constante. La forma de trabajar de Eustace es como una marcha, aburrida y constante. Tienes la sensación de estar en un pelotón. Dejas de pensar y te rindes al ritmo. Eustace es el único que habla durante la jornada laboral, y es para dar órdenes, lo que hace con una autoridad indiscutible, aunque siempre con educación. Solo paró una vez. Me pidió que por favor fuera a su pila de herramientas y le trajera una azuela.

—Lo siento —le dije—, no sé lo que es.

Me la describió: una herramienta parecida al hacha, pero con la hoja curva colocada en ángulo recto respecto del mango, que se utiliza para trabajar la madera. La encontré y estaba volviendo a la cabaña para dársela cuando de repente Eustace dejó el martillo, se levantó, se secó la frente y me dijo:

—Estoy seguro de que he visto la palabra «azuela» en la literatura. ¿No fue Hemingway el que escribió sobre el sonido de la azuela procedente de un patio donde alguien estaba construyendo un ataúd?

Me di un manotazo en el cuello para matar un tábano y le contesté:

—¿No estarás pensando en Faulkner? Creo que en una escena de *Mientras agonizo* Faulkner describe el sonido de una persona construyendo un ataúd en el patio.

—Sí, claro —dijo Eustace—. Faulkner.

Y siguió trabajando. Me dejó con la azuela en la mano, mirándolo fijamente. «Sí, claro. Faulkner». Ahora volvamos todos al trabajo.

Eustace quería terminar el suelo de la cabaña antes de que se pusiera el sol, así que avanzábamos deprisa. Estaba tan impaciente por terminar que utilizó una motosierra para cortar los troncos más grandes. Estaba cortando uno cuando la motosierra topó con un nudo, retrocedió y le saltó a la cara. La apartó con la mano izquierda y se cortó dos dedos.

Emitió un sonido rápido y retiró la mano. Empezó a sangrar. Christian y yo nos quedamos paralizados, en silencio. Eustace sacudió la mano una vez, expulsó una lluvia de sangre y siguió serrando. Esperamos a que dijera algo o intentara detener la hemorragia, que era bastante abundante, pero no lo hizo, así que ambos continuamos trabajando. Eustace siguió sangrando, serrando, martilleando, sangrando y serrando. Al final del día, todo el brazo de Eustace, los troncos, las herramientas, mis manos y las de Christian estaban cubiertos de sangre.

Y pensé: «Ah, así que esto es lo que se espera de nosotros».

Trabajamos hasta el anochecer y volvimos al campamento base. Caminé al lado de Eustace, cuyo brazo seguía goteando. Pasamos junto a un arbusto en flor y él, siempre un maestro, me dijo:

—Qué curioso. No suelen verse flores amarillas y naranjas en la misma planta. Con el tallo se puede hacer un ungüento para aliviar el picor de la hiedra venenosa.

—Muy interesante —le dije.

Eustace no se vendó la mano herida hasta después de cenar. Mencionó el incidente una sola vez, y dijo: «Suerte que no me he serrado los dedos».

Esa misma noche le pregunté cuál había sido su lesión más grave, y me contestó que nunca se había hecho nada grave. Una vez se abrió el pulgar en un momento de descuido mientras preparaba el cadáver de un ciervo. Era un corte largo y profundo, «con la carne colgando y todo», y sin duda necesitaba puntos, así que Eustace lo cosió con aguja e hilo,

haciendo la puntada que conoce bien de confeccionar ante.
Se curó sin problemas.

—Dudo que pudiera coserme la piel —le dije.

—Puedes hacer cualquier cosa que creas que puedes
hacer.

—No creo que pudiera coserme la piel.

Eustace se rio y lo aceptó:

—Entonces probablemente no podrías.

«Aquí a las personas les cuesta mucho hacer las cosas —se
quejó Eustace en su diario en 1992—. No conocen el entorno. En realidad, para ellos no es un problema. Soy yo el que
se estresa porque son lentos y no saben hacer nada. Ellos
disfrutan de cada minuto».

A Eustace le llegaban dificultades de todas partes. Un
amigo le comentó que era un error que no tuviera un seguro médico personal. «¡Pero si estoy sano!», protestó. Entonces su amigo le explicó que, si resultaba gravemente herido
en un accidente y necesitaba cuidados intensivos, el hospital podría quedarse con todos sus bienes, incluidas sus tierras, para cubrir los gastos. ¡Por Dios! Eustace nunca se lo
había planteado. Tenía que gestionar y pagar un sinfín de
impuestos e inspecciones. Además, tenía que lidiar con cazadores furtivos en sus tierras. Se enfrentó a un joven tonto
que había disparado a un ciervo fuera de temporada con un
arma ilegal a solo unos cientos de metros de su cocina. Y, lo
que era aún más horrible, a él mismo lo habían acusado de
caza furtiva.

Una tarde estaba dando clase a ochenta jóvenes estudiantes cuando cuatro vehículos y ocho agentes de la ley llegaron y lo detuvieron por caza furtiva de ciervos. El guarda
forestal, al que había llamado un vecino resentido, fue direc-

tamente al almacén, donde tenía decenas de pieles de ciervo, y lo acusó de haber matado a los animales sin permiso. En realidad, esas pieles se las habían llevado otras personas para que las curtiera. Fue un momento aterrador.

Eustace tuvo que pasar el mes siguiente reuniendo cartas de todas las personas que le habían entregado una piel, así como declaraciones juradas de ecologistas y políticos de todo el Sur asegurando que Eustace Conway era un naturalista comprometido que nunca cazaría más de lo que permitía la ley. Pero el día del juicio tuvo el valor de presentarse en la sala con sus pantalones de piel de ciervo. ¿Por qué no? Siempre vestía así. Cuando entró en la sala, parecía Jeremiah Johnson. Ma-Maw, la anciana vecina de los Apalaches que vivía en el valle y que odiaba la ley, como todo montañés, acompañó a Eustace para darle apoyo moral. («Tengo miedo de que el juez me quite estos pantalones de ante y me meta en la cárcel», bromeó Eustace con Ma-Maw, que le respondió muy seria: «No te preocupes. Llevo bombachos debajo de la falda. Si te roban los pantalones, me los quitaré y te los daré. Puedes ponerte mis bombachos en la cárcel, Houston»). Ma-Maw quería a todos los chicos Conway, pero nunca acertaba con sus nombres.

Cuando le llegó el momento de hablar, Eustace le soltó al juez el sermón más elocuente y apasionado sobre su vida, sus sueños y sus visiones de salvar la naturaleza, hasta que el juez, asombrado e impresionado, le dijo mientras firmaba los papeles para desestimar los cargos de caza furtiva: «¿Puedo hacer algo para ayudarte con Turtle Island, hijo?».

Eustace también tuvo que enfrentarse a problemas como la carta que la Triangle Native American Society envió al alcalde de Garner (Carolina del Norte). La carta expresaba la preocupación de la sociedad por «la información que hemos recibido sobre una persona que participará en un acto patrocinado por su ciudad el 12 de octubre. La persona en cuestión es el señor Eustace Conway. Tenemos entendido que el señor Conway presenta información al público en general y a grupos interesados en sobrevivir y vivir de la Madre Tierra de la forma más sencilla posible. También se sabe que monta estructuras conocidas como tipis. Los indios del nordeste y sudeste del país nunca vivieron en tipis. Los indios de Carolina del Norte vivían en estructuras llamadas "casas largas". Nos preocupa seriamente que las personas que asistan al acto salgan de él con tres impresiones muy equivocadas: a) el señor Conway es un nativo norteamericano, b) el señor Conway representa y habla en nombre de los nativos, y c) los indios de Carolina del Norte vivían en tipis. Pedimos humildemente que no se le permita al señor Conway erigir la estructura conocida como "tipi" por las razones antes citadas».

Eustace no tenía tiempo para esas gilipolleces. Por el amor de Dios, si alguien en el planeta sabía que los indios de Carolina del Norte no vivían en tipis, ese era Eustace Conway, que había estudiado las lenguas de la mayoría de las tribus indias de Carolina del Norte, que sabía bailar las danzas más desconocidas de las tribus indias de Carolina del Norte, que se alimentaba utilizando las técnicas de caza de las tribus indias de Carolina del Norte y que siempre explicaba a su público que él era producto de la cultura moderna de los blancos estadounidenses (para demostrar que cualquiera podía vivir como él) y que el tipi era una vivienda de las Grandes Llanuras. Además, como explicó en su respuesta, «soy algo más que "un anglosajón que imita las costumbres de los nativos norteamericanos", no soy un "aficionado". Tengo una profunda comprensión del modo de vida indio. Supongo que no se pueden transmitir estos sentimientos en una carta, pero al pasar la pipa, vivir en la Madre

Tierra y escuchar a los alados del aire y a los cuadrúpedos de la tierra, estoy honrando a todas las fuerzas del universo».

Y luego estaban los malditos inspectores de sanidad.

«Uno de los primeros días del campamento —escribió en su diario en julio de 1992—, Judson vino corriendo a buscarme. Pensé que alguien se había hecho daño, pero lo que pasaba era que unos inspectores de sanidad trajeados habían venido a inspeccionar el campamento. Bueno, me puse una camisa blanca y bajé al encuentro de esos demonios. Mantuve una actitud positiva y les expliqué que era un campamento único. Les mostré los alrededores, las letrinas, la cocina (que estaba muy limpia) y los cautivé todo lo que pude. Se quedaron admirados de lo que hacemos. David Shelly, un joven campista, les dio una clase sobre el afilado de cuchillos y les hizo una demostración impresionante. Me dijeron que "le darían dos vueltas" para ver si encontraban la manera de aceptar nuestra atípica situación».

Su trabajo era interminable. A pesar de su amor por los seres alados del aire y los cuadrúpedos del suelo, apenas tenía tiempo para anotar sus observaciones de la naturaleza en sus diarios.

«Me gusta mucho ver al pájaro carpintero volando en picado —consiguió escribir por fin una madrugada a las cuatro, cuando había terminado su jornada de trabajo—. Parece que los oigo todo el día. Es agradable tener este pájaro tan apreciado como música de fondo. Cuervos en abundancia y de vez en cuando algún halcón. Hay reyezuelos rubí; uno casi se choca con mi cara cuando estaba en el lugar sagrado por encima del prado. Hay huellas de ciervos, pero este año no he visto ningún pavo. Me gustan los cambios de estación. Espero con impaciencia (y no lo digo ni lo pienso lo suficiente) los días en que seré libre para disfrutar de muchos de los sutiles cambios diarios del clima y la vida del valle de los Apalaches, donde está mi corazón, donde estoy echando raíces, donde estoy luchando y donde espero morir».

Sin embargo, de momento era un sueño lejano. En su diario solía anotar cosas como: «Anoche llamé para verificar varios compromisos escolares. Me paso el día haciendo trámites. Creo que aunque les dedicara tres horas al día no me pondría al corriente. Anoche tuve que decirle a una señora que no podría hacer el programa de primavera para su colegio. Tuve una extraña sensación de orgullo al saber que estoy tan solicitado que tengo que rechazar trabajo, pero me temo que no sentí la debida empatía por su posición. Debo entender cómo se ve desde el otro lado».

Estaba tan saturado de conferencias que se gastó algo de dinero en hacer un vídeo de cuarenta y cinco minutos titulado *All My Relatives: The Circle of Life*, que describió en una carta a directores de escuelas de todo el Sur como «un recurso para el aula que puede utilizarse en cualquier época del año». El vídeo le permitía estar en dos sitios a la vez. «No solo para las clases de historia. *All My Relatives* también es muy adecuado para ciencias de la vida como la ecología, la biología y la antropología —escribió Eustace en la carta de presentación—. El folleto adjunto ofrece más información, pero leer sobre el vídeo no le hace justicia; hay que verlo. Estoy muy satisfecho con él y me alegra poder ofrecérselo a su escuela a un precio tan razonable».

Pero lo cierto es que Eustace estaba cada vez menos convencido de que sus giras de conferencias sirvieran de algo. Para un hombre que había creído sinceramente que podría cambiar el mundo si conseguía que lo escucharan suficientes personas durante el tiempo suficiente, la aburrida rutina de pasar un rato en aulas ya no le resultaba satisfactoria.

«Hoy me he reunido con una clase de sexto —escribió tras un encuentro desconcertante—. No me podía creer la falta de educación y de inspiración con la que me he encontrado. [Los alumnos] eran lamentables, sin motivación alguna. No sabían nada de su mundo. Eran robots que siguen un patrón de vida establecido. Se limitan a sobrevivir, sin arte ni creatividad. Sin pasión. Llevan una existencia monótona en una ignorancia angustiante. Les he preguntado si sabían lo que significaba la palabra "sagrado". No lo sabían. Incluyen el dinero, los coches nuevos y los teléfonos en las listas de lo que es valioso para ellos. Uno de los cincuenta tenía cierta idea de lo sagrado. El chico ha dicho: "La vida". Una pequeña alma de la clase estaba en el buen camino, no lo motivaba la codicia, y menos mal… La situación ha sido todo un reto y he hecho grandes esfuerzos para que despertaran y pensaran, pero no creo que haya llegado muy lejos. Así que ahora, en los años noventa, los niños son menos que humanos».

Apenas dos años después de haber fundado Turtle Island, Eustace empezó a sentirse agotado. En julio de 1991 escribió en su diario: «Me doy cuenta de que me apetece mucho pasar tiempo solo. No quiero estar rodeado de gente. La presión de la comunidad de Turtle Island me está agotando. Me quita tiempo y me consume la vida… Todo el mundo entra en la oficina y no puedo trabajar. Ayer, mientras intentaba hacer unos trámites, entraron Valarie, Ayal y Jenny y se pusieron a hablar sobre el personal. ¡Qué invasión de mi espacio! Anoche alguien apagó el contestador automático, después de haberme pasado doscientas horas trabajando al teléfono. Esta mañana me disponía a lavarme con agua fría del arroyo para refrescarme, pero alguien se había llevado mi cubo. He encontrado un calcetín podrido en el patio… Hoy no han sacado los corderos del corral (no es mi responsabilidad). Los he dejado salir y he pensado en el día que pasé construyendo el corral, y ahora nadie quiere hacerse responsable de los corderos.

»¿Qué voy a hacer? Tengo que descubrir cómo gestionarme a mí mismo y el recinto para que no sea tan agotador emocionalmente. Me dan ganas de eliminar todas las actividades. Eso resolvería el problema, pero no sería bueno para el campamento ni para los objetivos del centro… ¿Qué es importante? Lo que está en juego son los límites (personales). ¿Debo complacer a los demás o a mí mismo? He trabajado muy duro para hacer de este lugar lo que es. ¿Qué han hecho ellos? ¿Qué han invertido en algo que les suponga un reto? ¿Cómo voy a soportarlos? ¿Debería? Podrían ayudarme haciéndome transferencias de dinero, dándome algo que necesito… Todo esto me afecta mucho. Acabo de despertarme de una depresiva siesta de seis horas en mitad del día… ¿Qué hago? Ideas: delegar autoridad, hacer que todo el mundo sea consciente de mis necesidades emocionales y darles la responsabilidad de dejarme tranquilo. Supongo que ni siquiera podría. Es una idea. Imagínatelo. Tanta gente con la que tratar… En fin, buena suerte, Eustace».

Al año siguiente, Eustace sentía que no tenía ninguna suerte. Estaba demasiado agotado y desilusionado incluso para quejarse en su diario. Solo escribió un párrafo sombrío en todo el año: «Lo que me inspira a escribir hoy es esta profunda insatisfacción emocional con la realidad de nuestro tiempo: corrupción del gobierno, gente falsa, valores enfermos y personas inconscientes que viven vidas sin sentido».

Y en la página siguiente, escrito exactamente doce meses después, este mensaje: «*Idem*, ¿o se escribe *iddem*?, lo mismo da, que la entrada del año pasado. Solo que peor. Quizá más cínico».

Lo peor de todo era que estaba perdiendo a Valarie.

Eustace, consumido por los negocios y los frecuentes viajes, pasaba poco tiempo con su novia, que también trabajaba mucho y seguía enamorada de él, pero sentía cada vez más que con él se había perdido a sí misma.

—Sigo amando a este hombre —me dijo Valarie recordando la relación quince años después—. Aún conservo todos sus regalos, desde una funda de cuchillo decorada con cuentas hasta una pequeña hacha que siempre utilizaba en Turtle Island y unos pendientes preciosos. Si me muriera mañana, me gustaría que me enterraran con esos pendientes. Me encantaba aprender de Eustace. Me encantaba que siempre me hiciera regalos de cumpleaños hechos por él mismo. Una vez le dije que quería una pipa para ceremonias y oraciones, y un día llegué a casa y encontré un bonito trozo de esteatita en la encimera de la cocina. «¿Qué es esto?», le pregunté. «Es tu pipa, Valarie», me contestó. «No lo entiendo. ¿Dónde está?», le dije. Esbozó esa maravillosa sonrisa suya y me dijo: «Está dentro de la piedra, cariño. Solo tenemos que sacarla juntos».

»Lo quería, pero con él perdí mi identidad, porque es arrollador e intenso. Yo me dedicaba a mis cosas antes de conocerlo, pero no tardé en convertirme en la persona que estaba por debajo de él, y mi mundo empezó a girar en torno al suyo. Era y es una persona cariñosa pero intolerante. No le interesaba la opinión de los demás. Estaba obsesionado con ganar dinero, con comprar tierras, con el éxito, y siempre estaba de viaje. Llegó un momento en que nunca lo veía. Solo hablábamos cuando me daba órdenes.

Valarie y Eustace tenían un buen amigo en común, un nativo norteamericano llamado Henry, que a menudo iba a reuniones de indígenas con ellos y que daba clases en Turtle Island. Tras unos años de soledad e insatisfacción, de sentir cada vez más que solo era «la primera dama de Turtle Island», Valarie tuvo una aventura con Henry. Le ocultó la relación a Eustace y negó que hubiera sucedido incluso cuando él sospechó y se lo preguntó directamente. Eustace, sabiendo que pasaba algo, se llevó a Henry a solas a fumar una pipa ceremonial y le preguntó sin rodeos si se había acostado con Valarie. Aunque el principio espiritual más sagrado de los nativos norteamericanos es no mentir cuando se fuma en pipa, Henry miró a Eustace a los ojos y negó la aventura.

Eustace estaba atormentado. Sabía que algo iba mal y que no tenía todos los datos. Devastado, rompió con Valarie porque sentía que no podía confiar en ella. Unos meses después de la ruptura, Valarie regresó, le contó la verdad y le suplicó que la perdonara.

Pero Eustace Conway no da segundas oportunidades a los que le han mentido. Estaba demasiado horrorizado para plantearse volver con ella o superar la herida. Lo destrozó saber que no podía confiar en la persona con la que mantenía una relación más íntima. Y después del dolor que le había causado su padre, se había prometido desterrar de inmediato de su vida a todo aquel que le hiciera daño o lo traicionara deliberadamente. Valarie tendría que marcharse. Eustace reflexionó y se angustió durante un año sobre la cuestión de si podría volver a confiar en ella, y al final reconoció que no podría perdonarle algo así.

«La verdad es sagrada para mí —le escribió a Valarie contándole por qué ya no podían seguir juntos—. Soy yo. Vivo por ella. Muero por ella. Te pedí la verdad. Te dije que siempre me dijeras la verdad, que no me importaba cuánto me doliera. Te supliqué la verdad. Si me jodes, jodes nuestra verdad. ¿Qué dice sobre tu capacidad de satisfacer mis necesidades? Vete a la mierda. ¡Joder! Ya basta. ¿Cuánto maltrato puedo soportar? Ya he sufrido la crueldad de mi padre. Necesitaba tu apoyo y me has apuñalado por la espalda. Te quiero mucho. Eres preciosa. Podría abrazarte y acariciarte la cabeza para siempre, pero mi yo sincero ha dicho: "¡Basta ya!"».

¿Y en cuanto a su amigo Henry?

«¿Fumaste la pipa y rezaste conmigo cuando estaba mal y te pedí que me dijeras la verdad? Y me mentiste como un hijo de puta. Ojalá te mueras. Rompe la pipa por la mitad, clávate la cánula en el corazón y te harás una idea del dolor que siento. Ahora la mujer con la que quería casarme es una puta. No mereces ser un ser humano. Vete a tomar por culo y muérete».

«Veo y entiendo que sientes la necesidad de no aceptar ninguna responsabilidad por la desintegración y el fracaso de nuestra relación —le escribió Valarie a Eustace meses después de que se separaran—, porque en caso contrario tendrías que admitir que quizá, solo quizá, parte del dolor que tú y yo experimentamos ahora lo has creado tú. Admitirlo te obligaría a analizarte a ti mismo y, como ambos sabemos, no tienes el tiempo ni la voluntad, ni siquiera, perdona mi sinceridad, la humildad, para planteártelo. Créeme, no pretendo minimizar mi responsabilidad por lo que hice. Solo intento ayudarte a ver la imagen completa. Y sí, es mucho más fácil echarle toda la culpa del dolor a otro: "Mis padres me hicieron así", "El gobierno está jodiendo el planeta" o "Valarie me ha roto el corazón"… Que quieras romper conmigo porque, como has dicho, te he jodido y no puedes retractarte de tu promesa de solo aceptar la verdad te suena muy bien, estoy segura. Pero si el amor es de verdad, lo soporta todo, lo perdona todo e incluso sobrevive a todo. Pasar por una experiencia dolorosa podría haberte proporcionado a una mujer que por fin entendía cómo amar y ser amada, una mujer que te entendía, te amaba, creía en ti, te apoyaba y había renunciado a todo para formar parte de tu sueño. ¿No te das cuenta de que estás tirando por la borda el mejor regalo? Una mujer que acepta tus defectos, tus carencias, tus crueldades mentales y, sí, incluso tus rarezas, y aun así te ama. MALDITO GILIPOLLAS IDIOTA Y ENGREÍDO».

Fue un año terrible.

Pero el tiempo pasa. Y también las penas. Poco después de que Valarie se marchara, llegó Mandy. «Hola, hermosa —escribió Eustace a este nuevo amor—. Agradezco poder conocerte mejor, tienes mucho que ofrecer. Cuando puedas abrirte a este mundo, seremos felices. Me entusiasma saber cosas de ti y conocerte. Siento que estábamos destinados a estar juntos. Cuando estoy contigo, me siento joven e inocente. Podría sonreír mirándome en tus ojos para siempre».

Entonces Mandy se marchó y llegó Marcia. «Estoy encantado de haber conocido a Marcia. Ha sido una bendición para mí, una inspiración y una nueva esperanza. Rezo para que Dios me guíe en todo lo que hago».

A continuación llegó Dale. «Muy amable y comprensiva, comparte mi visión como nadie».

Después estuvo Jenny. «Una chica hermosa de pelo negro y con un largo vestido de lino blanco. ¿Qué será de ti, de mí, de los deseos y de los sueños?».

Luego llegó Amy. «Bonita melena larga, inocente, sonrisa radiante, la conocí mientras impartía un taller en una escuela, y era tan hermosa que apenas podía concentrarme en mis palabras. No dejé de mirarla y tras la clase me acerqué a ella y le dije: "¿Puedo pasar un rato contigo?"».

Eustace acabó pasando mucho tiempo con Amy. Era una licenciada en ciencias, brillante y seria, y resultó ser una gran ayudante. Pasó una semana con ella en la casa de verano de su familia en Cape May (New Jersey) y escribió en su diario:

«La semana que llevo aquí no hemos podido salir de casa. Nos hemos puesto con el papeleo de Turtle Island, con Amy tecleando cosas en el ordenador e imprimiendo copias para que después yo las fotocopie, las envíe por correo o haga lo que sea necesario: folleto del campamento de verano, solicitud para el campamento de verano, información médica y formulario de autorización, listas de lo que debería haber en los botiquines de primeros auxilios, tarjetas de planes de emergencia y mapas de hospitales, una carta a Cabell Gragg para animarlo a venderme el terreno en 1994, una carta al personal de Turtle Island para darles las gracias y animarlos, lista de miembros del personal, nombres y números de teléfono para mi agenda, anuncio de talleres para las clases de primavera, lista de lo que deben traer y lo que no (revisada) y orientación para los campistas cuando vengan, contratos de confirmación y más… Guau. Amy consigue resultados de primera, es un poco lenta, pero el producto final es de primera calidad».

Después Amy se marchó y Eustace guardó sus cartas en un sobre en el que escribió: «Una fantasía con Amy destrozada por la realidad, sueños convertidos en enseñanzas. Al menos lo viví como lo que es y aprendí».

A continuación estuvo Tonya, una bella y misteriosa alpinista aborigen. Eustace y Tonya viajaron a Nueva Zelanda y Australia durante unos meses y ascendieron todos los acantilados y las montañas que encontraron. Era impresionante y fuerte, y Eustace la quería de verdad, pero creía que el alma de Tonya ocultaba algo que le impedía amarlo por completo, y en cualquier caso a Eustace le costaba entregarle su corazón tanto como le habría gustado, porque recordaba a la única mujer que casi lo había partido por la mitad con pasión, deseo y tristeza.

Era Carla. Carla, una bella y misteriosa cantante de los Apalaches, fue el gran amor de Eustace Conway. La conoció en un festival en el que él daba una charla y ella cantaba. («Tendrías que haber visto a esa chica en el escenario tocando la guitarra con su pelo largo y su minifalda, bailando de un lado a otro, a todo el mundo se le caía la baba. Tan buena estaba»). Eustace se marchitó, se derritió y se derrumbó de amor por Carla, y hasta el día de hoy piensa que es lo más parecido a un ideal que ha encontrado jamás.

«Era increíble. Era una mujer de los Apalaches hermosa y moderna, hija de un minero del carbón de Kentucky con conocimientos de cuatro generaciones de las personas que más admiro en mi cultura. Era como una diosa para mí. Tocaba música, escribía, bailaba, era la mejor cocinera que he conocido, era salvaje, libre, valiente, brillante, segura de sí misma y con un cuerpo increíble, flexible, musculoso y bronceado. Trabajaba con caballos, sabía tocar cualquier instrumento, cocinar una tarta a fuego abierto, hacer hierbas medicinales, elaborar su propio jabón, matar ganado, quería tener muchos hijos, era la amante más capaz, generosa e insaciable que he conocido. ¡Dios, podría seguir hasta el infinito! Era una auténtica hija de la naturaleza, llevaba vestidos de cuadros anticuados pero sexis y bailaba por el bosque como un cervatillo. Y tenía tanto talento que yo sentía que estaba dispuesto a dejarlo todo para ayudarla a avanzar en su carrera musical. ¡Y era mucho más inteligente que yo! ¡Y sabía coser y dibujar! ¡Y sabía escribir sin faltas! ¡Sabía hacer de todo! Esa mujer era un sueño que superaba incluso mi capacidad de soñar, y soy un maldito soñador».

Eustace le pidió a Carla que se casara con él casi de inmediato. Ella echó la cabeza hacia atrás riéndose y le contestó: «Será un placer, Eustace».

Así que se prometieron y Carla se mudó a Turtle Island. Ahora, cuando echa la vista atrás, Carla dice que tuvieron serios problemas desde el principio.

—Al principio sentí que era mi alma gemela, pero apenas llevábamos seis semanas de relación cuando vi cosas en él que me asustaron. Vengo de un patriarcado apalache anticuado y rígido, así que me preocupaban mucho algunos de los roles de género que veía en Eustace. En algunos aspectos consideraba que las mujeres eran iguales a los hombres, pero cada vez que se enfadaba conmigo por no tener la cena lista a la hora exacta, me ponía muy nerviosa.

»Además, a mi familia no le gustaba nada Eustace. Creían que era un hipócrita y un estafador. Les preocupaba el poder que tenía sobre mí. Acabábamos de conocernos cuando vino a casa de mi familia, cenó rápido con mis padres, recogió mis cosas y me llevó consigo. Mi familia está muy unida y sintieron que me había robado. Eustace creía que mi familia me ponía en su contra, así que intentó aislarme de ella. Cuando mi padre y mis hermanos se dieron cuenta, prácticamente cargaron las armas en la camioneta para venir a buscarme.

Carla, un espíritu libre, no tardó en sentir que iba a la deriva. Al poco tiempo empezó a salir con otro. Eustace lo descubrió de la forma más extraña. Un mes recibió una factura de teléfono elevadísima: cientos de dólares en llamadas al mismo número en plena noche desde su oficina. Intrigado, marcó el número y cuando le contestó un hombre, se le ocurrió preguntarle:

—¿Por casualidad conoces a una mujer que se llama Carla?

—Claro —le contestó el tipo—. Es mi novia.

—No me digas —le replicó Eustace—. Y yo que pensaba que era mi prometida.

Al parecer, Carla se escapaba del tipi todas las noches y bajaba a la oficina para llamar a ese banjista sexy con el que tenía una aventura. Otra traición. No era su primer rodeo, como dice una vieja canción de vaqueros. Y, como sabemos, Eustace no es un hombre que pueda vivir con una persona a la que considera mentirosa y que lo engaña. Carla tuvo que marcharse. Había sido una historia de amor maratoniana, pero había terminado.

Eustace se desmoronó. Se quedó destrozado y desgarrado.

En diciembre de 1993 escribió en su diario: «Luchando contra la depresión, el resentimiento y el dolor. Me duele mucho la relación con Carla, el rechazo y que no funcionara. Nunca me había esforzado tanto… Di todo lo que tenía. Nunca me había dolido tanto».

Tenía treinta y dos años, y de repente le sorprendió mirar a su alrededor y darse cuenta de que, aunque había conseguido muchas cosas a base de fuerza de voluntad, no tenía mujer ni hijos. A esas alturas ya debería haber formado una familia. ¿Dónde estaba la hermosa mujer de pelo ondulado y vestido de cuadros que hacía tortitas al amanecer? ¿Dónde estaban los niños fuertes y robustos que jugaban tranquilamente en el suelo de la cabaña y aprendían de su amable padre a tallar nogal? ¿En qué se había equivocado? ¿Por qué no conservaba a las mujeres de las que se enamoraba? Siempre parecía que las oprimía y las agobiaba. Y él no sentía que lo entendieran y lo apoyaran. Quizá no elegía a la persona correcta. Quizá era incapaz de mantener la intimidad o tenía demasiado miedo de que le hicieran daño para dejar que una relación diera sus giros, a menudo tortuosos. Quizá debía enfocarlo de otra manera. Cada vez estaba más claro que, en el amor, Eustace no conseguía establecer esa conexión fundamental.

Un día le pidió a una amiga psicóloga que fuera a Turtle Island a dar un paseo. La llevó al bosque y le dijo que temía que algo no iba bien en el plano emocional, que no conseguía que sus relaciones con los demás funcionaran. Las personas con las que trabajaba en Turtle Island siempre se enfadaban con él o lo malinterpretaban, no estaba tan unido a sus hermanos como le gustaría, siempre alejaba a las mujeres y no se acercaba lo suficiente a las personas para confiar en ellas. Le habló de su infancia y le confesó que aún sentía mucho dolor por su padre y que se preguntaba si todos sus problemas tenían que ver con eso.

—Creo que debería hablar con un profesional —le dijo.

—Lo único que necesitas para ser feliz, Eustace, está aquí mismo, en este bosque —le contestó su amiga—. La psicología moderna no es para ti. Eres la persona más sana que conozco.

Está claro que las personas se hacen una idea de Eustace Conway y después se ajustan a ella. Seguramente esta mujer tenía una visión de la vida en la naturaleza tan idealizada e inspirada en Thoreau («No puede ser muy negra la melancolía del hombre que vive en medio de la naturaleza y conserva sus sentidos») que no quiso analizar con más detenimiento a un hombre que no era un concepto, sino una persona real y afligida. Quizá le habría costado demasiado desprenderse de su idea de Eustace. Es difícil culparla; no habría sido la primera mujer que negaba lo que parecía evidente para mantener a este salvaje pagano tan puro en su corazón como lo era el día en que lo conoció.

No muy convencido, y todavía profundamente deprimido, Eustace lo intentó con su padre una vez más.

«Estoy psicológicamente enfermo —le escribió—, abatido por años de opresión. Estoy mal. Siento dolor. Todos los días me despierto y me duele todo esto. Muestra esta carta a un psicólogo a ver si puede aconsejarme algo. Por favor, no malinterpretes mi más sincera gratitud por tu ayuda en tareas como administrar el dinero. Te lo agradezco mucho. Espero que no interpretes mis verdades emocionales como un "ataque", sino que las consideres combustible para entenderme mejor. Mi objetivo es que tengamos una relación más sana, no empeorarla. Respetuosamente, Eustace».

De nuevo, no recibió respuesta.

Conozco bien a los padres de Eustace Conway. He estado en su casa y he cenado con ellos muchas veces. Como todo el mundo, llamo Big Mom a la señora Conway y, como todo el mundo, la adoro. Me encantan su generosidad y sus historias de cuando vivía en Alaska. Me encanta que cada vez que llego a su puerta me abrace y me diga: «¡Aquí está nuestra montañera!».

Y debo admitir que me gusta estar con el padre de Eustace Conway. Me gustan su inteligencia y su ingenio, y me parece tan infinitamente curioso como su hijo; quiere saber con exactitud cuántas horas he tardado desde Boone hasta Gastonia, y cuando se lo digo, calcula de inmediato (y sin equivocarse) que he tenido que detenerme cuarenta y cinco minutos para comer o habría llegado antes. Su precisión, por supuesto, es implacable. Como es una «criatura de lógica perfecta», no cede ni un centímetro y soy consciente de que me sería imposible vivir con él. Las conversaciones con su mujer están llenas de comentarios desconcertantes.

SEÑORA CONWAY: Hay una pequeña posibilidad de que Judson venga a vernos mañana.

SEÑOR CONWAY: ¿Por qué lo dices? No sabes si es verdad. ¿Ha llamado para decir que vendría?

SEÑORA CONWAY: No, pero le he dejado un mensaje en el contestador invitándolo.

SEÑOR CONWAY: Entonces no entiendo por qué dices que hay una pequeña posibilidad de que venga a vernos. ¿Qué porcentaje exacto de posibilidades supones que hay, Karen, cuando el chico no nos ha dicho nada? Es evidente que no sabemos si vendrá o no. Decir que hay una «pequeña posibilidad» es incorrecto y engañoso.

SEÑORA CONWAY: Lo siento.

SEÑOR CONWAY: Pero nadie escucha mis opiniones.

Ya os hacéis una idea.

Aun así, puedo hablar con él. Cuando voy a ver a los Conway, suelo hablar con él sobre los libros de *El mago de Oz*, la maravillosa colección de cuentos fantásticos que L. Frank Baum escribió a principios del siglo pasado. Parece que Eustace el mayor y yo crecimos leyendo las mismas hermosas ediciones en tapa dura de estos libros. (Al señor Conway le regalaban un libro cada Navidad, mientras que yo heredé toda la colección de mi abuela). Casi nadie sabe que la historia original de Dorothy Gale tuvo secuelas, así que Eustace el mayor estaba encantado de descubrir que yo conocía bien esos cuentos, que recordaba las preciosas ilustraciones *art déco* y que podía hablarle incluso de los personajes más desconocidos. TikTok, la gallina Billina, el tigre hambriento, el rey gnomo, los rodadores y Policroma (la hija del arcoíris)… Los conozco a todos, y él también, y podemos hablar de estas cosas durante horas.

Otras veces me lleva al jardín y me habla sobre los pájaros de Carolina del Norte. Y una vez salimos a medianoche a mirar las estrellas.

—¿Has visto Marte últimamente? —me preguntó el señor Conway.

Admití que no, así que me lo señaló. Me dijo que le gustaba salir todas las noches para seguir la órbita del planeta y ver cuánto se acercaba a Saturno.

—Desde hace tres meses se acercan más cada día —me dijo—. Al fin y al cabo, recuerda lo que significa la palabra «planeta», «cuerpo errante».

Así que en ocasiones Eustace el mayor y yo hablamos de libros, otras, de ópera y a veces, de constelaciones, pero sobre todo hablamos de su hijo. Siempre quiere saber cómo le va a Eustace el menor en Turtle Island. ¿Quiénes son sus aprendices? ¿Tiene previsto algún viaje largo? ¿Ha construido más edificios? ¿Qué aspecto tiene ese camino traicionero que sube la montaña? ¿Parece su hijo agotado o deprimido?

Intento informarle. Y una vez (porque no puedo mantenerme al margen de las intimidades más secretas de la vida privada de los demás) le dije:

—Está bien, señor Conway, pero creo que desea desesperadamente su aprobación.

—Qué tontería.

—No, no es ninguna tontería. Es verdad.

—Nunca habla conmigo —me contestó—, así que nunca sé lo que le pasa. Parece que no quiere saber nada de mí.

Es cierto, los dos Eustace Conway apenas hablan y se ven aún menos. Con reunirse alguna vez en Navidad tienen más que suficiente, y Eustace el menor se resiste a dormir en la casa de su familia porque no le gusta nada estar con su padre. Aun así, en la primavera del año 2000, Eustace pasó una noche en Gastonia. Fue tan extraño que a sus padres incluso les impactó que apareciera en la puerta de su casa en pleno mes de mayo, sin fiestas familiares que lo justificaran. Pero Eustace quería ver madera cerca de Gastonia, así que pensó en pasarse a cenar. Yo iba con él.

Nos detuvimos ante la casa en la que Eustace había vivido los peores años de su vida y encontramos a su padre en el jardín delantero, hurgando en un pequeño cortacésped viejo, destartalado y totalmente oxidado. Eustace salió de la camioneta y sonrió.

—¿Qué es eso, papá? —le preguntó.

—Un cortacésped en perfecto estado que encontré anoche en la basura mientras paseaba en bicicleta.

—¿En serio? ¿Lo han tirado?

—¿No es increíble? Está en perfecto estado.

—Es muy bonito, papá. De verdad.

En realidad el cortacésped parecía sacado del fondo de un estanque.

—¿Funciona? —le preguntó Eustace.

—Claro que funciona.

—Vaya, qué bien.

Era la primera vez que veía a Eustace Conway y a su padre juntos. Después de años de relación con la familia, era el primer encuentro cara a cara que presenciaba. No sé lo que esperaba, pero en ningún caso a Eustace apoyado en la camioneta con una sonrisa despreocupada, felicitando a su padre por haber recogido un cortacésped de la basura. Ni a su padre radiante, emocionado por mostrar su último hallazgo.

—Mira, hijo, tenía un manillar roto, pero he soldado un trozo de metal encima, así, y ahora se puede manejar perfectamente.

—Qué bien.

—¿Te serviría de algo en Turtle Island?

—Pues verás, papá, de algo puede servirme. Podría quitarle el motor y utilizarlo para otra cosa, o desmontarlo y aprovechar las piezas, o utilizar el cortacésped yo mismo o dárselo a un vecino. Sería estupendo. Lo acepto encantado. Siempre les encuentro un uso a las cosas, ya lo sabes.

Al minuto siguiente, padre e hijo, ambos sonrientes, cargaban el cortacésped en la parte trasera de la camioneta de Eustace.

¡Qué cena la de esa noche en Gastonia! Los dos Eustace pasaron toda la velada charlando. No tenían ojos para nadie más. Nunca había visto al señor Conway tan animado, y Eustace también estaba muy contento. Juro que se exhibían ante mí. Estaban entusiasmados el uno por el otro. Y para mí fue más desgarrador ver a estos dos hombres anhelando la aprobación del otro que lo que habría sido verlos pelear. Parecía que no pudieran obstinarse más en buscar la cercanía.

Se animaban entre sí a contar sus anécdotas familiares favoritas. Eustace le pidió a su padre que contara la vez que fue a urgencias con un gran corte en la pierna y se enfadó tanto porque las enfermeras no le hacían caso que se tumbó en el suelo frente al mostrador y se negó a moverse hasta que lo atendieron. Después el señor Conway sonrió mientras Eustace contaba sus aventuras en el Sendero de los Apalaches, en concreto la de una vez que tenía tanta sed que bebió agua de alrededor del cadáver de un mapache que había encontrado pudriéndose en un charco estancado «con tiras azules de carne podrida flotando en el agua». El señor Conway gritó, emocionado por la escena.

—¡No me imagino a nadie más haciendo algo así! —exclamó.

Después de cenar, Eustace y su padre salieron al patio para hablar de la salud de un acebo que quizá habría que trasplantar. Era una cálida tarde sureña, y el sol colgaba tan bajo en el cielo entre nubes ligeras que una bruma dorada invadía el aire. Los hombres estaban en el patio, con las manos en los bolsillos, hablando del acebo. De repente se oyó el canto de un pájaro, largo y melódico. Como actores guiados por el mismo director, padre e hijo levantaron la vista al mismo tiempo.

—¿Qué es eso? —preguntó Eustace—. ¿Un ruiseñor?

—No sé…

De nuevo el canto del pájaro.

—Vaya —dijo Eustace y se quedó quieto.

—Nunca he oído cantar así a un ruiseñor —dijo el señor Conway en voz baja e íntima—. Creo que puede ser un pájaro gato gris.

La melodía volvió a sonar, dulce y prolongada.

—No suena como los pájaros gato gris que he oído —dijo Eustace.

—Tengo que admitir que tampoco como los que he oído yo. Suena como una flauta, ¿no? No sé si podría ser un ruiseñor. Juraría que es un pájaro gato gris, pero nunca he oído a uno tan… armónico.

—Solo he oído pájaros cantando así en las selvas tropicales —dijo el hijo.

—Suena casi a ópera —dijo el padre.

Siguieron juntos, en silencio, con la cabeza hacia atrás, contemplando el exuberante follaje de los cornejos y las magnolias. El pájaro cantaba como si leyera una partitura, como una soprano calentando para un concierto, repasando escala tras escala. ¿Qué ave común de Carolina del Norte cantaba de forma tan fantástica? Sopesaron las opciones. En esta estación, a esta hora, ¿qué podría ser? Los hombres mostraban expresiones idénticas de embelesada perplejidad mientras escuchaban al pájaro y escuchaban las inteligentes especulaciones del otro.

—¿Lo ves? —preguntó el señor Conway.

—¿Sabes, papá? Creo que viene del otro lado de la casa —susurró Eustace.

—¡Sí! Creo que tienes razón.

—Voy a ver si lo localizo y descubro lo que es.

—¡Sí! ¡Ve!

Eustace giró sigilosamente la esquina de la casa de su padre mientras el pájaro seguía cantando. El señor Conway observaba a su hijo con una expresión de perfecto y relajado placer. Su rostro era todo orgullo e interés. Fue un momento muy bonito.

Y entonces no pude evitar preguntarle:

—Señor Conway, ¿cree que Eustace encontrará el pájaro?

La expresión de placer del señor Conway se desvaneció de inmediato y quedó sustituida por una mirada dura y más familiar, de enfado. La transformación duró solo un instante, pero fue como ver una fea puerta metálica de garaje cerrándose de golpe ante un escaparate atractivo. Una medida de seguridad de lo más antiestética. Estaba claro que había olvidado que yo estaba allí. ¿Había estado escuchando a escondidas? ¿Había visto toda la escena? ¿Y ahora le pedía que de alguna manera validara a su hijo?

—No —me contestó el señor Conway con firmeza—. No encontrará el pájaro. No se le dan bien estas cosas. Si uno de sus hermanos estuviera aquí, lo encontraría. Ellos tienen talento para los pájaros, pero Eustace no. Es un inútil para esas cosas.

Dicho esto, el señor Conway se alejó y entró en la casa. Cerró la puerta tras de sí. Se alejó de la mejor hora de la tarde. Me quedé perpleja. ¿Habría sido tan doloroso para este hombre, que obviamente rebosaba de placer, decir una palabra amable sobre su hijo? ¿Después de tanto tiempo? ¿Se habría muerto por ceder un maldito centímetro una vez en su vida?

Eso parece.

No será necesario que diga que la conclusión de esta historia es que Eustace Conway vio el pájaro. Por supuesto. Se acercó sigilosamente a él porque así lo había decidido y porque puede hacer cualquier cosa que decida. Lo pilló cantando y confirmó que era un pájaro gato, pero ¡qué voz! ¿Alguna vez un pájaro gato había cantado una canción más bonita? Eustace lo corroboró y giró corriendo la esquina de la casa, entusiasmado.

—¡Lo he visto, papá! —gritó Eustace el menor a Eustace el mayor, pero era demasiado tarde. Recorrió el patio con la mirada.

¿Dónde estaba su padre?

Se había ido.

Pero ¿por qué?

¿Quién demonios lo sabe?

Eustace había llegado corriendo entusiasmado porque quería contarle a su padre lo que había visto y aprendido. No lo hacía por nadie más. Pero su padre no lo oía, no estaba allí para presenciarlo, así que Eustace respiró hondo. Se recuperó. Después adoptó de nuevo la voz del profesor más serio y cansado del mundo.

Y me lo contó a mí.

Capítulo 7

Ante él se extiende un continente sin límites, y avanza como si el tiempo apremiara y
temiera quedarse sin sitio.

—Alexis de Tocqueville

En este momento Eustace tiene diez caballos. Es el primero
en admitir que es absurdo, que es un lujo totalmente inne-
cesario, porque su granja es pequeña, pero no puede recha-
zarlos porque son preciosos.

He vivido rodeada de estos animales. Crecí con personas
que hacían magia con ellos. Mi abuelo tenía un establo y yo he
trabajado en el rancho de un hombre que mantenía a raya a
sus setenta y cinco caballos sin el menor esfuerzo, pero nunca
he visto a nadie a quien se le den mejor que a Eustace. Los caballos lo escuchan. Le prestan atención. Cuando Eustace
camina por los pastos, estos levantan la mirada para verlo pasar
y se quedan quietos a la espera de que les dirija la palabra,
como un harén devoto o un grupo de novias esperanzadas.

Y resulta aún más impresionante si tenemos en cuenta que Eustace no creció con caballos ni tuvo ninguno hasta

hace diez años. Lo pospuso durante mucho tiempo porque son animales exigentes, necesitan mucho terreno y mantenerlos cuesta mucho dinero. Cuando vives de la tierra, es mucho más fácil alimentarte tú mismo que alimentar a un caballo. Pero siempre supo que algún día los tendría. Era parte de su plan. Compró una antigua segadora de tracción animal, por ejemplo, años antes de tener un prado que segar y un animal con el que hacerlo.

Cuando por fin hubo talado suficientes árboles para crear pastizales en Turtle Island, pidió prestada una vieja percherona a un granjero de la zona para que sus campistas la montaran y él hiciera prácticas de agricultura. Aunque era lenta y torpe, el mero hecho de estar cerca de esa criatura le aceleraba la sangre. Quería más, así que se compró una yegua de tiro joven y fuerte llamada Bonnie, y con ella aprendió a anticipar la ansiedad y la mente de los caballos, a tomar decisiones en décimas de segundo y a darles órdenes sin dudar. También encontró a dos maestros: un viejo granjero llamado Hoy Moretz, que lo sabía todo sobre domar ganado a la manera tradicional, y un joven menonita llamado Johnny Ruhl, que tenía una incomparable intuición con los caballos. Eustace llevaba su yegua a esos hombres para que la adiestraran y después se quedaba observando y aprendiendo mientras trabajaban con sus animales. Para Hoy y Johnny, Eustace era un alumno ideal: atento, talentoso y aplicado, porque parecía entender intuitivamente el viejo dicho rural de por qué Dios le dio al hombre dos orejas y una sola boca. Sabía callarse y escuchar.

Eustace cultivaba y transportaba cosas con Bonnie, que para eso la había comprado. Era un buey disfrazado de yegua y estaba contento con ella, pero le fascinaba la idea de recorrer largas distancias a caballo, así que de vez en cuando ensillaba su yegua de granja y se iba unos días a las montañas solo para sentir que viajaba con un animal. Aunque le encantaba hacerlo, Bonnie no estaba hecha para esas aventuras, porque era demasiado grande y lenta, así que Eustace empezó a desear un caballo de montar de verdad. Quería una moto ligera, no una excavadora enorme como Bonnie. Y así, con los consejos y el consentimiento de sus maestros, en 1994 se compró un morgan puro, un campeón de carreras de resistencia llamado Hasty.

Hasty («Veloz») hacía honor a su nombre y estaba muy bien adiestrado. Eustace había tenido que enseñarle a Bonnie a comportarse, pero ahora Hasty le enseñaba a él. Prestó mucha atención y aprendió muy deprisa, hasta que Hasty y él fueron iguales y podían pasarse el día enseñándose mutuamente a estar juntos. Eustace empezó a recorrer largas distancias con su nuevo caballo, desde las montañas hasta la costa de Carolina del Norte. Como había supuesto, le encantaba el desafío físico de avanzar a buen ritmo por un terreno incierto con un animal y sin garantías de seguridad. Con lo que no había contado era con las intensas interacciones con estadounidenses corrientes mientras pasaba ante ellos sobre la montura. La presencia y el romanticismo de los caballos atraían a todo el mundo.

La reacción era extraordinaria y universal. Un día de Año Nuevo, mientras Eustace cabalgaba con Hasty hacia la costa, pasó por un barrio pobre de la zona rural de Carolina del Norte. Todo eran chabolas, caravanas y patios llenos de coches oxidados. Al pasar por una vivienda destartalada, notó un gran alboroto en el patio trasero. Unas cien personas, todas negras y pobres, se habían reunido para comer en familia. El olor a carne asada flotaba en el frío aire de enero. La humilde finca bullía y zumbaba por completo. Cuando vieron a Eustace, un montañés sospechoso con barba, un tipo blanco a caballo con una escopeta en la silla, se rieron, aplaudieron y gritaron: «¡Entra!». Eustace pasó al patio con su caballo y avanzó hasta el centro de esa gran reunión familiar. Y de repente era uno más de la familia. Lo abrazaron, le dieron la bienvenida y celebraron su llegada como si fuera un primo lejano. Se agolparon alrededor de él e hicieron turnos para dar paseos a caballo. Tenían un millón de preguntas. Querían saberlo todo sobre Eustace, su mensaje utópico y su destino. Le dieron de comer hasta que casi no podía moverse, lo atiborraron de buen jamón, pasteles, col, pan de maíz y cerveza, y después lo dejaron seguir su camino. Una comitiva que corría detrás de él mientras lo vitoreaban y le deseaban buena suerte fue quedándose atrás hasta que desapareció.

Para Eustace, que había pasado la mayor parte de su vida pensando en formas de derribar muros y concienciar a todo tipo de estadounidenses, fue una revelación. Aunque el encuentro fue espontáneo y satisfactorio, sabía que nunca habría sido bien recibido en una reunión así sin el caballo. Había viajado por todo Estados Unidos (a pie, haciendo autostop, en tren y en coche), pero nada lo había preparado para la intimidad con el país que le brindaba un caballo. Era la respuesta.

Había llegado el momento de planificar un viaje a caballo por el continente.

Eustace quería cruzar Estados Unidos a caballo y quería que su hermano Judson lo acompañara. Judson Conway era una excelente compañía, el mejor compañero para un viaje así, pero sobre todo sentía que tenían que vivir una experiencia épica juntos, como hermanos. Admitía que lo seguía viendo como un niño pequeño, como un crío blandengue metido en su habitación con sus figuras de *La guerra de las galaxias*, y quería borrar esta imagen. Judson ya era un hombre. Sabía cazar y montar a caballo, y era un viajero experimentado y un vaquero trabajador. Eustace quería verlo en todas estas facetas y vivir un maratón de aventuras que sin duda los uniría y los convertiría en iguales.

No será necesario que diga que a Judson le pareció perfecto. ¿Quería abandonar la sociedad moderna y cruzar Estados Unidos a caballo como un auténtico y heroico vagabundo de las llanuras de Hollywood? ¡Claro que sí! El plan le entusiasmó. Estaba hambriento de oportunidades para «vivir al límite, a lo grande». Se lanzó de cabeza y aseguró que estaba listo para salir en cualquier momento, preparado para ponerse en marcha. Bastaba con señalarle el oeste y darle la salida, y lo verían levantando el polvo a su paso.

Estaba decidido. Incluso se buscaron un nombre. Serían los Long Riders. Eustace, por supuesto, se puso manos a la obra para organizarlo. Calculó cuántos caballos necesitarían, cuánto dinero deberían llevar, qué tipo de armas y cuánto tiempo tardarían. Recopiló mapas y anécdotas de otros viajeros a caballo para anticiparse a toda posible contingencia. Era casi imposible imaginar a qué se enfrentarían exactamente, por supuesto, pero lo importante era elegir una ruta inteligente, tener buenos caballos y empezar con buen pie.

Eustace eligió una ruta que atravesaba el país por el sur. Los Long Riders empezarían en la isla Jekyll, frente a la costa de Georgia, y se dirigirían hacia el oeste lo más deprisa posible atravesando Alabama, Mississippi, Luisiana, Texas, Nuevo México, Arizona y California. El plan de Eustace era rodear las grandes ciudades, que no los arrestaran y que no los atropellara un camión (su madre le hizo prometer que no permitiría que mataran al pequeño Judson), y poco más podía planificar. Era imprescindible centrarse en la velocidad. No iba a ser un paseo tranquilo para contemplar el paisaje. Quería llevar a su hermano, a los caballos y a sí mismo al límite para ver exactamente cuántos kilómetros podían hacer en condiciones físicas difíciles.

Y de repente se unió a ellos una compañera.

Judson, como no podía ser de otra manera, había hablado del viaje con todo el mundo y había llamado la atención de su amiga Susan Klimkowski, una oriunda de Carolina del Norte con la que había trabajado en el rancho de Wyoming. Susan, de veinticinco años, guapa, aunque humilde, muy tímida y sorprendentemente dura, tenía más años de experiencia a caballo que Judson y Eustace juntos. Era una de esas personas que aprenden a montar antes que a andar. No buscaba emociones fuertes, no era una fanfarrona y no pretendía ser una chica con un destino, pero cuando se enteró del viaje a través de Estados Unidos, se despertó en ella una fuerte determinación. Tenía que ir con ellos.

Judson había trabajado con Susan en las Montañas Rocosas el tiempo suficiente para saber que podría soportar las exigencias físicas del viaje, pero le dijo que tendría que hablarlo con Eustace. Susan no lo llamó por teléfono para preguntarle si podía unirse a los Long Riders, sino que, en un gesto instintivo de perfecto respeto, subió la montaña a caballo hasta su casa y habló con él desde su silla de montar. En otras palabras, se presentó ante él como se presentaría ante todo el desafío: preparada, obviamente capaz y sin pedir nada más que la palabra «sí».

Y Eustace se la dio. Le impresionó su forma de presentarse y vio que sabía de caballos. Si era capaz de seguirles el ritmo, podría ir con ellos. Y el atractivo extra era que Susan tenía una bonita camioneta y un remolque para caballos nuevo, que Eustace pensó que serían excelentes complementos. Sabía que podrían hacer ese viaje sin un vehículo de apoyo, pero también que ya estaban al límite de sus posibilidades y que un espacio portátil seguro para llevar caballos heridos o guardar mantas eliminaría parte de la presión y del peligro. Sería un poco engorroso, porque Eustace, Judson y Susan tendrían que turnarse para conducir el remolque por la carretera y después volver en autostop para empezar la cabalgata del día. Recorrerían los kilómetros hasta el remolque, y lo mismo a la mañana siguiente. Sería pesado, pero valía la pena.

Bien, pues ya eran tres. Tres personas, cuatro caballos, una camioneta, un remolque y todo un continente desplegándose ante ellos. El día de Navidad de 1995 se pusieron en marcha con gorros de Papá Noel, riéndose a carcajadas y llenos de energía y entusiasmo. De repente encontraron una botella de Bacardi sin empezar a un lado de la carretera. «Dios nos bendice, es un regalo de la naturaleza», aseguró Eustace. Se bebieron el ron y empezaron el viaje.

Eustace montaba a Hasty. Susan montaba a Mac, un tennessee walker negro de doce años. Judson alternaba a Spur, un precioso caballo árabe plateado que había adquirido en una subasta, con Chief, que había comprado para esa aventura y al que los hermanos Conway habían puesto el apelativo de su legendario abuelo, el Jefe Johnson.

—Pobre Chief —dijo Judson el día que lo compraron—. Se ha pasado la vida en un prado y no tiene ni idea de dónde va a meterse. Va a aprender lo que es ser un caballo.

Lo cierto es que ninguno de ellos, ni caballos ni humanos, tenía claro dónde iba a meterse. («Sin duda no sabíamos lo que hacíamos», diría Eustace tiempo después). Eustace estaba bastante más nervioso que Susan y Judson, que todavía creían que el viaje sería una diversión constante. Él era lo bastante sensato para que le preocupara si sobrevivirían, pero, pasara lo que pasase, estaba dispuesto a documentarlo. Llevaba consigo una pequeña grabadora y dieciocho cintas de casete, y durante el viaje grababa un diario oral, en parte para evitar el lento proceso de escribir. Y sus constantes divagaciones en las cintas son de lo más evocadoras porque de fondo se oyen los pájaros, el tráfico y los cascos de los caballos.

«Sujeto la grabadora en una mano y el caballo de carga en la otra —dice el segundo día del viaje—. He visto un bonito paisaje de musgo español, a una niña con una chaqueta chillona en un pino viejo enorme, prensas de melaza, hornos y palmitos. La carretera está llena de basura: vasos, cajas de cartón de cerveza, paquetes de cigarrillos, botellas, envoltorios, latas y papel de aluminio. Es increíble la cantidad de basura que hay, pero a diez metros de distancia es bonito. Árboles a contraluz y pinos plantados. Una especie de monocultivo. Suelo muy arenoso. Ahora mismo soy la persona más libre de Estados Unidos. Es muy satisfactorio estar aquí, lejos de responsabilidades, ojalá más personas llevaran una vida sencilla».

Así que documentaba su experiencia, pero también llevaba un etnógrafo dentro de él. Le entusiasmaba entrevistar a los estadounidenses corrientes que encontraban en el camino. En los últimos años había pensado cada vez más en la desaparición de los dialectos regionales debido a la omnipresente influencia de los medios de comunicación. Lo había observado en la zona en la que vivía, donde los viejos habitantes de los Apalaches parecían hablar una lengua totalmente diferente de la de sus nietos. Los abuelos todavía tenían un acento isabelino y nombraban las herramientas y los animales con palabras antiguas que, teniendo en cuenta que sus parientes más jóvenes empezaban a hablar como pinchadiscos de Nueva York, no tardarían en extinguirse. A Eustace le encantan los dialectos auténticos y peculiares, y además los imita a la perfección. Sabía que sería su última oportunidad de capturar una amplia representación de las voces del Sur de Estados Unidos, ya que los Long Riders a menudo tenían que cruzar patios traseros de casas, literalmente. Pasaban por donde fuera necesario y atravesaban la vida estadounidense sin barreras, sin fronteras y sin limitaciones. Eran casi como fantasmas a los que ninguna pared detiene. Al pasar, veían, olían y tocaban a las personas.

Eustace grabó a un viejo de Georgia cuando le preguntó:

—¿Qué granja tienes?

—Pues verá —le contestó Eustace—, tengo unas cuatrocientas hectáreas en Carolina del Norte. Supongo que se podría decir que tengo una granja primitiva y tradicional, y también un centro de educación sobre la naturaleza…

Pero el viejo lo interrumpió. No, no. No quería saber cómo era su «granja», sino qué «arma» llevaba.* En la cinta se oye a Eustace riéndose a carcajadas y respondiendo a su pregunta educadamente.

Y también le encantaban las voces negras de Georgia, como la de un anciano que, sentado en la mecedora de su porche, recordó su infancia en una familia de aparceros ante la grabadora de Eustace:

—Mi padre pasaba por las habitaciones y decía: «Arriba, chicos». No teníamos luz. Él dice: «¡Arriba, chicos!», y después dice: «Creía que teníais que levantaros…». En aquellos tiempos no existía el maltrato infantil, así que mejor que te levantaras de la cama, porque te voy a decir una cosa: mi padre era un hombretón de ciento veinticinco kilos, y si te decía: «Arriba, chico», mejor que te levantaras de un salto.

* En inglés «farm» y «arm» suenan casi igual. *(N. del E.).*

No le costaba hacer hablar a las personas con las que se encontraban. El hecho de que los jinetes fueran tan románticamente evocadores ayudaba, por supuesto. Eustace era alto, delgado, salvaje y con barba, a menudo iba sin camisa, llevaba plumas en el pelo y cabalgaba con destreza en su antigua silla de la caballería estadounidense sin que Hasty llevara siquiera embocadura. Parecía un desertor de los Rangers de Texas, un soldado liberado que había perdido su unidad y se había convertido en indio. Judson y Susan iban vestidos como antiguos vaqueros cubiertos de polvo: zahones, espuelas, sombrero de vaquero destrozado, abrigo largo y pañuelo, la ropa adecuada cuando uno se pasa todo el día a caballo, expuesto al sol, la lluvia, la nieve, la maleza y el polvo.

Sin embargo, a veces Judson estaba dispuesto a sacrificar su imagen de auténtico vaquero en aras de la practicidad. Empezó a ponerse mallas de licra de colores pastel debajo de los zahones, lo que dejaba alucinados a los camioneros y a los trabajadores de ranchos que encontraban en el camino, pero el material resbaladizo evitaba que la silla le hiciera rozaduras, y cuando estaba cansado de cabalgar, se quitaba las botas, se ponía unas Nike y corría unos kilómetros al lado de su caballo para mantenerse en forma y estirar las piernas.

Los jinetes eran cautivadores, pero los que de verdad llamaban la atención eran los caballos.

—En todas partes nos miraban —dijo Judson. Los niños de los alrededores de Atlanta no dudaban en correr hacia ellos para abrazar a los caballos. Lo mismo sucedería después con las humildes familias blancas de Texas.

La historia se repetiría en la reserva apache de Arizona. Se plantearon bordear esa reserva, un territorio pobre y desolado, porque a lo largo de cientos de kilómetros los blancos les habían aconsejado que no arriesgaran la vida a manos de «esos temibles apaches hijos de puta», pero Eustace, que sabía lo suficiente tanto de historia antigua como de política contemporánea para seguir ese consejo, no se desvió de su ruta. Aseguró a sus nerviosos compañeros:

—No vamos a cambiar de ruta por malditos prejuicios raciales. ¿Qué hemos aprendido hasta ahora en este viaje, chicos? ¿Quién nos ha tratado mal hasta ahora? Negros, blancos, hispanos…, todo el mundo se ha portado bien con nosotros. Y si empezamos a esquivar gente por miedo, habremos destruido todo lo que representamos. Dad un rodeo si queréis, pero yo cruzaré esa maldita reserva con o sin vosotros, y me importa una mierda si me pegan un tiro en la cabeza.

Así que los Long Riders cruzaron juntos la reserva apache. Y los apaches resultaron ser unos temibles hijos de puta que los invitaron a pasar la noche en sus hogares y les ofrecieron comida tanto a ellos como a sus caballos.

Lo mismo sucedería meses después, cuando pasaron por los miserables guetos de San Diego. («¡No paséis por allí!», les advertían los blancos). Los niños mexicanos salían corriendo de su casa para pedirles que les dejaran dar un paseo a caballo mientras los padres hacían fotos, les ofrecían comida y les deseaban suerte. Los acogieron con los brazos abiertos en todo el país. En todas partes los seguían cámaras de televisión, y los policías del sheriff los escoltaban hasta el condado siguiente. Pueblo tras pueblo, de costa a costa, conocían a alcaldes y funcionarios que iban a darles la bienvenida en nombre de sus habitantes. Era una locura de hospitalidad y entusiasmo.

Los conductores se detenían en la carretera, saltaban del coche, corrían hacia los Long Riders y les hacían siempre las mismas preguntas: «¿Quiénes sois? ¿Adónde vais? ¿Podemos ayudaros en algo?».

Y en todas las ocasiones les comentaban:

—Quiero hacer lo que vosotros estáis haciendo.

—Puedes —les contestaba Eustace—. ¡Puedes!

El día empezaba a las cuatro de la madrugada, cuando se ocupaban de los caballos e intentaban dilucidar en qué punto de su siguiente etapa podrían encontrar comida y agua para ellos y sus animales. Todos los días, uno de ellos tenía que llevar el remolque hasta el siguiente campamento y después volver en autostop para empezar la cabalgata juntos. Perdían muchísimo tiempo. A veces, a los dos que se habían quedado en el campamento les tocaba esperar durante horas mientras el que había trasladado el remolque intentaba que algún vehículo lo llevara de vuelta. Y el día no concluía hasta pasada la medianoche. Cabalgaban a gran velocidad. Aunque cojearan y estuvieran agotados, nunca aflojaban el ritmo, nunca avanzaban al paso. Como mínimo al trote.

Cabalgaron durante tanto tiempo entre veterinarios y herradores que Eustace se convirtió en experto en curar a sus animales y cuidar los cascos. Había visto tantas veces cambiar las herraduras de los caballos que estaba seguro de que sabría hacerlo. Llamó a Hoy Moretz, que tanto le había enseñado sobre caballos en Carolina del Norte, y le preguntó si le parecía bien que cambiara él mismo las herraduras durante el viaje, pero este le advirtió que no lo hiciera.

—No lo hagas. Eres un chico inteligente, pero no eres un profesional. Ya aprenderás a cambiar las herraduras cuando vuelvas a tu granja, pero durante el viaje te juegas demasiado para arriesgarte a lastimar a un animal por ignorancia.

Un consejo sensato, y Eustace no habría podido estar más de acuerdo, pero al final lo pasó por alto porque todos sabemos que la necesidad aguza el ingenio. Tenía que aprender, así que aprendió. También puso inyecciones a los caballos, les administró medicamentos, ajustó su alimentación y habló constantemente en las cintas sobre su condición física.

«Después de orinar, Hasty ha expulsado un poco de sangre muy oscura, y estoy preocupado. Hoy se ha caído dos veces, parece imposible, pero así ha sido, se ha golpeado la cara contra el suelo. Le he vendado los ojos y le he dado una vuelta para prepararlo para el próximo puente, porque si conseguimos que un caballo cruce ese puente, que tiene una rejilla metálica que permite que los animales vean lo que hay abajo y por eso se asustan, quizá pasen todos y estemos a salvo. He encontrado una piedra en un casco de Spur que le hacía daño. Intento estar atento a los ligamentos. No puedo dejar una sola llaga sin curar».

Varias veces durante el viaje, Eustace se dio cuenta de que necesitaban caballos más frescos, de modo que se detuvo a comprarlos o intercambiarlos. Así adquirieron a Cajun, Fat Albert, Blackie y Chavez. También así consiguieron un mulo inmortal, Peter Rabbit.

Peter Rabbit era de Mississippi. Eustace estaba decidido a comprar una mula porque quería un animal de carga fuerte, así que lo comentaba con todas las personas que encontraba en el camino. Alguien le habló de un hombre que tenía una granja enorme cerca de allí y que seguro que podría venderle algún animal. El granjero, Pierson Gay, era bien parecido, conservador y elegante, un clásico caballero sureño con un bigote blanco bien cuidado. Los Long Riders lo llamaron por teléfono y le contaron lo que estaban buscando. Aceptó alojarlos esa noche en sus establos para que hablaran al respecto. «Cuando llegamos a la granja, con el pelo largo y muy sucios, como si fuéramos una pandilla de hippies mugrientos, Pierson tuvo que girar la cabeza, literalmente. Es un hombre tan pulcro que te juro por Dios que casi le dieron arcadas», recordaba Judson.

Pero de alguna manera los amantes de los caballos se entienden entre sí, como si tuvieran un código privado. Del mismo modo que Eustace supo de inmediato que Susan Klimkowski sabía montar al verla llegar a su casa a caballo, Pierson Gay no tardó en darse cuenta de que esos chicos sabían lo que hacían. Y en lo que respecta al ganado, Pierson tenía un animal que estaba dispuesto a venderles: un mulo blanco, grande, bonito y más fuerte imposible. Se llamaba Peter Rabbit. Eustace, Judson y Susan lo examinaron y les pareció sano y fuerte, justo lo que necesitaban para que cargara con sus cosas. Pierson les pidió mil dólares por él, pero los Long Riders, en especial Eustace, sabían negociar con animales. Jamás se acepta el primer precio. Le ofrecieron novecientos. El señor Pierson Gay salió del establo mascullando:

—Mil dólares. Ese es el precio. Es lo que vale el mulo para mí y lo que os he dicho que cuesta, así que o me dais mil dólares o Peter Rabbit no se mueve de aquí. No voy a tolerar ofensas.

Soltaron los mil dólares.

Pero Peter Rabbit era un poco problemático, algo que Pierson Gay en ningún momento les ocultó. Los mulos siempre lo son. A diferencia de la mayoría de los caballos, los mulos son listos y a menudo maliciosos. Piensan, razonan, conspiran y se vengan. No puedes bajar la guardia con ellos, y ese mulo en concreto era diabólico. Estas eran las reglas: no podías tocarle las orejas o intentaría matarte, de modo que ponerle la brida era una operación en la que arriesgabas la vida, y no podías tocarle la barriga o intentaría matarte, de modo que también era peligroso ponerle una silla. Pierson Gay (que era experto en cuadrúpedos, pero había renunciado hacía tiempo a domar ese mulo) les advirtió que Peter Rabbit podría intentar matarlos sin motivo aparente. Y tampoco le podían tocar las pezuñas. O intentaría matarlos.

Aun así, era un animal muy fuerte, así que lo compraron.

Los Long Riders partieron al día siguiente con Peter Rabbit en plena forma en su grupo. El mulo no tardó en hacerse notar. Llovía a cántaros y Judson intentaba colocar una lona de plástico por encima de su caballo para proteger las cosas. La lona ondeaba y se agitaba con el viento, y al animal no le gustó nada. Echó a trotar y le pegó a Judson una coz en la parte más carnosa del muslo. Si le hubiera dado en otro sitio, podría haberle roto la rodilla o el brazo, aplastarle la cadera, hundirle el cráneo o destrozarle el estómago. El caso es que la tremenda coz lanzó metro y medio por los aires a Judson, que admite que al aterrizar en el suelo se tumbó tranquilamente en la hierba húmeda y dejó que la lluvia le cayera en la cara mientras pensaba en lo agradable que era descansar boca arriba y tomarse un breve respiro en ese brutal viaje.

Pero Eustace entró en acción. Había controlado a Peter Rabbit a la espera de que llegara el momento de enfrentarse a él y dejarle claro quién era el jefe. El momento había llegado. Mulo y hombre tuvieron el primero de los que llegarían a ser muchos altercados físicos. Eustace le dio un golpe al mulo, como si estuviera en una pelea de bar, y le gritó en la cara:

—¡No vuelvas a darle una coz a mi hermano!

El mulo se dio la vuelta para darle una coz a él, pero Eustace cogió la rienda con una mano y un látigo con la otra y empezó a pegarle. Peter Rabbit arrastró a Eustace varias decenas de metros, pero este agarró la rienda con todas sus fuerzas. El animal lo lanzó contra los árboles y las rocas, le dio coces y lo mordió, y ambos rebuznaron a pleno pulmón. Judson y Susan corrieron a esconderse en el bosque, aterrorizados, y Judson no dejaba de gritar:

—¡Por Dios, Eustace! ¡Déjalo! ¡Va a matarte!

Pero Eustace aguantó, recibió sus coces y después llevó al mulo a una gasolinera en ruinas y lo ató a un surtidor antiguo y pintoresco.

Allí mantuvieron una breve conversación.

Eustace, ahora reducido (o elevado) a una condición animal, rodeó el hocico de Peter Rabbit con los dientes y mordió con fuerza. Después le abrió la boca y rugió como un oso pardo. Luego le agarró las orejas y también se las mordió sin dejar de rugir y aullar como un ogro herido. Dio vueltas alrededor del mulo pegándole puñetazos. Le cogió las patas (una detrás de otra, para mostrar su poder) y gritó en el casco como si fuera una especie de teléfono para bestias. Los coches que pasaban por la carretera reducían la velocidad hasta casi detenerse, y rostros pálidos miraban la escena, fascinados. Judson y Susan observaban desde el bosque, conmocionados.

—¿Qué quieres que te diga? —le susurró Judson a Susan, asustado y a la vez muy orgulloso—. Mi hermano es un animal.

Eustace se ocupó de Peter Rabbit un rato más y después lo soltó. El mulo se escabulló, seguramente pensando: «La madre que me parió…».

Durante el viaje, Eustace Conway y Peter Rabbit mantuvieron varias conversaciones más de este tipo hasta que el mulo, que no era tonto, lo entendió. Reconoció, por primera vez en su obstinada vida, que no sería él quien tomaría las decisiones. Y cuando llegaron a California, el mulo era tan educado y disciplinado, y estaba tan bien adiestrado, que los Long Riders quisieron hacérselo saber a Pierson Gay. Se hicieron una foto con Eustace delante del mulo, mordiéndole una oreja. Susan aparece agachada haciéndole cosquillas en la barriga. Y Judson está de pie en el lomo con los brazos abiertos y sonriendo.

Enviaron la foto por correo a Mississippi al antiguo propietario de Peter Rabbit. Unas semanas después Eustace llamó por teléfono a la granja de Pierson Gay para preguntar si la habían recibido. La señora Gay, una dama sureña muy amable y refinada, respondió al teléfono. Pues sí, le contestó, habían recibido la fotografía.

—¿Y qué piensa ahora del viejo mulo? —le preguntó Eustace.

—Le doy mi palabra, querido —le contestó la mujer con su acento sureño de antes de la guerra—, que parece que Peter Rabbit haya ido a estudiar a Harvard.

El viaje no siempre era un desfile. Había momentos en que lo pasaban muy bien, pero también cabalgaban durante etapas largas y desoladas por carreteras desérticas por las que no pasaba un coche y la basura volaba como plantas rodadoras. En la zona rural de Texas, atravesaron una tormenta de arena cegadora y consiguieron sobrevivir cubriéndose la cara con los pañuelos, un buen sistema hasta que un policía estatal los paró y les exigió que se quitaran las «máscaras» porque «la gente está poniéndose nerviosa, parecéis forajidos». En otros puntos del viaje se toparon con olas de calor asesinas, tan agobiantes que Eustace temió que los caballos murieran y que a él le ardieran los pulmones. A veces se detenían al mediodía en una zona con sombra para protegerse del calor.

—¿Cuánto tiempo tenemos para descansar? —preguntaba Judson.

—Diez minutos —le contestaba Eustace.

Y Judson y Susan se tumbaban, se cubrían la cara con el sombrero y se echaban una cabezada de diez minutos exactos. Pero Eustace no dormía. Dedicaba sus energías a cuidar de los caballos. En esos diez minutos les revisaba las patas, comprobaba los nudos de las riendas, les examinaba los ojos y revisaba si las sillas de montar les habían hecho llagas. No le importaban el calor ni su agotamiento físico; solo le preocupaban los caballos.

El peor clima lo encontraron en Luisiana, donde durante cuatro días se enfrentaron a una devastadora tormenta de hielo. Apareció de la nada en forma de una intensa lluvia helada, y enseguida los tres jinetes parecían cubiertos de una capa de cristal de más de medio centímetro de grosor. Se congeló todo: sombreros, estribos, alforjas, botas y barbas. Fue la única vez que los Long Riders tuvieron que detenerse por el mal tiempo, y no por sentirse incómodos, sino porque Eustace se negó a poner en peligro la seguridad de los caballos en esos resbaladizos caminos cubiertos de hielo. Buscaron un lugar donde refugiarse de la tormenta y acabaron bajo los toldos de lo que había sido una pequeña tienda de comestibles. Eustace envió a Judson a hablar con los lugareños y le pidió que recurriera a su famoso encanto para conseguirles camas calientes y un establo para los caballos.

—Soluciónalo, hermanito —le dijo—. Hazlo como tú sabes.

Judson, que es muy rápido, obedeció a su hermano y entabló amistad con unos tipos que mascaban tabaco delante del supermercado del pueblo. En cuestión de minutos, los Long Riders estaban invitados a esperar a que pasara la tormenta de hielo en un recinto cercano dirigido por una organización de milicianos sureños blancos que formaba parte del Movimiento Patriota. Según la descripción de

Eustace Conway, esos milicianos eran «personas que creen que el gobierno federal nos controla demasiado; en general no se equivocan y estoy de acuerdo con muchos de sus postulados, aunque estaban muy desorganizados y todos bebían tanto alcohol que no podían transmitir adecuadamente su mensaje».

—Sí, tenemos un sitio donde podéis quedaros —le dijo un miliciano arrastrando las palabras—. ¿Tenéis armas? Pues aquí no vais a necesitarlas. Tenemos un montón.

Durante los dos días siguientes, los Long Riders fueron huéspedes del Movimiento Patriota. Como estaban atrapados en una pequeña granja de Luisiana, Susan y Judson pasaron dos días emborrachándose con esos acérrimos defensores de los sagrados derechos de la Segunda Enmienda de Estados Unidos y disparando por diversión. Entretanto, Eustace intentaba mantenerse sobrio y productivo. Pasó esas cuarenta y ocho horas llamando a todos sus conocidos a lo largo y ancho del país para preguntarles si sabían de alguien que pudiera estar interesado en unirse a los Long Riders para conducir la camioneta y el remolque. Estaba harto de la sandez de trasladarlos y después volver en autostop. Tras un centenar de llamadas telefónicas, encontró a su conductor, por supuesto, un chico de diecinueve años al que llamaban Swamper, que en ese momento no tenía nada mejor que hacer con su vida que subirse a un autobús en Carolina del Norte y unirse al grupo en Luisiana.

Cuando la tormenta de hielo amainó, los Long Riders se despidieron de sus amigos milicianos y siguieron su camino hacia el oeste, hacia Texas, con su nuevo compañero, el joven Swamper, que conducía el vehículo de apoyo.

Texas fue una etapa importante para Eustace, porque allí compró el mejor caballo de su vida, su querido Hobo. Hobo era un standardbred nacido para viajar. Se convertiría en una leyenda, en el caballo más rápido, inteligente y leal que Eustace haya conocido jamás. Se lo compró en una carretera del centro de Texas a un granjero, el señor Garland, y fue todo un descubrimiento. El granjero estaba apoyado en una valla cuando los Long Riders pasaron y se detuvieron a hablar con él. Mientras el señor Garland les describía un caballo que estaba pensando en vender («es delgado y rápido»), Eustace no se perdía detalle. En esa breve conversación entendió lo que sucedía. El granjero texano se había comprado un caballo bonito y veloz porque le había encantado, pero ahora creía que el animal era demasiado rápido para manejarlo. ¡Tráelo!

—¿Quieres probarlo? —le preguntó el texano.

Eustace montó a Hobo para probarlo y le dijo:

—Vamos, chico.

En una vertiginosa milésima de segundo, el caballo pasó de estar pastando tan feliz a galopar a toda velocidad. El sombrero de Eustace salió volando y apenas podía sujetarse con los talones.

—No creo que tu hermano pueda manejar ese caballo —le dijo el señor Garland a Judson, que observaba desde la cerca.

—Oh, lo hará —le contestó Judson.

¡Qué día! Eustace temía que fuera grosero y obsceno contarle a ese texano lo bien que se había sentido con el caballo entre las piernas, que galopar por el campo con Hobo «como un competidor nato, como un cohete» había sido tan hermoso y emocionante que no había podido evitar pensar que nada en el mundo le había producido esa sensación entre las piernas, a excepción quizá del cuerpo de Carla…

Compró a Hobo de inmediato y se marchó con él. Eustace y ese caballo espectacular se entendieron a la perfección desde el primer día. Como él mismo diría: «Lo único que tenía que hacer era pensar y, en cuanto articulaba lo que había pensado, Hobo respondía». Era un animal que por fin se ajustaba a lo que quería: un compañero de verdad, un animal que quería avanzar. Hobo fue una incorporación fantástica. Los Long Riders necesitaban un caballo entusiasta como él para mantener el ímpetu. A veces era complicado no desmotivarse. Todos ellos, caballos y jinetes, sufrían lesiones, tensión y cansancio. Judson siempre disparaba para celebrar que estaban cruzando de un estado a otro, por ejemplo, pero al hacerlo en la frontera entre Arizona y Nuevo México sufrieron un accidente desagradable. El caballo de Eustace se asustó, echó a correr y tiró al jinete. Ese día no montaba a Hobo ni a Hasty, sino que estaba probando un caballo que habían comprado hacía poco, Blackie, una mezcla de mustang fuerte y asustadizo, al que al parecer no le gustaban las armas. Cuando Judson disparó, el caballo se volvió loco y Eustace aterrizó de cabeza sobre una roca y se abrió el cuero cabelludo. Se hizo tanto daño que apenas veía y cada vez que avanzaba un paso le daba un espasmo, pero dejó que la sangre se coagulara para que cubriera la herida y siguió cabalgando, porque «¿qué iba a hacer?, ¿no seguir adelante?».

No cabalgaban por placer. No estaban paseando por Estados Unidos. Se trataba de hacer kilómetros, lo que significaba que estaban cansados todo el tiempo. Tenían hambre y les dolía todo el cuerpo. Discutían entre ellos. Por desgracia, sucedía lo contrario de lo que Eustace había deseado para ese viaje. Había esperado fortalecer su relación con Judson, pero este se alejaba cada vez más de su inicial adoración por su hermano mayor y de considerarlo un héroe. Judson quería divertirse y le molestaba la inquebrantable fijación de Eustace con la velocidad, que nunca les permitía detenerse y contemplar el paisaje.

—¿Qué puedo decir de Eustace? —me comentó Judson tiempo después—. Tiene que ser el puto Ernest Shackleton todo el tiempo, batir todos los récords mundiales, ser el más rápido en esto y el mejor en lo otro. No podía relajarse y pasar un buen rato. Susan y yo no hicimos el viaje para eso.

El trayecto a través del país estaba convirtiéndose en un gran lienzo en el que se ponían de manifiesto las diferencias entre los hermanos Conway. Por un lado estaba Eustace, impulsado por sus antiguos temas mitológicos de héroes y destinos. Y a su lado estaba Judson, que quería pasárselo bien y con una sensibilidad totalmente actual respecto de los papeles que desempeñan las personas en este mundo. Esa sensibilidad superconsciente (que, por cierto, comparte con casi todos los estadounidenses de hoy en día excepto su hermano) le permitía exclamar en broma: «¡Ahora soy un auténtico vaquero!», mientras disparaba el revólver. Judson cruzaba Estados Unidos a caballo porque era algo que se hacía y porque le divertía disfrazarse de icono. Eustace cruzaba Estados Unidos a caballo porque quería que el icono viviera. Para Judson era un bonito juego; para Eustace, una empresa muy seria.

—Susan y yo habríamos preferido ir a la mitad del ritmo y tener más tiempo para pasar el rato y oler las flores —me dijo Judson.

—El hecho de que recorra ochenta kilómetros al día no significa que no pueda oler las flores —me argumentó Eustace—. ¡Huelo las putas flores mientras paso a toda velocidad! Y huelo ochenta kilómetros más de flores que los demás. Para empezar, teníamos que avanzar deprisa para cumplir los plazos. Judson y Susan tenían que volver al trabajo, así que no podíamos tardar una eternidad en llegar a California. Además, yo quería saber de lo que éramos capaces. Tanto los caballos como los jinetes. Quería presionar, calcular, desafiar y doblegar el ámbito de lo posible. Quería colocar nuestras limitaciones en un microscopio y observarlas, entenderlas y rechazarlas. Mira, en ese viaje para mí no era importante estar cómodo, ni siquiera divertirme. Cuando tengo una meta, cuando estoy en medio de un desafío como ese, no necesito lo mismo que los demás. No necesito dormir, ni comer, ni estar abrigado, ni seco. Puedo vivir de la nada si dejo de comer y dormir.

—Eso es morir, Eustace —le dije.

—No. —Sonrió—. Eso es vivir.

No es fácil entender cómo encaja esta urgencia con sus filosofías zen sobre vivir en perfecta armonía con los suaves ritmos de la naturaleza y sobre «ser como el agua». Sin duda ese viaje no consistía en ser como el agua, sino en ser una sierra circular que atravesaba todo el país. Y el efecto no era relajante. Sus acompañantes apenas soportaban su incansable determinación. Judson empezó a beber whisky todas las noches para suavizar el impacto de la intensidad de su hermano.

—Sé que a Eustace no le gustaba nada verme borracho e inconsciente —me dijo—, pero era la única manera de no volverme loco.

Eustace era implacable, y su liderazgo era a menudo opresivo, pero hasta hoy se reafirma en sus decisiones.

—La gente no entiende, y Judson y Susan tampoco, que no recorrimos toda esa distancia sin que tanto nuestros animales como nosotros mismos muriéramos o acabáramos gravemente heridos por casualidad. Conozco a otras personas que han intentado cruzar Estados Unidos a caballo y han acabado mal: los caballos se han hecho daño, les han robado el equipo, las han asaltado, les han pegado o las ha atropellado un coche. A nosotros no nos pasó porque yo estaba atento como un gilipollas. Tomaba mil decisiones al día para reducir las probabilidades de tener problemas. Si decidía cruzar la carretera, era por algo. Si podía mover un poco a mi caballo para que caminara por hierba en lugar de por grava aunque solo fueran cuatro pasos, lo hacía, porque así le ahorraba cuatro pasos de impacto en las patas.

»Al final del día, cuando buscábamos un lugar para acampar, mi cerebro entraba en acción como un ordenador y evaluaba todas las posibilidades teniendo en cuenta treinta contingencias que nadie más habría considerado. ¿Qué zona residencial está cerca de este prado? ¿Hay alguna ruta de salida por si tenemos que marcharnos a toda prisa? ¿Hay cables sueltos en el suelo en los que los caballos podrían enredarse? ¿Hay hierba fresca al otro lado de la carretera que puede hacer que los caballos crucen en plena noche y los atropellen? ¿Nos ven desde la carretera y la gente se parará a preguntarnos qué estamos haciendo y nos restará energía cuando tendríamos que estar cuidando a los caballos? Judson y Susan nunca vieron este proceso. Me decían: «¿Qué tal aquí, Eustace? Parece un buen sitio para acampar». Y yo les contestaba: «No, no, no», y no me molestaba en explicarles por qué.

En Arizona, Judson y Susan, ya molestos por tener que seguir las órdenes de Eustace, se amotinaron. Al llegar a un cruce, quisieron desviarse de su camino y tomar una ruta más salvaje atajando por un cañón escarpado que prometía aventuras todoterreno. Eustace se negó. Quería seguir por la carretera, un trayecto más aburrido y menos pintoresco que supondría más kilómetros para los caballos, pero con mucho menos desgaste. Los Long Riders lo discutieron.

—No es seguro —les dijo Eustace—. No sabéis con qué vais a encontraros. Podríais toparos con la pared de un cañón o con un río que no se puede cruzar, y tendríais que retroceder quince kilómetros y perder todo el día. Podríais mataros. No tenéis un mapa ni información fiable. Vais a encontrar desprendimientos, senderos en malas condiciones y arroyos peligrosos que van a hacer polvo a los caballos. Los animales ya están al límite; es cruel exigirles tanto. Es demasiado arriesgado.

—Estamos cansados de cabalgar por carretera —se quejó Judson—. Hicimos este viaje porque queríamos ver el país, y es una oportunidad para volver a sumergirnos en la naturaleza. Queremos ser más espontáneos y vivir más al límite.

Votaron y, por supuesto, ganaron Judson y Susan. Eustace no cedió.

—Me niego —les dijo—. Tomad el sendero del cañón si queréis, pero yo no voy.

Fue un momento devastador para Judson. Antes de emprender el viaje habían pactado que tomarían las decisiones democráticamente. Si surgían desacuerdos sobre lo que hacer, se impondría la opinión de la mayoría. Nunca se separarían por un desacuerdo, y eso era lo que estaba sucediendo en ese momento. En ese heroico viaje de cuatro mil kilómetros, habría una triste brecha de cincuenta en el centro del país en la que los socios inseparables se habrían separado porque no habían podido llegar a un acuerdo.

—Creía que éramos un equipo —le dijo Judson a su hermano.

—Estoy encantado de estar en un equipo siempre y cuando hagamos lo que sé que es correcto —le contestó Eustace.

Judson y Susan se dirigieron hacia el cañón.

—Fue el mejor día de todo el viaje —me contó Judson—. Paisajes salvajes y naturaleza. Atravesamos ríos con agua que llegaba a la barriga de los caballos y cabalgamos entre agujas rocosas. Nos encantó en todo momento y no dejamos de reírnos y de cantar. Así había imaginado el viaje. Nos sentíamos como forajidos de los viejos tiempos. Y Eustace se lo perdió.

225

—Sus caballos llegaron cojeando —me comentó Eustace—. No deberían haber ido. Podrían haberse matado o haber destrozado a los animales. Yo tenía razón.

En adelante Judson decidió cerrar la boca y seguir las órdenes de Eustace, porque estaría más tranquilo sometiéndose que discutiendo con él, pero mientras cabalgaba junto a su hermano mayor, tuvo la terrible sensación de que nunca volverían a ser los mismos.

Llegaron al Pacífico en Semana Santa, como habían planeado, sin deserciones ni muertes. Atravesaron San Diego hasta oler el océano. Cuando recorrieron la última carretera y llegaron a la playa, Eustace se metió en la orilla con el caballo, como si quisiera llegar a China montado en Hobo. Se le saltaron las lágrimas y quería seguir.

No fue el caso de Judson y Susan. Para ellos, el brutal viaje había terminado, y estaban encantados. Judson se dirigió directamente a la población, se metió en un bar (¡con el caballo!) y pasó horas haciendo girar su revólver de tambor y contando historias mientras los clientes se agolpaban a su alrededor y el camarero lo invitaba a una ronda tras otra. En cuanto a Susan, ató el caballo fuera del bar y se mezcló con los clientes sin llamar la atención.

Pasaron la semana siguiente en San Diego, donde sus madres se reunieron con ellos. La señora Conway y la señora Klimkowski querían llevar a sus hijos por toda la ciudad, mostrarles el SeaWorld, ir al zoo y comer en restaurantes elegantes. Judson y Susan estaban más que felices de que los mimaran, pero Eustace se mantuvo alejado de todos, silencioso y malhumorado.

—No entiendo cómo pudieron olvidarlo así —me dijo Eustace tiempo después—. Me daban ganas de decirles:

«Chicos, habéis vivido una experiencia increíble a caballo, ¿y ya la habéis olvidado? ¿Un día vivís la vida con tanta intensidad y al día siguiente os metéis en un coche para ir a una puta heladería? ¿Como si nunca hubiera sucedido?». No parecía importarles en absoluto.

Pasó la semana solo dándole vueltas y recorriendo la playa a caballo durante todo el día. Sus compañeros le preguntaban:

—¿No estás ya harto de montar a caballo?

No. Nunca. Eustace cabalgaba por la playa durante horas pensando en su viaje, enfrentándose a la innegable limitación del océano Pacífico y lidiando con la realidad geográfica de su evidente destino personal: no había otro lugar al que ir. El país terminaba allí. Se acabó. Ojalá surgiera otro continente del mar para que también pudiera conquistarlo…

Llevaron los caballos de vuelta a Carolina del Norte en el remolque, lo que les proporcionó un buen descanso. Puede que Eustace no necesitara relajarse después del viaje, pero estaba decidido a dejar que su querido Hobo descansara una temporada.

Así que Hobo descansó en un remolque y viajó hasta Carolina del Norte como una celebridad. De vuelta en Turtle Island, Eustace dejó al caballo varios meses en los prados para que se relajara antes de volver a cabalgar juntos. Montarlo en Turtle Island no sería lo mismo que hacerlo en la carretera, por supuesto. Ahora Eustace necesitaba a Hobo más para la faena agrícola que para galopar a toda velocidad, para inspeccionar fincas y para que lo ayudara a arrastrar troncos y trineos llenos de herramientas. Trabajaron mucho y bien juntos. Hobo era aún más afable que rápido.

Y un día, muchos meses después del viaje de los Long Riders, Eustace decidió que Hobo y él se habían ganado un alegre paseo a la antigua usanza, de modo que se alejaron del estrés y del alboroto de Turtle Island y se dirigieron a las montañas. Subieron y subieron hasta un prado en el que Eustace recuerda que soltó las riendas, abrió los brazos y dejó que Hobo corriera por puro placer.

Volvieron a casa tranquilos y felices, pero cuando ya casi se veía el granero, Hobo tropezó con una piedra. El tropezón fue tan insignificante que ni siquiera podría llamarse accidente. El bonito caballo, que había cruzado el continente sin sufrir lesiones ni quejarse, que podía subir por las escarpadas laderas rocosas de los Apalaches sin dudarlo un instante y que respondía con inteligencia y entusiasmo a las más leves indicaciones de Eustace, tropezó con una simple piedra. Hobo dio un mal paso y se rompió una pata, se partió el fémur casi por la mitad.

—No —dijo Eustace saltando del caballo—. No, por favor, no…

Hobo no podía apoyar la pata. Estaba confundido y no dejaba de girarse para mirarse la extremidad herida. Y miraba a Eustace esperando una respuesta a lo que había salido mal. Eustace dejó a Hobo allí y corrió a su oficina, desde donde llamó, desesperado, a Hoy Moretz y al menonita Johnny Ruhl. Llamó a todos los veterinarios que conocía y a todos los herradores, pero cuando les describía lo que había sucedido, solo podían confirmarle lo que él ya sabía: que no se podía hacer nada. Eustace tendría que pegarle un tiro a su amigo. Después de todo lo que habían pasado juntos, que sucediera algo así una bonita tarde en casa, cuando casi habían llegado al establo…

Eustace cogió la escopeta y volvió al lugar donde había dejado al caballo. Hobo seguía como antes, mirándose la pata y después a Eustace intentando entenderlo.

—Lo siento mucho, Hobo —le dijo Eustace—. Te quiero mucho. —Y le pegó un tiro en la cabeza.

El caballo cayó al suelo y Eustace se desplomó con él, llorando. Mientras el caballo moría, se aferró a su cuello y le habló de los buenos momentos que habían pasado juntos y de lo valiente que era. Le dio las gracias. ¿Cómo había podido ocurrir? Estaban a solo unos pasos del establo…

Unas horas después, y eso fue lo más difícil, Eustace volvió para cortarle la crin y la cola a Hobo. Significarían mucho para él en los años siguientes. Si algún día llegaba a tener un caballo que lo mereciera, quizá tejería hebras de la melena y la cola de Hobo para hacer una brida para el nuevo animal. Sería un excelente tributo. Pero hacer el primer corte, perturbar el cuerpo de su amigo con un cuchillo, le resultó casi imposible y lloró como si el peso de su dolor fuera a derribar todos los árboles del bosque.

Dejó a Hobo donde había caído. Quería que se lo comieran los buitres. Sabía que los nativos norteamericanos creían que los buitres eran el transporte sagrado, el medio para trasladar un espíritu de la tierra al cielo, así que lo dejó donde las aves pudieran encontrarlo, lo que significa que, todavía hoy, cada vez que Eustace está trabajando al aire libre y ve buitres sobrevolando la zona, mira al cielo y saluda, porque sabe que allí vive Hobo ahora.

Cuando llegó la primavera, Eustace volvió al lugar donde había caído Hobo para examinar los huesos de su amigo. Quería recoger las plumas de buitre que encontrara alrededor de su cuerpo y guardarlas en un lugar sagrado. Pero su intención no era solo espiritual; también quería ver el fémur roto, ahora que ya no tendría carne. Tenía la sospecha de que la fractura había sido inevitable. A menudo se había preguntado si Hobo había sido un caballo de carreras y había sufrido una lesión que había puesto fin a su carrera, y por eso al granjero de Texas había dejado de interesarle y lo había vendido por un precio razonable. Quizá había arrastrado esa lesión durante años, el hueso estaba débil y solo era cuestión de tiempo que volviera a fracturarse.

Y sí, cuando Eustace observó los huesos, descubrió que su sospecha era correcta: el hueso ya estaba roto y la lesión estaba ya ahí. Ese momento, cuando Eustace se arrodilló en el suelo y examinó el hueso con ojo clínico, es de gran importancia, porque muestra que, incluso en el dolor, Eustace Conway siempre busca respuestas y explicaciones lógicas. Al fin y al cabo, la vida sigue y debemos aprender la lección, aunque duela. No podemos quedarnos inmóviles y dejar de recopilar información.

Y ese rechazo a quedarse inmóvil hizo que, solo dos años después de la odisea de los Long Riders, Eustace decidiera emprender otro viaje a caballo tremendamente ambicioso. Porque siempre debemos seguir adelante, analizándonos, desafiándonos y colocando nuestras limitaciones en un microscopio para examinarlas y rechazarlas.

El viaje no sería el mismo, por supuesto. No había razones para repetir la experiencia. Esta vez la aventura sería algo diferente. Tras haber cruzado el continente en una silla de montar, Eustace decidió enganchar los caballos a un carromato ligero y recorrer a la velocidad del rayo las Grandes Llanuras de Norteamérica en un círculo de cuatro mil kilómetros que pasaría por Nebraska, Dakota del Sur y Dakota del Norte, subiría a Canadá, donde atravesaría Manitoba, Saskatchewan y Alberta, y volvería a bajar hasta Montana y Wyoming. Calculó que podría hacerlo en menos de sesenta días. Y en esta ocasión lo acompañaría su nueva novia. Se había permitido volver a enamorarse tras haber sobrevivido al tornado de Carla. Había necesitado unos años, pero estaba listo. Estaba entusiasmado con su nuevo amor y me llamó poco después de conocer a la chica para contármelo todo.

—¿Cómo es? —le pregunté.

—Guapa, inteligente, amable y joven. Medio mexicana. La piel más hermosa que hayas visto jamás.

—¿Cómo se llama?

—Patience.

—¡Más le vale tener paciencia!

Patience Harrison era una maestra de escuela de veintitrés años. Era joven, aunque sin duda lo bastante fuerte para un viaje como el que Eustace estaba a punto de emprender. Era una deportista excelente, había sido capitana del equipo de hockey sobre hierba de Duke y era audaz; había viajado por África en circunstancias mucho más difíciles que las que encontraría en Canadá. Eustace estaba loco por ella.

Eustace amaba a Patience por su inteligencia, su personalidad de ganadora y su valentía. La primera vez que la chica fue a Turtle Island, la llevó a dar un paseo en carromato, le preguntó si quería llevar las riendas, y ella aceptó sin dudarlo un segundo. Eustace pensó: «Guau, esta es mi chica». También le conquistó un vídeo en el que aparece Patience jugando al hockey en la universidad. Una jugadora del equipo rival le da un golpe fuerte con el palo y cae al suelo gimiendo de dolor. Le ha roto la muñeca. Se levanta e intenta correr detrás de su adversaria, aunque avanza con el brazo colgando. Le duele tanto que vuelve a caerse al suelo. Intenta levantarse de nuevo, se arrastra por el campo apretando los dientes y se niega a darse por vencida. Olvidaos de la pornografía; era el vídeo más sexy que Eustace había visto jamás.

Y, todo sea dicho, amaba a Patience por su aspecto. Era preciosa. Bueno, Eustace Conway nunca tendrá una novia que no sea preciosa, pero Patience era, como me dijo Eustace, «mi ideal. ¿Te imaginas estar alguna vez con tu ideal? Como es de origen mexicano, tiene la piel oscura, los ojos oscuros y los dientes blancos, que para mí son los rasgos más hermosos del mundo. La deseo mucho. No puedo estar con ella sin desearla. Me gusta todo de ella: sus manos, su cuerpo, sus labios, sus orejas, su pelo brillante… Adoro cada una de las células de esta chica».

Le declaró su amor con su característico fervor.

«Veo tu belleza con arcoíris en los ojos —le escribió en una de sus primeras cartas—. Te amo con sol en el corazón. Vuelo hacia la libertad contigo guiado por mariposas. Sueño con nuestro futuro con las fértiles lluvias de la esperanza. Te deseo con tanta pasión que te incomodaría».

Esta última afirmación era indiscutible. A Patience Harrison le atraía mucho Eustace y le fascinaba su vida romántica, pero desde el principio se mostró fría ante su pasión. Eustace tardó una eternidad en convencerla de que tuvieran intimidad física en privado, y tampoco se mostraba físicamente cercana a él en público, ni siquiera lo cogía de la mano si no estaban solos. Le incomodaba su pasión y le costaba no desviar la mirada, avergonzada, cada vez que él intentaba mirarla profundamente a los ojos. Le disgustaba muchísimo que la llamara «nena», le molestaba que estuviera obsesionado con su belleza y se quejaba:

—¿Podrías decirme alguna vez que soy inteligente, talentosa o interesante en lugar de repetirme que soy preciosa?

Y Eustace bromeaba:

—Tienes el pelo negro más inteligente que he visto en mi vida. Tu sonrisa y tus ojos tienen un talento arrebatador. Tienes el cuerpo más interesante del mundo.

No parecía la pareja perfecta. Patience era una joven moderna e independiente que siempre había mantenido sus novios a distancia. (Ella misma comentaba riéndose que un exnovio la llamaba Prudence). A Eustace, que, como siempre, quería una unión sin fisuras de grandes proporciones, le dolía su frialdad. Además, Patience no estaba muy convencida de renunciar a su vida para irse a vivir a Turtle Island para siempre como la nueva primera dama. Pero su mayor reserva, como admitiría más tarde, era que al principio Eustace le había comentado que quería tener trece hijos con ella, y eso la aterrorizaba.

Sí, trece.

Tenía que preguntarle a Eustace si era cierto.

Mi pregunta exacta fue:

—Dime que no se lo dijiste, por favor.

—¡Hace cien años ninguna mujer se habría asustado por eso! —me contestó.

Una respuesta muy decepcionante. Dejando de lado la evidencia de que no estamos hablando de hace cien años, su afirmación es tan errónea que no sé por dónde empezar a analizarla. Eustace Conway, que ha estudiado historia y antropología, debería saberlo. Hace cien años, la tasa de natalidad de las mujeres estadounidenses ya había caído a una media de 3,5 hijos. Ya utilizaban métodos anticonceptivos y habían empezado a debatir públicamente en qué medida tener muchos hijos afectaría a su posición económica y social. En otras palabras, debemos retroceder en el tiempo mucho más de un siglo para encontrar a las paridoras entusiastas con las que soñaba Eustace.

Y podemos hacer otras consideraciones. Pensemos en la mujer de Daniel Boone, por ejemplo, la inquebrantable señora Rebecca Boone. Nada más casarse, a los diecisiete años, tuvo que ocuparse de los dos hijos huérfanos del hermano de su marido. Después tuvo diez hijos (que sobrevivieron) en el salvaje Oeste, adoptó a los seis de su hermano viudo y ayudó a cuidar a muchos de los treinta y tres bebés que tuvieron sus cuatro hijas.

Rebecca Boone vivió la mayor parte de su vida adulta en un fuerte. Sus hijos y ella pasaban hambre en invierno. Los indios herían y mataban a sus hijos, y secuestraban a sus hijas. Durante dos maravillosos años, mientras Daniel fundaba un nuevo asentamiento en Kentucky, Rebecca pudo trasladar a su familia a su hogar seguro y cómodo de Carolina del Norte. Cuando su marido volvió a buscarla, se rebeló y se negó a regresar al bosque con él. Él insistió y ella se resistió. La historia sugiere que el matrimonio estuvo a punto de separarse, pero Rebecca era una esposa leal y, aunque estaba agotada, al final siguió a su marido. Un misionero que pasó por un asentamiento de Boone en la década de 1780 recordaba haber conocido a Rebecca Boone y haberse sentado con esa «alma tranquila» frente a su pequeña cabaña. Ella le contó llorando sus problemas, sus dificultades, «su profunda angustia y su miedo».

De modo que sí, hasta cierto punto Eustace tenía razón. Muchas pioneras tuvieron muchos hijos. Pero ¿era lo que querían? ¿Les encantaba tener tantos hijos? ¿Era su decisión? Me cuesta imaginar a Rebecca Boone dando saltos de alegría el día que descubrió, en lo más profundo del bosque y a sus cuarenta y pico años, que estaba embarazada por décima vez. Y también me cuesta imaginar a la joven Patience Harrison, recién graduada en Duke con honores y viajera ambiciosa, ilusionada cuando Eustace Conway le dijo que quería tener trece hijos con ella.

Y no le consoló que Eustace le asegurara que solo era un sueño, que no esperaba que se cumplieran todos sus sueños, que incluso se plantearía no tener hijos si era lo que ella quería, o podrían adoptar o discutir otras opciones. Además, quiso saber si Patience había conocido algún pueblo que de verdad estimara y valorara a los hijos, como los amish y los mayas de Guatemala. Quizá sus opiniones cambiarían si viera de primera mano, como había visto él, con qué facilidad y placer esas culturas incorporan familias numerosas en la sociedad. Aun así, el número resonaba en la cabeza de Patience como las vibraciones de una gran campana de catedral.

¡Trece! ¡Trece! ¡Trece!

En cualquier caso, no era el único problema entre ellos. Aunque Patience se mostraba precavida, indecisa y distante con Eustace, él la amaba. Atribuía su indecisión a su juventud y esperaba que con el tiempo fueran acercándose hasta mantener una relación apasionada. Quizá el viaje en carromato arreglaría las cosas. Quizá esa aventura mejoraría su relación.

Eustace quería llevarse a sí mismo y a sus caballos al límite de su resistencia, todavía más que en el viaje de los Long Riders. Sabía que sus caballos podían avanzar mucho más rápido tirando de un carromato que llevando a un jinete, y quería ver a qué velocidad podían viajar. El carromato era ligero y rápido, no un aparejo agrícola pesado, y los caballos llevarían arneses suaves de nailon, más eficientes que los de cuero.

Se empeñó en que los caballos no cargaran peso extra. Tuvo que dar el visto bueno a cada una de las prendas que Patience quiso llevarse para asegurarse de que un par de frívolos calcetines no añadieran ni un gramo de tensión a los animales. En cierta ocasión, Patience compró un bote de pepinillos encurtidos en una tienda de Dakota del Norte, y Eustace le pegó una buena bronca.

—¡El vidrio, el líquido y los pepinillos son mucho peso extra del que mis caballos tendrán que tirar todo el día! —le gritó, y no lo dejó correr hasta que se comieron los ofensivos pepinillos y tiraron el bote.

Con los caballos, sobre todo en los trayectos complicados, se mostraba preocupado y atento. A kilómetros de distancia de un veterinario y con los animales al límite de su resistencia, estaba en todo momento al tanto de «cada paso que daban mis caballos, todo lo que comían, todo lo que bebían, cada costra, cada cojera, cada moco, el color de la orina cada vez que meaban, con qué frecuencia cagaban, cada pequeño movimiento de las orejas, todo».

Eustace era aún más fanático de la velocidad en este viaje que en el de los Long Riders. Estaba tan obsesionado con no perder ni un momento que, cuando veía que se acercaba una verja, le pasaba las riendas a Patience, saltaba del carromato y corría a abrirla. Después la cerraba de golpe y volvía a correr para alcanzar el carro. Ni siquiera paraba para hacer sus necesidades. Saltaba, meaba en el bosque mientras los caballos seguían trotando y después volvía corriendo al carromato.

Eustace y Patience conseguían cambiar las herraduras de los caballos (pararon más de cincuenta veces durante todo el viaje para hacerlo) más deprisa que un equipo de boxes de la Indy 500. Patience le pasaba a Eustace las herramientas, y este cambiaba la herradura a toda velocidad y a la perfección. Como Eustace comentó tiempo después, atravesaban las llanuras «más rápido que la sombra de una nube sobre la hierba». No se detenían prácticamente para nada. Eustace llevaba folletos con información sobre el viaje (en realidad, comunicados de prensa) que entregaba cada vez que les hacían preguntas y quería seguir su camino. No se tomaban ni un momento libre. Cuando unos ganaderos de Canadá los invitaron a quedarse unos días para disfrutar de los rodeos y del marcaje anual de los animales, Patience quiso quedarse, pero Eustace dijo:

—Habrá muchos marcajes y rodeos, pero nosotros solo tenemos una oportunidad para batir el récord mundial de velocidad recorriendo cuatro mil kilómetros en cincuenta y seis días.

Sin duda el viaje fue un éxito en cuanto a manejo de los caballos, organización y seguridad, pero mató una relación ya vulnerable. Eustace y Patience dormían cuatro horas por noche y recorrían la pradera helados, destrozados y nerviosos. El tiempo era brutal. Cuando no era un viento de más de cien kilómetros por hora, era una lluvia helada. El frío les entumecía tanto las manos que al final de la jornada no podían desabrochar los arneses ni las hebillas. Comían fatal o no comían.

También vivieron momentos inolvidables, por supuesto. El paisaje era extraordinario. Durante unos días se lo pasaron de maravilla cabalgando por una tierra de nadie, una franja sin dueño en la frontera entre Estados Unidos y Canadá donde se sentían como viajando por un territorio no cartografiado. Cuando la lluvia y el aguanieve amainaban, se leían el uno al otro novelas de Cormac McCarthy, que les encantaban. Conocieron a muchas personas generosas, y a Eustace le gustaba retirarse un poco y dejar que Patience fuera amable y encantadora con ellas. Le gustaba verla conquistar a desconocidos, que se enamoraban de ella y les ofrecían alojamiento, comida y ayuda para los caballos. Su trabajo en equipo con los animales era sorprendente, pero lo más impresionante fue que Patience, como buena deportista, ni una sola vez se quejó del desgaste físico y de las largas horas del viaje.

—Eso fue lo más fácil —me dijo Patience.

Lo difícil fue que pasaban días enteros sin hablar, excepto de los caballos. Y no dormían juntos. No conversaban y no tenían contacto físico.

—Nunca lloré porque estuviera cansada o me doliera algo —me contó Patience—, pero hacia el final lloré mucho por la relación con Eustace. Era una mierda.

En otras palabras, el viaje en sí era heroico, pero por desgracia la situación recordaba la aguda observación de Ursula K. LeGuin de que «la otra cara del heroísmo suele ser bastante triste; las mujeres y los sirvientes lo saben».

Patience no soportaba que Eustace la dominara.

—Yo era una marimacho —me dijo—. Mi fuerza intimidaba a los hombres. Antes de conocerlo era una mujer moderna muy segura de mí misma, pero él fue imponiéndose poco a poco hasta que me quedé sin fuerza. Es lo que pasa con Eustace, el torbellino de sus objetivos y su vida te succiona, y estás perdida. Desaparecí para él. Muchas veces, algún periodista local pedía acompañarnos, y entonces este viajaba con Eustace en el carromato y yo los seguía en su coche. Los encandilaba y se pasaba todo el rato hablando con ellos, pero al día siguiente, cuando me pasaba veinte horas a su lado, no me decía una palabra. Lo único que hizo en ese viaje fue darme órdenes y decirme lo que tenía que hacer.

—Por supuesto que le decía lo que tenía que hacer —me confirmó Eustace—. Por supuesto que mandaba yo, porque yo sabía lo que había que hacer. Tenía el bagaje y la experiencia para entender a los animales y las realidades de la supervivencia, y para salvar su vida, la mía y la de los caballos en dos mil ocasiones diferentes, y ella ni siquiera se dio cuenta en mil quinientas de ellas. Nunca respetó mi experiencia. Se ponía de mal humor y se comportaba de forma inmadura cuando trabajábamos juntos. No tenía ni idea de lo que había que hacer para cruzar esa pradera sin morir en el intento. Nuestro objetivo era batir un récord mundial de velocidad. Si asumo algo así, lo hago al cien por cien, y ella debe respetar mis conocimientos y dejar de reaccionar como una cría porque le doy órdenes.

Cuando le pregunté si no les habría ido bien detener el carromato un día para sentarse en un prado y hablar de sus problemas, me contestó:

—No lo había programado así. Nos habría impedido cumplir nuestro objetivo.

Patience se quejó tiempo después (como se había quejado Judson en el viaje de los Long Riders) de que Eustace actuó como su padre durante todo el trayecto. Había pasado suficiente tiempo con los padres de Eustace para que le molestaran el control y el desdén de su padre hacia su madre, y ahora sentía que ella recibía el mismo trato. La misma tiranía, el mismo nivel de perfeccionismo y la misma negativa a atender las necesidades de los demás. Tanto para Patience como para Judson, esos viajes a caballo fueron no solo imposibles, sino también trágicos para Eustace. ¿Qué puede ser más triste que un hombre que viaja hasta los confines de la tierra, pero ni aun así puede evitar convertirse en su padre?

Pero no tengo tan claro que Eustace se convirtiera en su padre en esos viajes. Creo más bien que lo honraba, que intentaba demostrar una vez más que era digno, valiente, habilidoso y lógico, como había intentado demostrar en todas sus aventuras más atrevidas y en sus logros más impresionantes. Por más que Eustace quisiera amar a Patience y a su hermano, no podía anteponer sus necesidades cuando lo que estaba en juego en esos viajes era algo tan enorme, nada menos que conseguir por fin la atención de su padre. Seguía centrado en su más antigua y triste historia de amor, que para su amargura no se había resuelto. Pese a lo mucho que había conseguido, su padre nunca le había dirigido una palabra ni un gesto de reconocimiento. ¿Qué más tenía que hacer para que reconociera que su hijo no era un miserable, patético e idiota fracasado? ¿Lo conseguiría con un récord mundial de velocidad a caballo?

¿Con dos?

Ninguna acusación es más hiriente para Eustace que la de que se comporta como su padre.

—Me metería una pistola en la boca y me volaría la cabeza si alguna vez creyera que he tratado a alguien como ese hombre me trató a mí —me dijo.

Es cierto que está más abierto a ponerse en cuestión y a la autocrítica que su padre, y que ha sufrido mucho (sobre todo en esos largos viajes a caballo) por sus problemas para relacionarse con los demás. Es consciente de ellos, ve los patrones y se esfuerza por corregirlos, pero no siempre sabe qué hacer. Se conoce lo bastante para saber que está «dañado», según sus propias palabras, pero no sabe cómo repararse. Sabe que se pasó de la raya con Patience Harrison y que, por las razones que fueran, durante el viaje no pudo comunicarse con ella, lo que podría haber salvado su relación. Quizá fue la inmadurez de ella, o el implacable perfeccionismo de él, o una combinación corrosiva de las debilidades de ambos, pero fue un desastre.

—Quizá deberíamos habernos centrado más en nuestra relación y no tanto en nuestros objetivos —me dijo—, pero a veces parecía que lo único que teníamos en común eran nuestros objetivos. No sé qué debería haber hecho. No se me dan bien estas cosas. Esperaba que pudiéramos resolverlo más adelante.

No hubo más adelante. Lo cierto es que no. Su relación cojeó durante un año después del viaje en carromato, pero Patience acabó aceptando un trabajo como entrenadora de hockey sobre hierba en Boone, y poco a poco fue alejándose de Eustace y de Turtle Island. Y las innumerables y apasionadas cartas de quince páginas que le escribió él («Lo siento si no he sabido expresar mis sentimientos y mi perspectiva de manera que me entendieras… Rezo para que algún día seas lo bastante fuerte o estés lista para experimentar el profundo amor que siento») no consiguieron reconquistarla.

A Patience se le había acabado la paciencia.

Lo que mataba a Eustace era que Patience no lo entendía. No entendía cuánto la amaba. No entendía sus limitaciones emocionales y sus cicatrices. Sus objetivos. Cuánto necesitaba su amor. Cuánto amor estaba dispuesto a darle. Y cuánto deseaba ver que confiaba en él. No entendía nada de él.

Y lo que Eustace consideraba falta de valoración, de comprensión y de fe lo quemó hasta dejarlo emocionalmente calcinado. Después de haber sufrido a un padre que le decía que estaba loco, que era un inútil y un fracasado total, ¿cómo podía estar sometido a una persona (en especial a una que se suponía que estaba enamorada de él) que no confiaba en él ni creía en su experiencia? Bueno, le resultaba demasiado familiar. Y si la mujer a la que amaba no lo entendía, ¿cómo iba a esperar que lo entendiera nadie? ¿Dónde encontraría reconocimiento y apoyo? ¿En los brazos de quién? ¿En los ojos de quién? Eustace Conway estaba cada vez más seguro de que nadie llegaría a conocerlo de verdad, de que su intenso aislamiento sería una situación permanente, de que era un refugiado en este mundo por nacimiento y por destino.

—Me siento como Ishi —me dijo.

La historia de Ishi había perseguido a Eustace desde su infancia. Ishi era un indio de California, de una cultura primitiva de la Edad de Piedra que vivió durante siglos en los cañones de los alrededores de Los Ángeles. A finales del siglo XIX, la tribu de Ishi desapareció en ataques genocidas mientras el hombre blanco avanzaba hacia los cañones en busca de oro y tierras para ranchos. A principios del siglo xx, los antropólogos consideraban que los indios de California se habían extinguido.

Hasta el 29 de agosto de 1911. Ese día, en plena era del ferrocarril y del teléfono, Ishi, un nativo sano de unos cincuenta años, se dirigió a un valle de Oroville (California). Iba desnudo y se había quemado el pelo en señal de duelo. Había estado escondido en los cañones desde niño con una hermana y una abuela, y al morir ambas, abrumado por el dolor y la soledad, había emprendido un largo viaje a pie con la intención de introducirse «en el mundo del otro lado». Y allí acabó. Era un hombre de la Edad de Piedra que entró de repente en la moderna sociedad industrial estadounidense. Los investigadores y etnógrafos tardaron semanas en descubrir quién era y en encontrar la manera de comunicarse con él. Les pareció una fuente de información antropológica de valor incalculable. Les enseñó su idioma, sus mitos y sus técnicas de caza (incluida una forma de tiro con arco que hasta entonces solo se había observado en Mongolia). Los antropólogos que estudiaban a Ishi acabaron llevándolo a su museo, donde trabajó como conserje.

—Ese hombre —me dijo Eustace, incrédulo—, con su increíble habilidad para vivir en la naturaleza, se pasaba el día barriendo.

Ishi también hacía puntas de flecha para los visitantes que iban a verlo al museo, donde lo exhibían una vez por semana. Aprendió un poco de inglés, empezó a utilizar pantalones, vio espectáculos de vodevil, viajó en trenes y murió de tuberculosis antes de que concluyera esa década.

—Te juro que a veces me siento como Ishi —me dijo Eustace—. Diferente de todos los demás, el último de mi especie y abandonado. Intento comunicarme, intento enseñar algo, pero no me entienden.

Eustace se había topado con esa falta de comprensión en sus viajes a caballo. Conoció a jóvenes ecologistas vegetarianos que se enfadaban al verlo vestido con pieles de animales y al enterarse de que cazaba para alimentarse. Llegó un momento en que ya no tenía energía para explicarles que su ropa sintética era mucho más destructiva para el medio ambiente, porque estaba hecha de material no renovable producido en fábricas contaminantes que devoraban los recursos. O que ellos no sabían de dónde procedían sus alimentos, ni cuánto sufría la tierra con la fabricación y el envasado. Y estaban también los defensores de los derechos de los animales, que objetaban su crueldad al verlo presionar tanto a sus caballos.

—Había gente que tenía caballos gordos, que no se movían y parecían patatas plantadas en la hierba —observó Eustace—, y que no había visto un caballo en forma antes de ver los míos. Mis caballos son animales delgados, musculosos, esbeltos y capaces que han trabajado y viajado toda su vida. Son deportistas de larga distancia. Para eso son los caballos. Nadie cuida mejor a los animales que yo. Pero me decían: «¡No alimentas lo suficiente a esos ponis!», y me enfadaba. Me daban ganas de decirles: «Mirad, con la cantidad de comida que les doy a mis animales vuestro viejo caballo holgazán, atrapado en vuestra mierda de prado, caería muerto». Pero mis caballos estaban flacos porque quemaban lo que comían.

El incidente más triste se produjo en Gillette (Wyoming). Eustace, Patience y sus caballos habían terminado una jornada de ochenta y dos kilómetros. Ataron el carromato a la barandilla de una taberna polvorienta que parecía un decorado de película y entraron a comerse una hamburguesa. Al salir de la ciudad, un viejo vaquero pasó por allí y le echó un vistazo al mejor caballo de Eustace, Hasty, su morgan de confianza, que descansaba con la cabeza gacha después de haber comido y bebido. El vaquero les dijo:

—Ese caballo está agotado. Me he pasado la vida entre caballos y puedo aseguraros que ese animal tiene un pie en la tumba. Será mejor que lo saquéis y lo abandonéis.

Eustace no dijo una palabra. No le dijo al vaquero que Hasty había viajado miles de kilómetros en su vida. No le dijo que había tenido un ritmo cardiaco de cuarenta y cinco latidos por minuto después de haber cabalgado más de veinte kilómetros, un pulso inferior al de la mayoría de los caballos en reposo. Ni siquiera jadeaba. No le comentó que Hasty iba a recorrer más de setecientos kilómetros en los siguientes ocho días. Ni que no vendería ese caballo ni por un millón de dólares.

—Hasty era un alazán —me dijo Eustace—, un caballo marrón con melena y cola negras. Era el caballo de aspecto más corriente que hayas visto jamás, pero era un héroe. La gente no tenía idea de qué caballo montaba. Ese vaquero dijo que Hasty estaba agotado, y yo te aseguro que era pura fuerza. Era mi campeón y le encantaba correr. Juntos vivimos aventuras que ese vaquero ni siquiera habría podido imaginar y nos entendíamos. Nos empujábamos el uno al otro a llegar lo más lejos y lo más rápido posible, y a Hasty le encantaba. Te digo que ese caballo ni siquiera ha llegado todavía a su límite. Y nunca he conocido a nadie que entienda lo que eso significa.

Hay un tipo en Kentucky que es (porque alguien tiene que serlo) la principal autoridad mundial en la historia de los viajes a caballo de larga distancia. Se llama CuChullaine O'Reilly y posee la colección de libros sobre aventuras ecuestres más grande del mundo. Él mismo ha realizado cinco viajes épicos a caballo por Asia Central, incluido uno al Himalaya, donde uno de sus caballos murió y se lo comieron los lugareños.

—Debes colocar a Eustace Conway en su contexto —dice CuChullaine O'Reilly, que puede hacerlo—. Sé de estos temas y déjame decirte que el tipo es auténtico. Porque ¿cuántas personas tienen caballos en nuestro país? Cientos de miles, ¿verdad? ¿Y cuántas se han alejado a caballo más de ochenta kilómetros del establo? Ninguna. Porque es aterrador salir al mundo con tu caballo sin seguridad. Lo sé.

»Mira, las distancias que ha recorrido Eustace no son excepcionales en sí mismas. Conozco a una pareja que ha hecho treinta mil kilómetros a caballo, y a un tipo de Maine que hace unos años cabalgó veintitrés mil, así que cruzar el país no es gran cosa. Lo extraordinario es que Eustace lo hizo en ciento tres días. Es increíble. Nadie ha recorrido a caballo una distancia tan larga a esa velocidad desde hace al menos veinticinco años, probablemente más. El hecho de que Eustace lo hiciera sin ser un auténtico jinete es sorprendente. Utilizó sus conocimientos de la naturaleza, su audacia y su inteligencia, y apenas cometió errores. ¿Y el viaje en carromato? ¿Dar un giro y dominar los carromatos tan rápido? Es impresionante. Muy pocas personas pueden compararse con él, y son jinetes de toda la vida que se dedican a eso en exclusiva. Investigan durante dos años antes de emprender un viaje largo y consiguen patrocinadores, veterinarios privados y muchísimo dinero. Y cometen muchos errores que él no cometió.

Según CuChullaine O'Reilly, un hombre debe tener tres cualidades para ser un excelente jinete de resistencia: valor, determinación y romanticismo. Eustace las tiene, en grandes cantidades. Y algo más también. Tiene una especie de don sobrenatural. Para CuChullaine O'Reilly, el hecho de que Eustace Conway cruzara el país en ciento tres días fue un logro tan emocionante como el de un granjero de Iowa que no hubiera entrenado, participara en una carrera de medio fondo y recorriera un kilómetro en menos de tres minutos. Es imposible, pero Eustace lo hizo.

En este sentido, y en términos de carácter puro y auténtico, CuChullaine O'Reilly considera que Eustace solo es comparable con otra persona, Eugene Glasscock, el salvaje de Alaska, un duro ermitaño con barba (en su tierra lo llaman Mister Mountain) al que un día de la década de 1980 le dio un arrebato y decidió cabalgar desde el círculo polar ártico hasta el ecuador. Vestido con ropa de ante hecha a mano, por supuesto. Una locura. A duras penas consiguió sobrevivir cuando cruzaba Yukón y las Montañas Rocosas, lo atacaron bandidos con machetes en México y tuvo que cruzar a nado con su caballo varios ríos embravecidos en Guatemala. Pero le gustó la jungla, y por eso Mister Mountain todavía vive en Centroamérica, en un lugar desconocido. CuChullaine O'Reilly dice que es una lástima que sea difícil ponerse en contacto con él, porque sin duda sería divertido reunir a Eugene Glasscock y a Eustace Conway durante un fin de semana «para que charlaran, se contaran anécdotas, se emborracharan y comieran zarigüeyas».

—Nadie puede entender a Eustace —afirma—, porque lo que sucede cuando un estadounidense de hoy en día se encuentra con él y su caballo es que el siglo XXI se topa con una tradición nómada de seis mil años de antigüedad que la gente corriente no puede entender. Están tan alejados de ese episodio de la humanidad que les resulta ajeno. No saben lo que es la comunicación entre especies. No entienden que Eustace utiliza su destreza con los caballos no para adquirir prestigio, ganar medallas o coleccionar hebillas de cinturones de rodeo, sino como una forma de vincularse a otro animal para atravesar juntos una sucesión de experiencias incomprensibles e invisibles hasta llegar al otro lado, que es indescriptible.

Pero el mayor experto del mundo en viajes de resistencia a caballo cree, además, que a Eustace Conway le queda mucho por hacer. Cree que ni siquiera ha empezado a mostrarnos de lo que es capaz. Está convencido de que Eustace está preparado para llevar a cabo «una auténtica aventura sobrehumana como la de Jasón y los argonautas. Quizá».

¿Por qué «quizá»?

—Porque creo que ha llegado a un punto muerto en su vida —me explica—. Se ha esforzado al máximo recurriendo a su carisma y su valor, y ahora tiene que emprender un viaje espiritual. Necesita hacer algo en privado. Se ha expuesto al público durante tantos años que no se conoce a sí mismo. Hay partes de su alma que no entiende en absoluto, y mientras no aprenda estas cosas sobre sí mismo, nunca será el nómada que está destinado a ser. Es un hombre valiente, pero aún no es un peregrino espiritual. Mientras no salga al mundo totalmente solo, acabe con las ataduras, la publicidad, el ego y las tonterías y haga algo de verdad heroico, solo echará humo por el culo. Y te digo otra cosa. No es un jodido granjero y debería dejar de intentar serlo. No es su naturaleza. Debe alejarse de todo eso. Debería dejar de intentar salvar el mundo, porque mientras no deje de vivir a la sombra de su abuelo y de fingir que le gusta cavar hoyos en la tierra y plantar verduras en esa maldita granja, nunca será Jasón de los argonautas. —Y CuChullaine O'Reilly añade—: Pero es solo mi opinión.

Capítulo 8

Solo yo entiendo el verdadero plan y los medios para llevarlo a cabo.

—Charles Fourier, utópico

El abuelo de Eustace Conway fundó el campamento Secuoya en 1924 y dirigió sus dominios con mano firme hasta los ochenta años, cuando falleció de un infarto. Murió con las botas puestas, sin aflojar el paso. Y sin haber nombrado a su sucesor. Después del funeral se supo que no había previsto que el campamento continuara sin él. Aunque el Jefe siempre tuvo mucho personal trabajando para él, no confiaba lo suficiente en nadie para entregarle la gestión, ya que nunca había encontrado a nadie al que considerara capaz de dirigir su amado Secuoya, su «campamento con un propósito», donde «los débiles se hacen fuertes y los fuertes se hacen inmensos», a la altura de sus rigurosos estándares.

Cuando los campistas y el personal llegaban al campamento Secuoya para pasar el verano, el Jefe tomaba el mando de todos los aspectos de su vida. Dictaba cómo debían vestirse, cuándo debían hacer ejercicio, cuándo debían rezar y qué debían comer. Un monitor recuerda el día en que el Jefe Johnson lo llevó a su oficina y se pasó una hora entera dándole una conferencia sobre cómo barrer una habitación. A otro monitor le pegó un sermón sobre cómo utilizar un clip. («La curva grande va en la parte de atrás del documento, y la curva pequeña, delante»). El Jefe prohibía el tabaco, las palabrotas y el alcohol en su campamento, por supuesto, pero también estaban terminantemente prohibidos la Coca-Cola, el vinagre, la pimienta y la ropa vaquera. Corría el rumor de que el Jefe incluso echaba nitrato de potasio en la compota de manzana para «frenar el deseo» y mantener a sus chicos alejados de las tentaciones de la masturbación. («Es cierto que comíamos muchísima compota de manzana», me dijo un antiguo campista cuando le mencioné el tema). El pelo no podía tocar las orejas. Los domingos, los campistas debían ponerse una camisa blanca planchada. Las enfermeras del campamento, las únicas mujeres del personal, debían ser viejas y poco atractivas para no alterar sexualmente a los chicos. Durante todo el verano se evaluaba la evolución física y social de todos los miembros del personal, y se les concedían puntos extras por rasgos como la lealtad, la disposición a asumir responsabilidades y el magnetismo personal.

El Jefe era intransigente. No repartía elogios. Nadie era lo bastante bueno para él. Nadie trabajaba más duro ni mejor que él. Había creado el campamento en un territorio virgen gracias a su fuerza y su genio. Sufrió los primeros inviernos en Secuoya en una cabaña de madera, definió las ideas filosóficas que hacían único el campamento, construyó todos los edificios y mantuvo viva (y próspera) la empresa durante los duros tiempos de la Gran Depresión y la Segunda Guerra Mundial. Así que, ¿quién iba a decirle lo que tenía que hacer? Nadie. Cincuenta años después, su nieto

Eustace también se quejaría en su diario de los mediocres empleados de su imperio, Turtle Island: «He trabajado de sol a sol para convertir este lugar en lo que es. ¿Qué han hecho ellos? ¿Qué han invertido en algo que me suponga una dificultad? ¿Cómo voy a soportarlos?».

Bueno, puedes soportarlos asumiendo el poder absoluto sobre ellos, sobre su cuerpo y sobre su alma. Es lo que hizo el Jefe. Impartía una serie de «charlas» a los campistas en diferentes momentos de su estancia y en función de su edad. Incluía charlas sobre Dios, la naturaleza, la honestidad, el valor y cómo convertirse en un hombre con un Destino, y además advertencias sobre la masturbación y salir con chicas. Les hablaba a los chicos sobre «El efecto de una vida sexual racional sobre el matrimonio y la descendencia» (charla número 5) y sobre «Enfermedades venéreas» (charla número 6). Cuando sus muchachos abandonaban el campamento Secuoya, el Jefe seguía en contacto con ellos (eran miles) y les mandaba mensajes motivadores cada Navidad, así como solemnes panfletos en momentos clave de la vida de los chicos:

Carta a los muchachos que están a punto de dejar su casa para ir a la escuela preparatoria.
Carta a los jóvenes que están a punto de empezar la universidad.
Carta a los jóvenes al cumplir la mayoría de edad.
Carta a los jóvenes que van a casarse.
Carta a los jóvenes que acaban de ser padres.

Todos los chicos eran hijos del Jefe. Y sus chicos se convertían en médicos, jueces, maestros, soldados… La columna vertebral del Sur de Estados Unidos durante décadas. Cada uno de sus logros era un logro del Jefe. En la década de 1950 una mujer le escribió una carta en la que le aseguraba que su hijo, que había asistido al campamento, había pasado dos años en la marina y no había adquirido ninguno de «los malos hábitos que a veces vemos en los marineros. Siento que la visión del mundo que aprendió en Secuoya ha sido y seguirá siendo una luz que lo guiará en su camino».

Todos los chicos eran hijos del Jefe, sí, pero también tuvo dos hijos varones propios, Harold y Bill Johnson, los hermanos de Karen, la madre de Eustace Conway.

«Los jóvenes de cada generación deben ser conscientes del papel que algunos de ellos tendrán el privilegio de desempeñar en el avance del hombre hacia un Destino superior», escribió el Jefe, y a ningún joven le impuso esta responsabilidad con más fuerza que a sus hijos. Sin embargo, quizá no debería sorprendernos saber que Harold y Bill se rebelaron contra su padre. A los quince años ya fumaban y bebían, eran huraños y tozudos, disparaban armas y hacían carreras de coches, eran desobedientes y todo les ofendía.

—Eran todo lo contrario de lo que el Jefe deseaba en un hijo. Siempre los había imaginado como chicos ideales —recordaba un antiguo campista.

El Jefe no se explicaba por qué sus hijos habían salido mal. Quizá era culpa de su madre. La Jefa, como se la conocía, confundía a su marido porque no imponía una disciplina tan estricta como a él le habría gustado. Pero ¿qué se podía esperar? La Jefa no era tan doctrinaria como su marido. Era una talentosa pianista, una graduada universitaria y una urbanita frustrada, sofisticada, sensible, imprevisible y a menudo resentida por pasarse la vida en el bosque con miles de chicos. Se decía de ella con gran delicadeza que tenía «un temperamento artístico». A diferencia de su marido, que controlaba los aspectos más animales de la naturaleza humana, a la Jefa a veces le daban ataques de frustración y de rabia y gritaba como una loca. También se sabía que a veces se escabullía para ir a tocar al piano melodías sexis y alegres sin que su marido la oyera. Seguramente también le gustaba la pimienta.

Así que quizá el Jefe creía que lo que les pasaba a sus hijos era culpa de la Jefa. Los dos chicos se marcharon de casa a la primera oportunidad que se les presentó. Harold, el primogénito, fue el que le causó más problemas a su padre. «¿No sabes suplicar?». No, Harold Johnson no sabía suplicar, desde el primer día no se sometió a su padre y no soportaba el ambiente de su casa. Como escribió Eustace, sobrino de Harold, en su diario de adolescente décadas después: «Aunque sería una tontería marcharme de casa, creo que sería más feliz en cualquier lugar del bosque. Si me voy, haré todo lo posible por no volver, aunque me muera de hambre. Cualquier cosa es mejor que esto».

Harold se escapó a Alaska a los diecisiete años. Como generaciones de chicos estadounidenses antes que él, se dirigió a la frontera para librarse de la autoridad de su padre. No podía estar en la misma casa que él. No había forma de que dialogaran. Su padre nunca lo elogiaba, no lo dejaba en paz y no le daba un centímetro de espacio para moverse y crecer, pero Harold quería ser un gran hombre, así que llegó un momento en que allí no había sitio para los dos. Tuvo que marcharse.

Había leído a Jack London y le picó el gusanillo. Cuando llegó a Seward, solo tenía cincuenta céntimos en el bolsillo. Tenía hambre y miedo, y estaba solo, pero tenía clarísimo que no iba a volver al campamento Secuoya. Encontró trabajo en un equipo de mantenimiento de carreteras. Se compró una moto y fue a la escuela para aprender a reparar motores. Y después, cuando estaba a punto de empezar la Segunda Guerra Mundial, se alistó en los marines (para horror de su padre, que era pacifista convencido desde que había presenciado la carnicería en las trincheras de Francia). Destinaron a Harold a Hawái, donde enseñó supervivencia en la selva a pilotos de las fuerzas aéreas. Después de la guerra, se negó a volver al Sur y fundó un negocio tras otro en Alaska: una heladería, un concesionario de barcos y una empresa de revelado de diapositivas en color por correo. A continuación construyó y vendió grupos electrógenos, un negocio lucrativo en un estado que todavía no tenía red eléctrica. Después montó un negocio de motores diésel y se hizo millonario. Medía un metro noventa y cinco, y era fuerte y apuesto. Todos decían que era un hombre encantador, magnético, grande, controlador y fuerte que trabajaba sin descanso, tenía un gran talento para promocionarse y no elogiaba ni aceptaba fácilmente las opiniones de los demás.

Cuando el Jefe Johnson murió, a los ochenta años, nadie podía hacerse cargo del campamento Secuoya. Ninguno de sus hijos quería dirigirlo. Harold odiaba el Sur y administraba su propio imperio en Alaska. Bill, el menor y más problemático, de entre todas las herejías posibles había elegido la de ser promotor inmobiliario. Quería vender parte del bonito bosque del campamento, que su padre había conservado durante tantas décadas, para construir viviendas y sacar madera.

Debemos anotar aquí algo importante respecto de la familia Johnson. Parece que nunca se planteó la posibilidad de que la hija del Jefe se hiciera cargo del campamento. A pesar de que Karen compartía la visión de su padre y de que conocía la vida en la naturaleza, nunca la consideraron una candidata a asumir la dirección, quizá no la veían lo bastante fuerte, pero su marido tenía muchas ganas de dirigir el campamento y se moría por tener la oportunidad. Y sabemos, por supuesto, que su marido era Eustace Robinson Conway III.

Eustace el mayor había llegado al campamento Secuoya después del MIT para trabajar con niños y vivir en la naturaleza. Fue uno de los mejores monitores del Jefe, brillante, enérgico, trabajador y físicamente hábil, amaba la naturaleza, ostentaba el récord de caminatas de resistencia del campamento y era un buen maestro y un líder paciente. En el Secuoya lo adoraban. (Una vez fui a una reunión del campamento y conocí a varios hombres mayores que, cuando mencioné a Eustace Conway, me dijeron: «¿Está aquí? ¡Dios mío, daría cualquier cosa por volver a verlo! Era el mejor educador de la naturaleza que he tenido nunca. ¡Lo adoraba!». Tardé un momento en calcular sus edades, hacer cuentas y entender que esos viejos estaban hablando del padre de mi Eustace). Con su mente calculadora y su pasión por la naturaleza, Eustace el mayor creía que tenía el cerebro y el espíritu necesarios para ocuparse del Secuoya algún día. Y, como él mismo me confesó, se casó con Karen Johnson «en parte por ella y en parte para quedarme con el campamento de su padre».

Lo cierto es que habría sido un director fantástico. Como recordaba un antiguo campista, Eustace Conway era «tan estricto, tan trabajador y tan competente como el propio Jefe. Todos dábamos por sentado que algún día se haría cargo del campamento. Nunca conocimos a nadie con más capacidad para mantenerlo en funcionamiento a la altura del Jefe». Pero cuando este murió, no dejó nada en su testamento al respecto, y Harold y Bill aseguraron que lucharían a muerte por mantener el campamento fuera del control de su cuñado. Lo odiaban. Lo odiaban por su arrogancia intelectual y por el desprecio con el que los trataba. Lo consideraban un oportunista y no lo dejaban acercarse.

Así que el campamento sufrió durante años la gestión deficiente de hombres poco preparados y ajenos a la familia.

En cuanto a Eustace el mayor, abandonó su sueño de convertirse en educador de la naturaleza y trabajó como ingeniero en una planta química. Vivía en una caja, trabajaba en una caja y se desplazaba de una caja a otra en una caja con ruedas. No volvió a pisar el Secuoya. Y cuando Eustace el menor resultó ser un niño obstinado y salvaje que prefería el bosque a la escuela, su padre lo acusaba de ser «raro, anormal, tozudo e imposible, como tus tíos Johnson».

Al final, el campamento quedó reducido a la nada. Las sólidas cabañas de madera hechas a mano se quedaron vacías. Cuando por fin lo abandonaron, en la década de 1970, Eustace el menor era un adolescente. Ya era un hábil leñador y un líder feroz que tenía a todos los niños de su barrio trabajando en turnos perfectamente calculados para atender su extensa colección de tortugas.

—Quiero el campamento Secuoya —decía Eustace el menor—. ¡Dádmelo a mí! ¡Dejadme dirigirlo! ¡Sé que puedo hacerlo!

Nadie le hacía caso, por supuesto. No era más que un niño.

Verano de 1999.

Cuando, después de sus aventuras cruzando Estados Unidos a caballo y en carromato, Eustace Conway volvió a sus cuatrocientas hectáreas de Turtle Island, descubrió que su paraíso era un desastre.

Había hecho muchas mejoras en sus tierras, de modo que Turtle Island ya no era una reserva natural agreste, sino una granja primitiva muy organizada y funcional. Estaba salpicada de edificios, todos ellos construidos por él en diversos estilos tradicionales. Tenía una oficina solar pasiva, sí, pero también había construido varios edificios, incluida una barraca cómoda para las visitas que llamó Everybody's y cuyo diseño copió del granero tradicional de un vecino.

Había construido un bonito cobertizo para las herramientas, en perfecta sintonía con los edificios de la época de Daniel Boone, con su puerta de roble, sus bisagras hechas a mano y sus grietas rellenas de estiércol y de arcilla. Lo construyó siguiendo el modelo de edificios que había visto en asentamientos históricos. Y un corral para cerdos con troncos machihembrados, con muescas al estilo tradicional de los Apalaches. Y un gallinero con cimientos de piedra hundidos veintitrés centímetros en el suelo para evitar que los depredadores excavaran y robaran los huevos. Y un granero con bonitos postes (aunque «dentro de cien años alguien podría desear que no hubiera utilizado pino, qué le vamos a hacer. Era lo que tenía»). Había construido una herrería de algarrobo y roble, exactamente en el mismo lugar en el que había existido una herrería doscientos años antes, cuando lo que ahora es Turtle Island era la única vía de acceso a toda esta zona de los Apalaches. Utilizó las piedras del edificio original para construir las forjas en las que ahora hace todos los objetos de hierro. Había construido una cocina al aire libre. Y durante un verano, con un equipo de decenas de jóvenes que nunca habían trabajado en la construcción, había construido un establo de algarrobo, pino y álamo de doce metros de altura, sin serrar una sola tabla, con vigas de dieciocho metros de largo y techo voladizo, seis compartimentos para caballos y miles de tejas cortadas a mano.

Y más.

En pleno frenesí constructor, una profesora de antropología de Carolina del Norte oyó hablar de este joven talentoso que vivía en las montañas, hacía edificios sin utilizar clavos, cultivaba con animales y sobrevivía de la tierra. Intrigada, un día envió a un alumno suyo a Turtle Island para que le preguntara a Eustace si estaría dispuesto a bajar de la montaña para explicar en su clase cómo lo había hecho. Eustace consideró la oferta y envió de vuelta al alumno montaña abajo con un sencillo mensaje para la buena profesora: «Dile que lo he hecho dejándome los cuernos».

A esas alturas, Turtle Island ya era una finca grande y complicada. Aparte de organizar los programas educativos, el mero funcionamiento de la granja exigía un trabajo enorme. Había que cuidar caballos, vacas y pavos, limpiar establos, reparar cercas, arar campos, cultivar huertos y embalar heno. Mantener el lugar en funcionamiento exigía muchísimo trabajo, y Eustace, aunque muy preocupado, lo había dejado todo en manos de sus aprendices. Antes de emprender sus viajes a caballo, les dio listas y habló con ellos para asegurarse de que entendían cómo cuidar la propiedad, pero al final redujo sus órdenes a dos instrucciones básicas: «No matéis a ninguno de mis animales ni queméis ninguno de mis edificios, por favor», les suplicó.

Bueno, no habían matado a ningún animal ni habían quemado ningún edificio, pero cuando Eustace volvió, encontró Turtle Island en un absoluto desorden. Las malas hierbas habían invadido los huertos, había puentes deteriorados, las cabras no estaban en el prado que les correspondía y los caminos estaban cubiertos de maleza. Nadie se había encargado de la publicidad y la programación, lo que significaba que ese otoño ningún grupo escolar tenía previsto visitar Turtle Island, lo que a su vez significaba que ese invierno irían escasos de dinero.

Los empleados de Eustace eran personas dispuestas y trabajadoras, pero el hecho era que Eustace nunca había encontrado a nadie en quien confiar para que administrara Turtle Island en su ausencia. Cuesta imaginar que alguien pudiera o quisiera dedicar las horas que le dedicaba Eustace, por supuesto. Había tenido aprendices a los que se les daba bien tratar con las personas, otros a los que se les daba bien el ganado, otros a los que se les daba bien el trabajo manual y otros con cierto talento para los negocios, pero ninguno podía ocuparse de todo lo que hacía Eustace, que era todo. Y ninguno estaba dispuesto a trabajar todo el día construyendo un granero y después pasarse toda la noche haciendo llamadas telefónicas y redactando escrituras de tierras.

Lo que necesitaba era un clon.

Como no era posible, Eustace contrató a un director de programas, un joven naturalista con talento, para que se ocupara de dirigir el campamento y la parte educativa de Turtle Island, y de este modo él podría centrarse en lo que más le interesaba, el programa de aprendizaje. Creía que mediante ese intenso programa tendría mayor impacto. Llevaba tiempo preguntándose si tratar con un grupo tras otro de campistas al azar cambiaría en algo la sociedad estadounidense.

«Estoy sentado bajo el nogal del aparcamiento, en la hierba recién cortada —había escrito en su diario durante una de esas crisis de conciencia, poco después de la apertura de Turtle Island—. Tengo que preparar la cena para los delincuentes del grupo de "jóvenes en riesgo". No quiero enfrentarme a ellos. Son tan irrespetuosos que no he tardado en pensar que lo mejor es dejarlos sufrir y que se mueran. Me siento débil. No sé si de verdad quiero hacer de este lugar lo que soñé. Sé que podría. Podría conseguirlo, pero ¿quiero?».

Había decidido que la respuesta era mantener los programas diurnos y de campamento, pero que otra persona se ocupara de ellos para que él pudiera centrarse en los aprendices. Quería dedicar su energía y su capacidad a establecer relaciones individuales, íntimas y duraderas con sus alumnos directos. Después ellos llevarían sus conocimientos al mundo y enseñarían a otros, que enseñarían a otros, y así llegaría el cambio, quizá más despacio de lo que había soñado cuando tenía veinte años, pero llegaría.

Estaba casi seguro.

Alice era una chica hippy que amaba la naturaleza más que a nada en el mundo y que quería vivir en el bosque y ser autosuficiente, así que su hermana, que conocía a Eustace Conway, le dijo: «Alice, este es tu hombre». Se puso en contacto con Eustace y le dijo que quería vivir en la naturaleza, como él. Una tarde fue a Turtle Island, Eustace le mostró la finca, le dio unos folletos y le dijo que pensara si le gustaría trabajar como aprendiza. Ella escuchó el murmullo de los arroyos, observó los árboles meciéndose al viento, los animales de granja pastando en los campos y el cartel de bienvenida de la puerta principal («¡Sin camisa, sin zapatos, sin problemas!»), y pensó que sin duda había llegado al paraíso.

Alice no tardó en escribir a Eustace asegurándole que «¡mi instinto me dice que SÍ! Por lo poco que he visto y leído, Turtle Island tiene cualidades que me llegan al corazón. Es como un sueño hecho realidad. Además te agradezco tu acogida y sería un honor para mí ir a vivir, aprender, trabajar y jugar contigo y con la tierra. Recuerdo que de niña veía *La casa de la pradera* y soñaba con vivir así algún día. Dedicarme a la familia y vivir en armonía con la naturaleza. Oh, qué vida tan bonita».

Tras siete meses en Turtle Island, Alice le escribió a Eustace una carta muy diferente.

«Cuando llegué aquí, te pedí un día libre a la semana. Me dijiste que no lo merecía. Pero cuando Jennie llevaba dos semanas, tuvo un día libre. Le enseñaste a despellejar ciervos, cuando yo tuve que dejarme la piel solo para que me reconocieras como alumna. Me haces trabajar mucho y me haces sentir indigna. Me siento poco valorada y poco querida. Dices que, cuanto más me conoces, más te decepciono. Me has hecho trabajar de diez a doce horas diarias. Quizá no debería estar aquí».

Y Alice se marchó. Despedida.

¿Cuál fue el problema? ¿Qué pasó en los siete meses entre «qué vida tan bonita» y «quizá no debería estar aquí»?

Según Eustace, el problema fue que Alice era una hippy, una soñadora y una vaga. Había consumido muchas drogas y quizá por eso el cerebro le iba despacio, era despistada y le costaba aprender a hacer las cosas bien. Era lenta e ineficaz trabajando. No asimilaba los conocimientos, por más que le mostraran el procedimiento correcto. Y le absorbía demasiada energía, porque siempre quería sentarse en su oficina a hablar de la naturaleza, de sus sentimientos, de lo que había soñado esa noche y del poema que acababa de escribir.

Y Eustace temía que Alice matara a alguien accidentalmente o se matara ella misma. Cada dos por tres hacía disparates absurdos, como dejar velas encendidas en los alféizares de las ventanas de los edificios de madera. Varias veces deambuló, soñando despierta, por la zona donde Eustace estaba talando árboles. Lo peor fue que un día, mientras Eustace se subía al carromato para adiestrar a un caballo joven, Alice desató al animal antes de haberle entregado las riendas a Eustace. El caballo, joven y asustadizo, echó a correr como un loco, y Eustace se encontró en el carromato con las manos vacías, incapaz de controlar al animal. El caballo atravesó el bosque mientras Eustace se aferraba a él para no matarse e intentaba encontrar el lugar más blando para saltar. Acabó lanzándose de cabeza a un arbusto a cuarenta kilómetros por hora, aterrizando de bruces y sufriendo heridas importantes. El caballo estrelló el carromato contra una pared lateral de la herrería y también sufrió heridas.

—Había tardado meses en restaurar ese carromato, que era una antigüedad menonita —me comentó Eustace—, y quedó totalmente destrozado. Me costó dos mil dólares. Y no aceptaría diez mil por el daño psicológico que supuso para el caballo tener un accidente así siendo tan joven. Tardé casi un año en conseguir llevar a ese animal a un lugar donde pudiera tirar de un carro sin ponerse nervioso. Y todo por culpa de la despreocupación de Alice.

Dos semanas después volvió a cometer el mismo error. Fue entonces cuando Eustace le dijo que tenía que marcharse. Era demasiado imprudente y peligrosa para tenerla allí, perdida, como siempre parecía estar, en su fantasía de *La casa de la pradera*.

Despedir a aprendices nunca es fácil, sobre todo porque Eustace Conway asegura que todo el mundo puede aprender a vivir esa vida primitiva y presume de poder enseñar a cualquiera. Es un fracaso tener que decirle a una persona: «Debes marcharte porque eres incapaz de aprender», o «debes marcharte porque es imposible tenerte aquí». El momento en que Eustace Conway deja de repetir «¡tú puedes!» y dice «¡tú no puedes!» es terrible.

Una vez le pregunté qué porcentaje de los aprendices habían abandonado Turtle Island enfadados o en circunstancias amargas. Me contestó sin dudar:

—El ochenta y cinco por ciento. Aunque probablemente mi director de programas diría que se acerca más al noventa y cinco.

Bien, redondeemos al noventa por ciento. Cuesta analizar una tasa de abandono como esta sin culpar a Eustace de mala dirección. Al fin y al cabo, Turtle Island es su mundo, y él es el responsable de lo que sucede en él. Si no puede mantenerlo poblado, es evidente que algo no funciona. Si yo fuera accionista de una empresa en la que el noventa por ciento de los empleados dejaran el trabajo o fueran despedidos cada año, me plantearía hacerle al director general algunas preguntas serias sobre sus políticas de gestión.

Por otra parte, quizá esa cifra sea lógica. Quizá no debería ser fácil quedarse en Turtle Island. Quizá solo el diez por ciento de la población lo consiga. ¿Qué pasaría si lo comparáramos con el programa de entrenamiento de las fuerzas especiales del ejército estadounidense? ¿Cuántos chicos pierden cada año? ¿Y quién queda después de que todos los demás se hayan marchado? El más fuerte, ¿no? Las personas que van a Turtle Island no son necesariamente las más adecuadas para ese lugar.

—Una y otra vez atraigo a personas que sueñan con la naturaleza, pero que no tienen ninguna experiencia —me dijo Eustace—. Vienen y lo que dicen es: «Vaya, es como en Nature Channel».

Uno de mis aprendices favoritos era un chico inteligente y de voz suave llamado Jason. Procedía de una familia adinerada, había crecido rodeado de comodidades y había estudiado en escuelas privadas caras. Cuando le pregunté por qué quería dedicar los siguientes dos años de su vida a estudiar con Eustace Conway, me contestó:

—Porque he sido infeliz y no sabía adónde ir para ser feliz.

Triste por la inesperada muerte de su querido padre, enfadado con su madre por su «cristianismo estrecho de miras», molesto con sus «profesores inútiles», disgustado con sus compañeros, «que son unos ignorantes que se niegan a escuchar mis canciones sobre la destrucción del medio ambiente», Jason acababa de dejar la universidad. Cuando oyó hablar de Eustace, pensó que una estancia en Turtle Island le proporcionaría la claridad que buscaba. Veía a Eustace como a un héroe mítico que «sale al mundo y se enfrenta a su destino sin miedo a los obstáculos, y que consigue que las cosas funcionen, cuando la mayoría de las personas se limitan a constatar que las cosas están mal sin hacer nada».

En un gesto teatral, Jason decidió ir andando desde Charlotte hasta Turtle Island durante las vacaciones de Navidad, pero solo recorrió unos ocho kilómetros. Llovía, iba demasiado cargado y no sabía dónde iba a acampar esa noche ni cómo no acabar empapado. Desmoralizado y hambriento, llamó a su novia desde una gasolinera, y ella lo llevó en coche a Turtle Island.

El sueño de Jason era ser autosuficiente. No quería tratar con estadounidenses falsos ni con su estupidez materialista. Pensaba mudarse a Alaska y establecerse allí, en la última frontera. Quería vivir de la tierra y esperaba que Eustace le enseñara a hacerlo. Soñaba con que la vida sería mejor en Alaska, donde «un hombre todavía puede cazar para alimentar a su familia sin pasar por la burocracia de conseguir una licencia de caza».

—¿Has cazado alguna vez? —le pregunté.

—Bueno, todavía no —me contestó sonriendo tímidamente.

Jason era el prototipo de los chicos que acuden a Eustace Conway en busca de orientación. Intentaba descubrir cómo ser un hombre en una sociedad que ya no tenía un camino claro para él. Del mismo modo que Eustace Conway buscaba en su adolescencia rituales que lo condujeran a la edad adulta, Jason buscaba alguna ceremonia que lo ayudara a definir su ascensión, pero no tenía modelos a seguir. Su cultura no tenía un ritual satisfactorio para alcanzar la mayoría de edad, y su entorno no le había proporcionado ninguna de las destrezas varoniles que le resultaban tan atractivas. Como él mismo admitía, estaba perdido.

Se trata de la misma inquietante cuestión cultural que Joseph Campbell pasó años planteándose. ¿Qué les sucede a los jóvenes en una sociedad que ha perdido todos sus ritos? La adolescencia es un periodo de transición, y por lo tanto un viaje intrínsecamente peligroso. Pero se supone que la cultura y los ritos nos protegen durante las transiciones de la vida, nos mantienen a salvo durante el peligro y responden a preguntas confusas sobre la identidad y el cambio para evitar que nos separemos de la comunidad durante nuestras etapas personales más difíciles.

En sociedades más primitivas, los chicos podían pasar un año entero de ritos de iniciación para acceder a la edad adulta. Soportaban escarificaciones rituales o rigurosas pruebas de resistencia, los enviaban durante un tiempo lejos de la comunidad para que meditaran y vivieran en soledad, y después volvían con los suyos y todos consideraban que habían cambiado. Habían pasado sanos y salvos de la niñez a la edad adulta y sabían exactamente en qué momento y qué esperaban de ellos en adelante, porque su papel estaba claramente codificado. Pero ¿cómo va a saber un chico estadounidense de nuestro tiempo cuándo ha alcanzado la edad adulta? ¿Cuando se saca el carnet de conducir? ¿Cuando se fuma un porro por primera vez? ¿Cuando tiene relaciones sexuales sin protección con una chica que tampoco sabe si ya es adulta o no?

Jason no lo sabía. Lo único que sabía era que necesitaba que le confirmaran que era un adulto, y la vida universitaria no lo hacía. No sabía dónde encontrar lo que buscaba, pero pensó que Eustace podría ayudarle. Jason tenía una novia muy guapa y albergaba la romántica idea de que algún día vivirían juntos en Alaska, pero al parecer ella tenía sus propios planes. Era joven, rica, una estudiante brillante, instintivamente feminista, como la mayoría de las mujeres de su generación, y quería ver mundo. Tenía ante sí posibilidades ilimitadas. Jason esperaba que al final «sentara la cabeza» con él, aunque yo lo dudaba, y de hecho unos meses después lo dejó, lo que no ayudó a que Jason se sintiera mejor consigo mismo como un hombre en ciernes.

La incomodidad de Jason consigo mismo me parecía típica de muchos jóvenes estadounidenses que ven a sus compañeras lanzarse a un mundo nuevo y a menudo tienen problemas para seguir sus pasos. Al fin y al cabo, cuando Jason observa la sociedad estadounidense, ¿qué ve? Aparte de la crisis medioambiental y consumista que tanto ofende su sensibilidad, se enfrenta a un mundo que está experimentando una agitación cultural y de género total. En buena medida los hombres siguen mandando, pero pierden terreno a gran velocidad. Los Estados Unidos de nuestro tiempo son una sociedad en la que los hombres con estudios universitarios han visto caer sus ingresos un veinte por ciento en los últimos veinticinco años. Una sociedad en la que el índice de mujeres que terminan la escuela secundaria y la universidad es significativamente superior al de hombres, y en la que cada día se les abren nuevas oportunidades. Una sociedad en la que un tercio de las mujeres casadas ganan más dinero que sus maridos. Una sociedad en la que las mujeres controlan cada vez más su destino biológico y económico, y a menudo deciden criar a sus hijos solas, no tener hijos o dejar a los hombres identificables fuera del panorama reproductivo gracias a los milagros de los bancos de esperma. En otras palabras, una sociedad en la que los hombres ya no son necesarios en el sentido en que lo eran antes: para proteger, proveer y procrear.

Hace poco fui a ver un partido de baloncesto profesional femenino en Nueva York. De niña jugué al baloncesto, pero en aquel entonces no existía la WNBA, así que en los últimos años he visto crecer esta liga con gran interés. Me encanta ir a los partidos y ver a deportistas de gran talento competir por un sueldo digno, pero sobre todo me encanta observar a los espectadores, que suelen ser niñas preadolescentes entusiastas y deportistas. Esa noche, en un partido del New York Liberty, vi algo asombroso. Un grupo de niñas de doce años corrieron hacia la barandilla situada frente a sus asientos y desplegaron una pancarta en la que habían escrito:

WNBA = WHO NEEDS BOYS, ANYHOW?

«¿Quién necesita chicos?».

Mientras las ovaciones se elevaban en todo el estadio, yo pensaba en que el abuelo de Eustace Conway debía de estar revolviéndose en su tumba.

De modo que, dada la cultura actual, no es de extrañar que un chico como Jason quisiera mudarse a Alaska y recuperar algún ideal de masculinidad noble y antiguo, pero le quedaba una distancia inmensa (no geográfica) por recorrer antes de plantearse ser un pionero y saber con exactitud «para qué servía». Jason era entusiasta y sin duda, sincero. Tenía una sonrisa preciosa y Eustace disfrutaba de su compañía y de sus canciones sobre la destrucción del medio ambiente, pero el chico tenía un ego más blando y vulnerable que un moratón reciente, y para compensar se comportaba con cierta arrogancia que hacía difícil enseñarle. Además, como había crecido muy protegido, tenía una enorme falta de sentido común. Poco después de llegar a Turtle Island, pidió prestada una camioneta para viajar a Carolina del Sur, y sin darse cuenta hizo todo el trayecto a ciento veinte kilómetros por hora con tracción en las cuatro ruedas.

Como Eustace dijo después, sorprendido:

—No me puedo creer que mi camioneta haya recorrido esa distancia en esas condiciones.

De hecho, cuando Jason llegó a su destino, el motor estaba destrozado.

—¿No has notado nada raro en la camioneta? —le preguntó Eustace cuando Jason lo llamó para informarle de que el bloque del motor se había agrietado «de repente».

—Hacía mucho ruido —admitió Jason—. Me ha parecido un poco raro. El motor rugía y chirriaba tan fuerte que he tenido que subir la música a tope.

A Eustace le costó miles de dólares reparar su mejor camioneta.

Durante los siguientes nueve meses de aprendizaje, Jason (que, descontento con Eustace, abandonaría mucho antes de que hubiera concluido su compromiso de dos años) adquirió una destreza impresionante en agricultura primitiva y otras técnicas difíciles, pero también destrozó dos vehículos más. Y cuando Eustace le pidió que considerara la posibilidad de pagarle parte de los desperfectos, Jason se ofendió muchísimo. ¡Cómo se atrevía ese supuesto hombre natural a tener tanto apego a las posesiones materiales! ¡Menudo hipócrita!

«No me vengas con gilipolleces, Eustace —le escribió Jason poco después de abandonar Turtle Island—. No necesito sentirme así. Necesito relaciones que me enriquezcan, no que me depriman. Me da la impresión de que para ti tu camioneta es más importante que yo... Como decía Lester, el padre en *American Beauty*: "¡Solo es un puto sofá!"».

Una y otra vez se produce esta transformación en la vida de Eustace. Lo adoran y después sus adoradores descubren horrorizados que no es su ideal divino. En general, las personas que acuden a él están buscando algo, y cuando encuentran a este icono carismático, están seguras de que su búsqueda ha terminado, de que responderá a todas sus preguntas, y por eso enseguida le entregan su vida de forma incondicional. Y no solo los chicos caen en este patrón.

«Durante cinco días he estado en el infinito —escribió una chica, asombrada, como casi todo el mundo, tras una breve visita a Turtle Island—. Me he quedado sin aliento entre los pinos blancos y los sasafrás. ¡Gracias, Creador! ¡Gracias, Eustace! Me ha influido para siempre. Es el único lugar en el que sé que quiero estar. ¡Si alguna vez necesitas una mano, te daré las dos mías!».

Después de una introducción tan gloriosa, puede resultar mortificante descubrir que la vida en Turtle Island es agotadora y que Eustace es un ser humano imperfecto como cualquier otro, con sus preguntas sin respuesta. No muchas personas sobreviven a este shock, que suelo llamar «el efecto latigazo de Eustace Conway». (Por cierto, Eustace ha adoptado la expresión y ha llegado incluso a preguntarse si debería repartir collarines a los aprendices como medida preventiva para ayudarlos a sobrevivir al inevitable trauma del desencanto. «Me preguntarán: "¿Por qué tengo que ponerme este collarín?", y yo les contestaré: "Oh, ya lo verás"», me dijo de broma).

Por esta misma razón a Eustace le cuesta mantener amistades duraderas. Se ha relacionado con cientos, quizá miles de personas, pero muchas de ellas parecen incluidas en una de estas dos categorías: discípulos encantados o herejes desilusionados. A la mayoría les resulta imposible abandonar su idea de Eustace como icono durante el tiempo suficiente para entablar amistad con él. Seguramente puede contar a sus amigos íntimos con los dedos de una mano, e incluso esas relaciones suelen ser tensas, tanto por el eterno miedo de Eustace a la traición (que le ha impedido buscar una intimidad plena en sus amistades) como por su insistencia en que nadie puede entenderlo de verdad (que tampoco ayuda). Cree que ni siquiera el hombre al que llamaría su mejor amigo (Preston Roberts, un hábil leñador sensible y amable al que conoció en la universidad) lo entiende del todo.

Cuando estaban en la universidad, Preston y Eustace soñaban con crear una reserva natural y vivir juntos con sus familias y su amigo Frank Chambless, que había recorrido el Sendero de los Apalaches con Eustace, pero, cuando llegó el momento de comprar Turtle Island, Preston y Frank solo participaron en la operación de forma marginal. Frank compró un pequeño terreno cerca de la reserva, pero, para disgusto de Eustace, lo vendió años después por un precio más alto. Después de esa venta, Frank prácticamente desapareció de la vida de Eustace, aunque este nunca entendió por qué.

Preston Roberts compró tierras cerca de las de Eustace y las conservó. Durante años ha trabajado en muchos edificios de Turtle Island y ha enseñado en campamentos de verano. De vez en cuando Eustace y él hacen una excursión a caballo o a pie para disfrutar de la compañía del otro y del esplendor de la naturaleza. Preston admira muchísimo a Eustace y estaría dispuesto a recibir un balazo en su lugar, pero, aunque Eustace se lo ha propuesto muchas veces, todavía no se ha decidido a trasladar a su familia a Turtle Island. Como me explicó la mujer de Preston:

—Mi marido siempre ha temido perder la amistad con Eustace si trabajara con él todos los días.

Lo cierto es que esa proximidad parece poner a prueba a la mayoría de las almas, en especial durante el aprendizaje. Por supuesto, no ayuda que los aspirantes a aprendices que llegan a Turtle Island sean a menudo un poco vulnerables emocionalmente.

—Algunas de las personas que quieren venir a vivir aquí —me dijo Eustace en cierta ocasión— son las más antisociales, inadaptadas y deprimidas de la sociedad. Creen que en Turtle Island serán por fin felices. Me escriben cartas contándome cuánto odian a la humanidad… Por Dios, ¿te imaginas lo que es intentar organizar un grupo de trabajo con personas así? Los adolescentes que se escapan de su casa quieren venir aquí. Ahora mismo hay alguien en una cárcel escribiéndome que quiere venir. Atraigo a este tipo de marginados insatisfechos.

En agosto de 1999, cuando fui a ver a Eustace, tenía a un joven aprendiz, al que llamaba Twig, que había nacido en una familia disfuncional de Ohio, al que constantemente expulsaban de sus hogares de acogida y que tenía problemas con la ley. Eustace lo aceptó porque la piedra angular de su filosofía es que cualquiera puede llevar una vida primitiva si está decidido a ello y se le enseña de la forma adecuada. Pero Twig era un grano en el culo. Era un gamberro del que no podías fiarte, y los demás aprendices (en ese momento había otros tres jóvenes allí, como cada año) le pidieron a Eustace que lo despidiera, porque alteraba su estado de ánimo. Y no será necesario decir que a Twig no se le daba bien nada, pero Eustace quiso darle una oportunidad y dedicó horas a trabajar con él, tranquilizarlo, enseñarle a utilizar las herramientas e intentar enseñarle a llevarse bien con los demás.

Twig mejoró mucho. Había llegado a Turtle Island débil, pálido y flojo. Tiempo después se le marcaban los músculos del pecho y de la espalda mientras trabajaba. (En Turtle Island siempre se produce esta transformación de la debilidad a la buena forma física, y quizá sea lo que a Eustace más le gusta presenciar). Y el chico ahora sabía enganchar un arado a un caballo, cuidar los cerdos y cocinar en una fogata. Una noche incluso me preparó sopa de larvas de avispa chaqueta amarilla, una antigua receta cheroqui, pero lo que todavía le quedaba por aprender era abrumador.

Una noche fui a un campo lejano con Eustace para ver cómo enseñaba a Twig a utilizar el arado de discos. Tenían que arrastrarlo unos ochocientos metros por el bosque con un mulo y un caballo de tiro utilizando un viejo y resistente trineo de los Apalaches para transportar la maquinaria. Sin duda la actividad entrañaba riesgos físicos. Los animales eran torpes y obstinados, el trineo era inestable y tenían que manipular cadenas, correas de cuero, cuerdas y los bordes afilados del viejo y pesado arado. Y, aun sabiéndolo y habiendo vivido seis meses en Turtle Island, Twig decidió presentarse en chanclas.

—Yo no manejaría un arado de discos en un terreno rocoso enganchado a un mulo tan temperamental como Peter Rabbit en chanclas —me dijo Eustace mientras veíamos trabajar a Twig—, pero si quiere perder un pie, es cosa suya.

—¿No vas a decirle nada? —le pregunté.

Eustace parecía agotado.

—Hace diez años se lo habría dicho. Le habría soltado un sermón sobre el calzado adecuado para la agricultura y sobre cómo protegerse cuando trabajas con animales y maquinaria pesada, pero ahora estoy cansado, estoy cansado de tratar con personas que no tienen ni una molécula de sentido común. Podría corregir a Twig en esto, y podría corregirlo setecientas veces al día en cosas como esta, pero he llegado a un punto en el que solo me queda energía para evitar que la gente se mate, me mate a mí o a los demás. Mira, cuando Twig llegó, me rogó que lo lanzara directamente a la vida salvaje, porque quería vivir en la naturaleza. La realidad es que es un ignorante. No duraría ni cinco malditos minutos en la vida salvaje. Ni siquiera es consciente de lo mucho que no sabe. Y tengo que lidiar con estas cosas todo el tiempo, no solo de Twig, sino de cientos como él. —Y dirigiéndose al chico, que había empezado a arar el enorme campo en extraños y diminutos círculos—: Twig, cada vez que giras los animales, ejerces presión en su boca, en ti mismo y en la maquinaria. En lugar de hacer tantos giros cerrados, piensa en arar de forma más eficiente. ¿Por qué no aras tramos más largos, desde un extremo del campo hasta el otro, y mantienes la dirección mientras tengas impulso? ¿Entiendes lo que te digo? Si quieres arar esa pendiente de allí, te recomiendo que empieces desde abajo, porque aún no tienes experiencia y podrías atropellar a los animales con el arado.

Mientras Twig se alejaba, haciendo más o menos lo que le había dicho, Eustace me dijo:

—Va a tardar una eternidad. Preferiría estar en mi oficina ocupándome de las setecientas cartas que tengo que escribir y de las setecientas facturas de impuestos que tengo que pagar, pero tengo que quedarme aquí y vigilarlo, porque aún no puedo confiarle mis animales ni mi maquinaria. ¿Y por qué me molesto? Porque espero que algún día aprenda a hacer este trabajo y pueda decirle: «Ve a arar ese campo», y él sabrá exactamente lo que hacer y yo podré confiar en que lo hará bien. Pero aún estamos muy lejos. ¡Si el chico va en chanclas! Míralo.

El chico iba en chanclas, con pantalones cortos y sin camisa, y se había colocado un cigarrillo detrás de la oreja.

—Quiero pensar que estoy enseñando cosas que algún día utilizarán, pero cuando pienso en los cientos de personas que han pasado por aquí a lo largo de los años, no imagino a ninguna que pueda llevar una vida primitiva en solitario. Quizá Christian Kaltreider algún día. Era muy bueno. Ahora mismo está construyéndose una cabaña de madera en sus tierras, y me alegro. Todo lo aprendió aquí. Tuve a un aprendiz buenísimo que se llama Avi Aski. Está buscando un terreno en Tennessee y quizá lo consiga. Quizá.

Twig vino hacia nosotros abriendo un camino de tierra con el arado.

—Buen trabajo —le dijo Eustace—. Mucho mejor de lo que esperaba.

Aunque lo felicitó con rostro inexpresivo y en tono uniforme, yo percibía los temibles rastros de ira controlada, impaciencia y decepción que suelo oír en su voz a esa hora de la tarde, cuando el sol está poniéndose, no se ha terminado el trabajo y alguien vuelve a cagarla. A esa hora de la tarde, es evidente que lo que a Eustace le apetecería sería colocarnos a todos en fila y darnos un golpe en la cabeza para que entráramos en razón.

Por supuesto, nunca lo haría.

—Buen trabajo, Twig —dijo en cambio—. Gracias por haber estado tan concentrado.

Eustace suele recibir a aprendices que nunca han cogido un cubo. Les asigna la tarea más fácil del mundo («Llena ese cubo de agua») y observa horrorizado cómo lo sujetan lleno. No saben. Lo mantienen lo más alejado posible del cuerpo, con el brazo extendido, paralelo al suelo, de modo que desperdician energía y fuerza solo para sostenerlo. Hace una mueca de dolor al verlo. O un martillo. Eustace recibe en Turtle Island a jóvenes que nunca han visto un martillo. No tienen ni idea de cómo funciona. Acuden a él porque aseguran que quieren ser «autosuficientes», pero cuando les pide que claven un clavo, agarran con fuerza el martillo casi tocando la cabeza y dan un puñetazo.

—Cuando lo veo —me dice Eustace en tono solemne—, me dan ganas de tirarme al suelo y morirme.

Cuando va a dar una clase en una escuela pública, a veces intenta jugar con los niños a un viejo juego indio que consiste en hacer rodar un aro y lanzar palos que lo atraviesen mientras rueda, pero una y otra vez descubre que a clases enteras de niños estadounidenses no se les ocurre cómo hacer rodar un aro.

—¡Es una locura que un niño no sepa hacer rodar un aro! —refunfuña—. Les muestro cómo se hace, les doy el aro y se les cae. Lanzan el aro al azar y aterriza a medio metro de ellos, por supuesto. Entonces se quedan mirándolo. «¿Por qué no se mueve?». No lo entienden. Aunque se lo he mostrado una vez, no lo entienden. Un buen rato después, algún niño se da cuenta de que las ruedas necesitan impulso para girar y, con suerte, algún genio piensa: «¡Ah! ¡Intentemos hacerlo girar!».

»Se repite una y otra vez. Observo a esos niños y pienso: «¿De verdad estamos tan en crisis?». ¿Qué tipo de niños estamos criando en Norteamérica? Joder, te aseguro que todos los niños de África saben hacer rodar una puta rueda. Es cuestión de entender las leyes naturales. El mundo se rige por unas pocas leyes físicas básicas: la palanca, la inercia, el impulso, la termodinámica, y si no conoces estos principios fundamentales, no puedes clavar un clavo, cargar un cubo ni hacer rodar una rueda. Significa que no estás en contacto con el mundo natural. No estar en contacto con el mundo natural significa que has perdido la humanidad y que vives en un entorno que no entiendes en absoluto. ¿Te imaginas mi horror al verlo? ¿Te haces una idea de lo que se ha olvidado en unas pocas generaciones? La humanidad tardó un millón de años en aprender a hacer rodar una rueda, pero le han bastado cincuenta para olvidarlo.

Lo hemos olvidado, por supuesto, debido a la ley natural más antigua que existe: si no lo utilizas, lo pierdes. Los niños no saben manejar las herramientas más sencillas porque no necesitan aprenderlo. No sirve de nada en su vida cómoda y bien equipada. Sus padres no pueden enseñarles estas cosas porque en general tampoco las saben. No las necesitan y no las aprendieron. Pero sabemos que no siempre fue así. Hace solo un siglo, por ejemplo, no había un solo hombre en Estados Unidos que no llevara siempre una navaja encima. Ya fuera para desollar osos o para recortar puros, la navaja era una herramienta básica para vivir y sabían cuidarla, afilarla y manejarla. ¿Quién necesita una navaja hoy en día?

¿Y quién necesita un caballo? ¿Quién necesita siquiera saber qué es un caballo? Eustace descubrió en sus viajes que las personas que se sentían cómodas con los animales eran las que tenían entre setenta y ochenta años, porque habían crecido con ganado o sus padres les habían hablado al respecto, pero, a medida que se sucedían las generaciones, los caballos eran cada vez más extraños, exóticos e inusitados. Los más jóvenes no sabían cómo comportarse con los animales, cómo protegerse y cómo entender la idea de que existen otros seres vivos.

—¿Y qué pensarán sus hijos? —se preguntó Eustace—. Dentro de veinte años, la gente creerá que los caballos son como los camellos, animales raros de zoológico.

Así que la incompetencia aumenta con cada generación. Aun así, Eustace cree que podría afrontarla si no fuera por el gran defecto que observa en los estadounidenses de todas las edades de hoy en día: no escuchan. No saben prestar atención. No tienen capacidad de concentración. Aunque aseguren que quieren aprender, no tienen disciplina.

—Lo más difícil es conseguir que los jóvenes confíen en mí y hagan lo que les digo —me comentó Eustace—. Si tengo a cuatro personas trabajando conmigo y les digo: «Chicos, a la de tres hacemos rodar este tronco», uno empezará a hacerlo rodar de inmediato, dos lo empujarán a la de tres y el cuarto se irá por ahí a meterse el dedo en la nariz. Y cada dos por tres cuestionan mi autoridad. Siempre quieren saber por qué lo hacemos así o asá. Mira, yo sé por qué, que es lo que importa, y no tengo tiempo para explicar cada decisión que tomo. Nunca me creen cuando les digo que tengo razón. Si te digo que tengo razón, puedes estar segura de que tengo razón, porque no me equivoco. Si no estoy seguro de algo, lo diré, pero la mayoría de las veces lo estoy. La gente se enfada y dice: «Eustace cree que su manera de hacer las cosas es la única correcta». Bueno, es cierto. Mi manera de hacer las cosas es la única correcta. Y creo que se trabaja mejor cuando se acata la autoridad, como en el ejército. Es la forma más eficiente de trabajar. Si yo fuera el general de un ejército, por ejemplo, la disciplina se daría por sentada y podría insistir en que todos hicieran exactamente lo que yo dijera, y entonces las cosas funcionarían bien.

Para que Turtle Island funcione, Eustace acaba asumiendo el control de todas las facetas de la vida de sus aprendices, como hacía su abuelo con los campistas y el personal.

—Llega un punto en el que sientes que tienes que pedirle permiso a Eustace hasta para cagar —me dijo un aprendiz—, porque Dios no quiera que estés en el bosque cagando cuando tiene que enseñarte a utilizar una sierra de pedal o a forjar una herradura.

Sí, Eustace no lo negaría. Lo he oído sermonear a sus aprendices sobre cómo atarse bien los zapatos, porque ¿por qué van a perder tiempo si se les desatan cuando hay tanto trabajo por hacer? Pero así se han dirigido siempre las comunidades utópicas estadounidenses, al menos las que han durado más de una semana. La disciplina, el orden y la obediencia les permiten perdurar. En el siglo XIX, en los dormitorios de las mujeres *shakers* habríamos encontrado este instructivo cartel:

«Todas debéis levantaros de la cama en cuanto suene la "primera trompeta". Arrodillaos en silencio en el primer lugar que habéis pisado al levantaros de la cama. No habléis en la habitación a menos que queráis hacerle una pregunta a la hermana que está a cargo del dormitorio. En ese caso, susurrad. Empezad a vestiros por el brazo derecho. Pisad primero con el pie derecho. Al sonido de la "segunda trompeta", marchad en orden, con el costado derecho hacia vuestra superiora. Caminad de puntillas. Doblad el brazo izquierdo sobre el estómago. Dejad el brazo derecho colgando. Avanzad hacia el taller en orden. No hagáis preguntas innecesarias».

Dios, cuánto le gustaría a Eustace Conway ese orden en Turtle Island, pero no puede controlarlo todo a diario. De momento no puede hacer más para que sus aprendices hagan rodar un tronco a la de tres.

Para ser del todo sincera, la mayoría de los aprendices le tienen miedo. Hablan de él cuando no puede oírlos (conversaciones en voz baja y un poco desesperadas), forman corrillos como cortesanos que intentan dilucidar lo que le pasa al rey y cuál es su estado de ánimo, se dan consejos para sobrevivir y se preguntan quién será el siguiente expulsado. Los aprendices, demasiado intimidados para tratar directamente con Eustace, sin saber cómo complacer a su exigente maestro, piden consejo a la novia, a los hermanos o a los amigos de Eustace y les preguntan a esos socios privilegiados: «¿Qué quiere de mí? ¿Por qué siempre tengo problemas? ¿Cómo puedo complacerlo?». Eustace sabe que hablan a sus espaldas y lo detesta. Lo considera el colmo de la insubordinación.

Por eso colocó esta carta en el tablón de anuncios de Turtle Island en el verano de 1998:

«Personal, residentes y empleados de Turtle Island. Yo, Eustace Conway, estoy cabreado. Mi novia Patience ha pasado aquí cinco días y muchos de vosotros os habéis dirigido a ella para hablarle de vuestros problemas conmigo. Se trata de una dificultad y una carga innecesaria para ella y para nuestra joven relación. Me molesta esta forma de intentar "llegar a mí". Si tenéis un problema conmigo, dirigíos a mí, NO a ella. Si no podemos resolverlo o no estáis satisfechos, NO lo intentéis con ella. Si no podéis dejar de hablar de los aspectos negativos de vuestra relación conmigo, dimitid o marchaos ahora mismo. No voy a tolerar este comportamiento. Me duele, me entristece y me da mucha pena que sucedan estas cosas. Personalmente, preferiría daros una paliza a que resolvierais vuestros problemas conmigo a través de Patience. Si os parece que exagero, muy bien, asumiré esa carga socioemocional. Espero haberlo dejado claro. Gracias por vuestra consideración. Humildemente vuestro, Eustace Conway».

«¡Sin camisa, sin zapatos y sin hablar a mis putas espaldas!».

Cabría pensar que las únicas personas que podrían sobrevivir en Turtle Island son las que no tienen voluntad propia, las débiles y fáciles de manipular, que harán dócilmente lo que se les diga durante meses sin una sola queja, pero no es así. Los débiles se desmoronan enseguida. Se esfuerzan por complacer a Eustace, y cuando se dan cuenta de que nunca los valorará como desean, se echan a llorar, devastados. (Estos aprendices suelen decirle entre lágrimas: «¡He dado mucho, lo he dado todo, pero para ti nunca es suficiente!»). Los únicos que se desmoronan antes que los débiles son los engreídos que se niegan a doblegarse. Creen que serán exterminados si tienen que vivir bajo la autoridad de otra persona aunque solo sea un minuto. (Estos aprendices suelen acabar peleándose a gritos con Eustace: «¡No soy tu esclavo!»).

Las personas a las que les va bien en Turtle Island (y no son muchas) son una especie interesante. Están entre las personas más silenciosamente conscientes de sí mismas que he conocido. Tienen en común una profunda tranquilidad psíquica. No hablan mucho y no buscan elogios, pero parecen seguras de sí mismas. Son capaces de convertirse en recipientes de aprendizaje sin ahogarse en él. Es como si, al llegar, decidieran doblar su identidad frágil y sensible y guardarla en un lugar seguro con la promesa de recuperarla dos años después, cuando termine el aprendizaje. Es lo que hizo Christian Kaltreider, el mejor aprendiz que Eustace Conway ha tenido nunca.

—Llegué con mucha humildad —me contó Christian—, pero también entusiasmado y muy interesado, y fui una esponja. Mi intención era aprender, y nada más. Eustace me enseñaba algo y yo lo hacía. No perdía el tiempo hablando. Solo escuchaba, observaba y hacía lo que me decía. Me controlaba todo el tiempo, por supuesto, pero no permití que eso me frustrara. Me decía a mí mismo: «Le dejo que me controle porque quiero aprender. Y controla solo mi formación, no mi identidad». Es muy diferente. ¿Te entregas a Eustace o dejas que se apodere de ti? Tomé la decisión de entregarme como alumno, y por eso mi experiencia fue tan diferente de la de muchos otros. Otras personas llegan adorando a Eustace. Quieren complacerlo, así que dejan que se apodere de todo su ser, y es entonces cuando empieza a surgir el resentimiento. Aparece despacio, con el tiempo. Lo que los desgasta no es el trabajo físico, sino el estrés psicológico de perder su identidad. Yo nunca corrí ese peligro.

—Si no te proteges de Eustace —me contó Candice, otra aprendiza de Turtle Island decidida a que su experiencia fuera un éxito—, te dejará seca. Tienes que mantener una parte de ti, el ego, supongo, donde él no pueda alcanzarla. Y debes obstinarte en silencio en que no la alcance. He tomado una decisión. Me quedaré aquí los dos años de mi aprendizaje, por duro que sea. Me niego a convertirme en una más de los muchos ETD.

—¿ETD? —pregunté.

—Extortuguianos descontentos —aclaró—. Mira, vine a aprender y estoy aprendiendo. Y creo que Eustace es justo y paciente, incluso cuando soy idiota. Intento ser silenciosa y reservada, y es la única manera de trabajar aquí y sacar algo. Él es el jefe y debes aceptar sus decisiones. Debes tomarte en serio su dirección, pero no puedes llevártelo a lo personal.

Es lo que hacen los buenos soldados: no obedecen sin sentido, sino de forma consciente. Probablemente por eso uno de los mejores aprendices de Turtle Island fue una chica llamada Siegal, que antes de llegar a Carolina del Norte había estado en el ejército israelí. Un entrenamiento perfecto. Siegal sobrevivió a Eustace Conway del mismo modo que sobrevivió al servicio militar.

—Debes hacerte muy pequeña —me explicó, como si fuera tan sencillo.

Pero no lo es. Muchas personas no pueden dominar su ego. A los chicos estadounidenses de hoy en día, que crecen en una cultura que les ha enseñado que sus deseos son importantes y sagrados, les cuesta someterse. Sus padres, sus maestros, sus líderes y los medios de comunicación siempre les han preguntado: «¿Qué quieres?». Lo observaba sobre todo cuando era camarera. Los padres interrumpían la comanda de toda la mesa para inclinarse hacia su hijo y preguntarle: «¿Qué quieres, cariño?». Y miraban al niño con los ojos como platos mientras esperaban la respuesta. «Dios mío, ¿qué dirá? ¿Qué quiere? ¡Que se pare el mundo!». Eustace tiene razón cuando dice que los padres no daban a sus hijos este poder hace cien años. Ni hace cincuenta. Yo misma puedo asegurar con total sinceridad que en las pocas ocasiones en que mi madre y sus seis hermanos de la granja del Medio Oeste comían en un restaurante cuando eran niños, si alguno de ellos se hubiera atrevido a pedirle a su padre lo que quería comer…, bueno, la verdad es que ninguno se habría atrevido.

Pero ahora los estadounidenses reciben una educación diferente. Y la cultura del «¿qué quieres, cariño?» ha creado a los chicos que hoy acuden en masa a Eustace y sufren una conmoción enorme al descubrir que a él le importa una mierda lo que quieran. Entre el ochenta y cinco y el noventa por ciento de ellos no pueden soportarlo.

Y luego está la comida.

Una de las cosas que más problemas plantea a los aprendices de Turtle Island es que la comida en la montaña puede ser…, digamos, imprevisible. Allí he disfrutado de algunas de las mejores comidas de mi vida, después de un día de trabajo constante y un baño vigorizante en el arroyo, sentada a la sólida mesa de roble con mis compañeros, comiendo productos frescos del huerto, costillas de uno de los famosos cerdos de Will Hicks y pan de maíz caliente de una cacerola de hierro fundido recién sacada de las brasas. Todo buenísimo. He comido grandes cantidades de colmenillas silvestres, y Eustace se enfada tanto que después de cada bocado me dice: «¿Sabes cuánto cuestan estas cosas en Nueva York?». («No —me dice—. ¿Sabes lo deliciosas que saben estas cosas en Carolina del Norte?»). Pero también pasé una semana en enero comiendo el mismo guiso de venado tres veces al día. Y era venado asqueroso, viejo y duro. Lo calentábamos cada noche e intentaba no sentir el sabor a quemado y óxido del fondo de la olla. Y los únicos otros ingredientes del guiso eran, al parecer, una cebolla y cinco judías.

Mientras que los huéspedes de pago (los grupos especiales y los jóvenes campistas que visitan Turtle Island) reciben una comida excelente preparada por los maravillosos cocineros contratados para la ocasión, los aprendices no reciben ese trato, por lo que a veces la situación alimentaria puede ser bastante desalentadora, sobre todo en invierno. La calabaza, por ejemplo. La calabaza es el alimento básico de la dieta invernal de los aprendices. Hacen con ella todo tipo de comidas: pan de calabaza, pastel de calabaza, lasaña de calabaza y sopa de calabaza. Y después se dan por vencidos y comen puré de calabaza hasta la primavera, cuando el huerto arranca de nuevo. Es como si fueran marineros del siglo XVI y la calabaza fuera su galleta de mar, su última provisión. Se han producido motines solo por la calabaza. Ha habido reuniones en las que aprendices que han soportado todo tipo de dificultades físicas le gritaban a Eustace entre lágrimas: «¡Basta de calabaza!».

Pero Eustace no se apiada de ellos, porque él no se mete en su cabaña a disfrutar de un pato a la naranja mientras sus sufridos aprendices comen calabaza. Si lo que hay es calabaza, también él la come y no se queja. No les pide nada a sus aprendices que no haga él mismo. (No es Peter Sluyter, el utópico tramposo que dirigía una hacienda labadista estricta en el norte del estado de Nueva York en el siglo XVII. Sus seguidores no podían tener fuego en su casa, pero Sluyter siempre tuvo uno crepitando en la suya). No, Eustace Conway pasa frío cuando su gente pasa frío, tiene hambre cuando su gente tiene hambre y trabaja cuando ellos trabajan, aunque normalmente también trabaja mientras su gente duerme. Eustace ha pasado hambre en muchos lugares en los que el puré de calabaza habría sido un festín épico, así que no es demasiado compasivo. En cualquier caso, si tanto se desesperan, que vayan a Boone y busquen en los contenedores de basura.

Rebuscar en los contenedores de basura es una tradición de la familia Conway. Es una actividad (quizá la más divertida) que los chicos aprendieron de su padre. El señor Conway es desde siempre un artista del rescate de objetos. Su sentido de la frugalidad y de la aventura lo lleva a buscar en la basura de los demás. No hay basura demasiado asquerosa en la que buscar un gran hallazgo. Eustace, Walton y Judson heredaron esta característica de su padre, pero la perfeccionaron hasta el punto de que aprendieron a buscar no solo viejos tocadiscos y aparatos de aire acondicionado, sino también comida. Comida deliciosa y cara. Resulta que los contenedores de basura de los grandes supermercados del sueño americano son los bufets libres de las personas ingeniosas.

Eustace Conway ha convertido la búsqueda en contenedores en un arte. Mientras estudiaba en la universidad combinaba lo que cazaba con cerbatana con los sabrosos desechos de los contenedores de los supermercados. Y perfeccionó su sistema porque, por supuesto, si hace algo, lo hace de forma impecable, como todo lo demás.

—La hora es fundamental —me explicó—. Debes elegir la hora adecuada del día para buscar comida en los contenedores. Lo mejor es dar una vuelta por la tienda para echar un vistazo y ver a qué hora tiran la comida para cogerla más fresca. También es importante dirigirte al contenedor de basura como si fueras de la tienda, moverte deprisa y con segu-

283

ridad, agacharte y no entretenerte. Siempre busco ante todo una caja de cartón plastificado resistente, con asas bonitas, la cojo y salto al contenedor. No me detengo a mirar a mi alrededor. No pierdo el tiempo con productos de mala calidad. El hecho de que recojas comida de la basura no significa que tengas que comer basura. Reviso los productos y descarto todo lo que esté podrido o sea de mala calidad. Si hay una caja de manzanas en mal estado, cojo las tres manzanas perfectas y las dejo en la mía de cartón. A menudo encuentras un melón intacto en una cajón de melones aplastados, y a veces un envase entero de uvas que han tirado porque no tenían tallo. ¡Y carne! He traído a casa decenas de filetes de solomillo, todos bien envueltos en plástico, que habían tirado porque habían caducado el día anterior. Casi siempre encuentro packs enteros de yogures (me encanta el yogur) en perfecto estado y que han tirado por esa misma razón. ¿No es un pecado lo que se desperdicia en este país? Me recuerda a lo que decía un viejo vecino de los Apalaches, Lonnie Carlton: «Antes vivíamos con menos de lo que se tira hoy en día».

En cierta ocasión, cuando Eustace rebuscaba en un contenedor de Boone, como hacía a menudo, se produjo un incidente. Estaba tan tranquilo dentro del contenedor, agachado, con su caja de cartón, recogiendo «las mejores frutas y verduras que hayas visto jamás», cuando oyó que se detenía una camioneta. Después oyó pasos. ¡Mierda! Eustace se agachó en una esquina y se encogió todo lo que pudo. Y entonces un hombre mayor y con buen aspecto, vestido con ropa limpia, se inclinó sobre el contenedor y empezó rebuscar. ¡Un compañero! Eustace no respiraba. El desconocido no lo vio, pero no tardó en descubrir su caja de cartón, llena de productos excelentes y caros.

—Hummm —murmuró el hombre, satisfecho con el descubrimiento.

Se inclinó, cogió la caja y se marchó. Eustace oyó que la camioneta arrancaba y se quedó acurrucado como una rata en un rincón, dándole vueltas a lo que acababa de suceder. ¿Debía quedarse escondido hasta que la camioneta se marchara? ¿No arriesgarse? ¿Empezar a buscar de nuevo? Pero un momento… ¡Ese hombre estaba robándole sus productos! Había tardado al menos quince minutos en encontrarlos y eran la mejor comida disponible ese día. No podía aceptarlo. ¡No puedes permitir que un hombre te quite la comida de la boca! Saltó del contenedor y corrió detrás de la camioneta gritando y haciéndole señas al tipo para que se detuviera. El desconocido se paró, pálido y temblando ante esa salvaje aparición que había surgido de las entrañas de un contenedor de basura de un supermercado.

—Buenas tardes, señor —le dijo Eustace con su sonrisa más encantadora—. Tengo que decirle que se ha llevado mis frutas y mis verduras.

El desconocido se quedó mirándolo. Parecía que iba a darle un infarto.

—Sí, amigo, he recogido toda esa comida para mí y he tardado un buen rato. Estaré encantado de compartirla con usted, pero no puedo permitir que se la lleve toda. ¿Por qué no espera aquí mientras busco una caja para usted y reparto la comida?

Eustace corrió al contenedor y encontró otra caja de cartón resistente. Volvió, saltó a la parte trasera de la camioneta del desconocido y en un instante dividió los productos en dos lotes iguales. Cogió uno para él, saltó de la camioneta y volvió a la ventanilla del lado del conductor. El hombre lo miró boquiabierto. Eustace le dedicó otra gran sonrisa.

—Listo, señor. Ahora usted tiene una buena caja de comida y yo, otra.

El desconocido no se movió.

—Puede marcharse, señor —le dijo Eustace—. Que tenga un buen día.

El desconocido se alejó despacio. No había dicho ni una sola una palabra.

De modo que llega un momento en que todo aprendiz de Turtle Island se familiariza con la búsqueda de comida en contenedores de basura. A la mayoría de ellos les gusta como a las ratas un vertedero y disfrutan de la oportunidad de ir de excursión al pueblo y rebelarse contra la sociedad. Llaman a estas expediciones «visitas al contenedor», y cuando llevan cuatro semanas seguidas comiendo puré de calabaza, esa fruta prohibida del supermercado empieza a ser una opción excelente. Esto explica la extraña variedad de alimentos que he comido en Turtle Island. Sí, está el riquísimo pan de jengibre casero con mermelada de melocotón casera. Sí, están las magníficas espinacas frescas del huerto. Pero también he comido productos que sin duda no son de los Apalaches, como piñas, cocos, pudin de chocolate y, en una ocasión memorable, algo que encontré en un paquete de poliestireno con la etiqueta «Cuernos de hojaldre rellenos de crema».

—Aunque llevo meses viviendo aquí —me dijo la aprendiza Candice—, aún no he descubierto cómo sobrevivimos. Sinceramente, no sé cómo vivimos. Buscar comida en contenedores funciona hasta cierto punto, pero en invierno nos morimos de hambre. A veces hay gente que nos trae comida, y es genial, porque no podemos comprar nada. He estado a cargo de la cocina la mayor parte del tiempo que he pasado aquí y solo he gastado dinero de Eustace dos veces en alimentos básicos, como harina de maíz, aceite o pimienta. Aparte de eso, gorroneamos.

En cierta ocasión le pregunté a Candice con qué hacía su excelente pan y me contestó:

—Con trigo integral. Además —añadió pasando los dedos por unos granos que guardaba en una vieja lata de café—, le echo un poco de esto. Lo cogí de un comedero de caballos. No sé lo que es, pero no se nota el sabor y hace que el pan dure más.

Otra tarde, estaba con Candice en la cocina al aire libre, ayudándola a cocinar, cuando entró Jason.

—Hola, Jason —le dijo—. ¿Puedes ir a retirar a Barn Kitty?

Barn Kitty era la mejor cazadora de ratones de Turtle Island, una gata trabajadora que solía estar en el granero o en los estantes más altos de la cocina al aire libre. Caí en la cuenta de que hacía tiempo que no la veía.

—¿Dónde está? —le preguntó Jason.

—Sí —añadí yo—, ¿dónde está?

—Debajo del abrevadero —contestó Candice—. Los perros la llevan de un lado a otro y huele fatal.

Miré debajo del abrevadero. Oh, por eso hacía tiempo que no veía a Barn Kitty, porque ahora era un cadáver apelmazado, apestoso y sin piernas. Candice nos contó que un gato montés la había atacado hacía unas semanas. Desde entonces, los restos maltrechos de Barn Kitty aparecían por toda Turtle Island porque otros animales los arrastraban. Jason recogió los restos con un palo y los tiró al techo de hojalata de la cocina, donde el sol los secaría y los perros no podrían alcanzarlos.

—Gracias, Jason —le dijo Candice, y añadió en voz baja—: Jolín, no sé por qué no nos comimos a esa vieja gata. Eustace nos hace comer todo lo que se muere por aquí.

Un día oí a Eustace hablando por teléfono con un chico que había llamado desde Texas porque quería inscribirse como aprendiz. Se llamaba Shannon Nunn y parecía prometedor. Había crecido en un rancho y aseguraba que había trabajado en el campo toda su vida. También sabía reparar motores de automóviles y era un gran deportista muy disciplinado. Eustace intenta no hacerse ilusiones con nadie, pero esos pocos datos por sí solos lo convertían en mil veces más prometedor que las decenas de universitarios idealistas, románticos e incompetentes que a menudo llegan a Turtle Island «sin saber abrir la puerta de un coche». Shannon dijo que había leído un artículo sobre Eustace en la revista *Life* y que llamaba porque buscaba nuevos retos. Si aprendía a vivir de la tierra, quizá escaparía de la superficial cultura estadounidense de nuestro tiempo, donde «todo el mundo se ahoga en la autocomplacencia».

De momento sonaba bien.

Aun así, Eustace se pasó una hora explicándole a Shannon lo que podía esperar en Turtle Island. Le dio discurso lúcido y sincero.

—No soy una persona normal, Shannon —le oí decir—. Mucha gente considera que no es fácil llevarse bien y trabajar conmigo. Mis expectativas son altas y no elogio mucho a mis trabajadores. A veces llegan pensando que saben hacer muchas cosas, pero rara vez me impresionan. Si vienes, tendrás que trabajar. Turtle Island no es una escuela. Aquí no hay clases. No es un curso de supervivencia. No voy a llevarte al bosque durante horas cada día a enseñarte un programa de técnicas para vivir en la naturaleza. Si esa es la experiencia que buscas, no vengas. Puedes encontrarla en muchos lugares que darán prioridad a tus necesidades y deseos, como Outward Bound y la National Outdoor Leadership School. Les pagas y te enseñarán. Yo no me dedico a eso. Nunca priorizaré tus necesidades ni tus deseos, Shannon. Las necesidades de esta granja siempre son lo primero.

Muchas de las tareas que te asignaré serán repetitivas y aburridas, y probablemente sentirás que, no estás aprendiendo nada, pero puedo prometerte que si te quedas en el programa de aprendizaje durante al menos dos años y haces lo que te digo, adquirirás un nivel de autosuficiencia casi desconocido en nuestra cultura. Si veo que estás dispuesto a aprender y que trabajas bien, te dedicaré más tiempo individualmente a medida que pasen los meses, pero será muy lento y siempre tendré autoridad sobre ti.

»Te lo digo porque estoy cansado. Estoy cansado de que la gente venga aquí con ideas preconcebidas diferentes de las que acabo de explicarte y luego se marchen decepcionados. No tengo tiempo para estas cosas, así que intento ser muy claro. Te exigiré más de lo que jamás te hayas exigido a ti mismo, y si no estás preparado para trabajar mucho y hacer exactamente lo que te diga, quédate en tu casa.

—Lo entiendo. Quiero ir —le contestó Shannon Nunn.

Shannon apareció un mes después de esta conversación, listo para trabajar. Dijo que estaba más emocionado que nunca. Era un chico que buscaba la plenitud espiritual en el bosque y creía que había encontrado a su maestro. Dijo que buscaba «beber de esa agua que, una vez que la encuentras, te calma para siempre la sed».

Siete días después hizo las maletas y se marchó de Turtle Island muy enfadado, dolido y decepcionado.

—Fui porque creía que entendía el trato —me contó Shannon más de un año después—. Eustace me prometió que si trabajaba para él, me enseñaría a vivir de la tierra. Creí que me enseñaría técnicas de supervivencia, ¿sabes? A cazar y recolectar. A construir un refugio, por ejemplo, y a hacer fuego… Todo lo que sabe. Había invertido mucho tiempo y mucha energía para ir a Turtle Island. Estaba asustado, porque lo había dejado todo (mi casa, mi familia y mi escuela) para que me enseñara, pero solo me asignaba tareas insignificantes y sin sentido. No me enseñó nada sobre cómo vivir de la tierra. Me hacía construir cercas y cavar zanjas. Y le dije: «Tío, para cavar zanjas podría haberme quedado en mi casa, y además me pagarían. No es esto lo que quiero».

Shannon estaba tan decepcionado que aún no había pasado una semana desde su llegada cuando fue a hablar con Eustace de sus discrepancias con el programa de aprendizaje. Eustace lo escuchó. Su respuesta fue: «Si no te gusta, vete». Y se marchó. Shannon se enfadó tanto que se le saltaban las lágrimas. ¿Por qué lo dejaba con la palabra en la boca? ¿No veía que estaba molesto? ¿No podían hablarlo? ¿Buscar una solución?

Pero Eustace ya había dicho lo que tenía que decir y no le apetecía hablar más. Había mantenido la misma conversación con muchos Shannons Nunn diferentes a lo largo de numerosos años, y no tenía nada más que decir. Eustace se marchó porque estaba cansado y tenía que volver al trabajo.

Duerme solo unas horas cada noche.

A veces sueña con Guatemala, donde vio a niños que a los tres años ya manejaban el machete. Otras veces sueña con las ordenadas granjas y las tranquilas familias de los menonitas. Y otras, con abandonar su programa de salvar al género humano y, como escribió en su diario, «convertir Turtle Island en un santuario privado para intentar sobrevivir a la ridícula naturaleza del mundo actual».

Pero entonces sueña con su abuelo, que una vez escribió: «Más duraderos que los rascacielos, los puentes, las catedrales y otros símbolos materiales de los logros del hombre son los monumentos invisibles de la sabiduría, la inspiración y el ejemplo erigidos en el corazón y la mente de los hombres.

Si colocas el peso de tu influencia en lo bueno, lo verdadero y lo bello, tu vida alcanzará un esplendor sin fin».

Y sueña con su padre. Se pregunta cuántos éxitos agotadores más tendrá que alcanzar antes de ganarse un elogio del viejo.

Entonces se despierta.

Cada mañana se despierta con lo mismo, con una crisis nacional. Un país impotente que lo destroza todo a su paso. Se pregunta si hay alguna esperanza de arreglarlo. Se pregunta por qué ha dedicado su vida a salvar las de los demás. Por qué permite que su tierra sagrada sea invadida por tontos torpes que la tratan tan mal. Se pregunta cómo es posible que, queriendo ser el amante de la naturaleza, se haya convertido en su proxeneta. Intenta entender la diferencia entre lo que se ve obligado a hacer con su vida y lo que se le permite. Si pudiera hacer lo que de verdad quiere, vendería la pesada carga de Turtle Island, y con ese dinero se compraría un gran terreno en el centro de Nueva Zelanda. Allí viviría en paz, totalmente solo. A Eustace le encanta Nueva Zelanda. ¡Qué país tan espectacular! Sin criaturas venenosas, escasamente poblado por personas honestas y dignas de confianza, limpio y aislado. Que Estados Unidos se vaya a la mierda, piensa Eustace. Quizá debería abandonar la carrera de locos de los montañeses y abandonar a sus compatriotas a su suerte.

Es una fantasía preciosa, pero Eustace se pregunta si se decidiría a llevarla a cabo. Quizá cuando sueña con mudarse a Nueva Zelanda es como uno de esos corredores de bolsa de una gran ciudad que sueñan con retirar todo su dinero y mudarse a Vermont para abrir una ferretería. Quizá, como los corredores de bolsa, nunca haga el cambio. Quizá, como ellos, está demasiado inmerso en su estilo de vida para cambiar.

—Quizá mi mensaje llega demasiado tarde —dice—. O demasiado pronto. Lo único que puedo decir es que creo que este país está sufriendo una emergencia mortal. Creo que es una pesadilla y que estamos condenados si no cambiamos. Y ya ni siquiera sé qué sugerir. Estoy cansado de oírme hablar.

Capítulo 9

¡Somos grandes y crecemos... (iba a decir
pavorosamente) rápido!

—John Caldwell Calhoun, 1817

A veces me emborracho con Eustace Conway. Es una de las
cosas que más me gusta hacer con él. Vale, es una de las cosas que más me gusta hacer con casi todo el mundo, pero me
divierte especialmente con él, porque el alcohol le aporta
cierta paz (supongo que por sus famosas propiedades sedan-
tes) y le apaga su fuego interior. La bebida le apaga el horno
interno un rato, lo que te permite estar a su lado sin que las
llamas de sus ambiciones te quemen y el calor abrasador de
sus preocupaciones, sus convicciones y su ímpetu te haga
ampollas. Con un poco de whisky, Eustace Conway se en-
fría y se vuelve más divertido, más ligero, más como... Judson Conway.

Con un poco de whisky, puedes conseguir que te
cuente sus mejores historias y gritará encantado al recor-
darlas. Imitará cualquier acento y te contará las anécdotas
más estrambóticas. Se reirá de mis chistes más tontos.

Cuando bebe, es probable que se parta de risa diciendo frases modernas nada propias de él que ha aprendido a lo largo de los años, como «Y todo ese rollo», «¡Eres la bomba!» y, mi favorita cuando recibe un cumplido, «¡Soy el puto amo!».

—Un verano estoy en el Parque Nacional de los Glaciares —dirá poco después de haber abierto la botella, y yo sonreiré y me inclinaré hacia delante, dispuesta a escucharlo—. Estoy muy por encima del bosque, caminando por una franja de nieve. Nadie sabe dónde estoy y ni siquiera voy por un camino; nieve y hielo hasta donde alcanza la vista, con grandes desniveles a ambos lados. No llevo equipo decente, por supuesto, estoy ahí arriba haciendo el tonto. El caso es que estoy caminando y de repente pierdo el equilibrio. Y el maldito terreno es tan empinado que empiezo a deslizarme por el hielo boca arriba. Cualquiera que hubiera subido hasta allí se habría llevado un piolet, pero yo no, así que no puedo detener la caída. Lo único que puedo hacer es intentar empujar todo mi peso sobre la mochila para reducir la velocidad, pero no funciona. Hundo los talones en el hielo, pero tampoco funciona. Luego la nieve y el hielo se convierten en grava y piedras, y sigo bajando a toda velocidad. Sigo cayendo y cayendo, y pienso: «¡Esta vez sí que me muero!», y de repente… PAF. Me paro de golpe. ¿Qué cojones? Levanto la cabeza y veo que acabo de chocarme con una mula muerta. ¡Te lo juro por Dios! ¡Una puta mula muerta! Lo que detuvo mi caída fue el cadáver momificado y liofilizado de una mula. Me levanto despacio, miro por encima de la mula y justo al otro lado veo un precipicio que cae unos seiscientos metros hasta el centro del parque. Me echo a reír a carcajadas y casi abrazo a la mula. Joder, esa mula muerta es mi héroe. Si hubiera caído por ese precipicio, nadie habría encontrado mi cuerpo en mil años, hasta que unos excursionistas se toparan con él y escribieran un maldito artículo sobre mí en el *National Geographic*.

Unos tragos más de whisky y Eustace hablará de Dorothy Hamilton, la mujer negra que salió corriendo con su delantal de un restaurante de comida rápida de la zona rural de Georgia cuando los Long Riders pasaron por allí, besó a los chicos y exigió hablar en la grabadora. Sabía que los Long Riders cabalgaban rumbo a California (los había visto en la tele) y tenía un importante mensaje para la costa Oeste: «¡Holaaa a todos los surfistas de California! —Eustace grita en su cabaña recordando la alegre voz de la mujer—. ¡¡¡Un caluroso saludo de vuestra amiga Dorothy Hamilton, la chica de la tienda de POLLOS!!!».

Una noche, Eustace y yo bajamos por el valle nevado para hacerles una visita a Will y Betty Jo Hicks, sus queridos vecinos de los Apalaches. Will y Eustace se pusieron a hablar de una vieja escopeta de doble cañón que tenía Will. Intenté escuchar disimuladamente, pero, como cada vez que voy a ver a los Hicks, resultó que no entendía una de cada diez palabras que Will decía. Entre los dientes que le faltan, sus eufemismos rurales y su fuerte acento, lo que dice sigue siendo un misterio para mí.

Esa noche, en la cabaña de Eustace, mientras nos bebíamos una botella de whisky, me quejé:

—No entiendo el condenado acento de los Apalaches. ¿Cómo puedes comunicarte con Will? Supongo que tengo que estudiar esta lengua apalache un poco más a fondo.

Eustace se rio a carcajadas y me dijo:

—¡Mujer! ¡Solo tienes que apalaescuchar con más atención!

—No sé, Eustace. Creo que voy a tardar mucho apalatiempo en entender a personas como Will Hicks.

—¡Joder, no! ¡Ese viejo campesino solo intentaba apalaenseñarte!

—Creo que podemos apalahablar de esto más tarde —le dije riéndome.

—No estarás apalaburlándote del viejo Will Hicks, ¿verdad? —me dijo Eustace.

A esas alturas los dos estábamos apalapartiéndonos de risa. Eustace se tronchaba y su gran sonrisa brillaba a la luz del fuego, y a mí me encantaba verlo así. Deseé tener diez botellas más de whisky y otras tantas horas para quedarme en esa cálida cabaña y disfrutar viendo cómo se olvidaba de su férrea agenda y se apalarrelajaba por una vez.

—Puedes ser muy divertido, Eustace —le dije—. Deberías mostrar esa parte de ti más a menudo.

—Lo sé, lo sé. Patience siempre me lo decía. Me decía que los aprendices no me tendrían tanto miedo si les dejara ver mi lado espontáneo y divertido. Incluso me he planteado cómo hacerlo. Quizá cada mañana, antes de empezar a trabajar, debería adoptar la práctica de dedicar cinco minutos a la diversión espontánea.

—¿Cinco minutos de diversión espontánea, Eustace? ¿Exactamente cinco minutos? ¿No cuatro? ¿Ni seis?

—¡Ay! —Se agarró la cabeza y se balanceó hacia delante y hacia atrás—. Lo sé, lo sé, lo sé… Es una locura. ¿Ves lo que hago? ¿Ves cómo es mi cerebro?

—Oye, Eustace Conway —le dije—, la vida no es fácil, ¿verdad?

Sonrió y dio otro trago de whisky.

—Nunca me lo ha parecido.

Eustace sigue teniendo sueños. Aún no está acabado. De joven, cuando recorrió Turtle Island por primera vez con su novia Valarie, le señaló como si estuviera mirando un mapa lo que haría con sus tierras. Casas aquí, puentes allá, una cocina, un prado, un pasto… Y así lo ha hecho. Ahora, por todas sus tierras están las pruebas, físicas y reales, de lo que había visto desde el principio en su mente. Las casas, los puentes, la cocina… Todo está en su lugar.

Recuerdo que la primera vez que fui a Turtle Island estaba con Eustace en un prado. No era más que un campo de barro y tocones, pero Eustace me dijo:

—La próxima vez que vengas, habrá un establo enorme en medio de este prado. ¿Lo ves? ¿Te imaginas la hierba creciendo verde y sana, y caballos bonitos por todas partes?

La siguiente vez que fui a Turtle Island había, como por arte de magia, un establo precioso en medio del prado, con hierba que crecía verde y sana, y bonitos caballos por todas partes. Eustace me llevó a lo alto de una colina para que lo viera mejor, miró a su alrededor y me dijo:

—Algún día aquí habrá un huerto.

Y lo conozco lo suficiente para estar segura de que lo habrá.

Así que no, aún no ha acabado con Turtle Island. Quiere construir una biblioteca y comprar un aserradero para producir su propia madera. Y además está la casa de sus sueños, el lugar donde vivirá. Porque después de tanto tiempo, después de más de veinte años en el bosque dejándose la piel para comprar cuatrocientas hectáreas de tierra y construir más de una docena de edificios, Eustace todavía no tiene casa. Durante diecisiete años vivió en un tipi, durante dos vivió en el desván de un cobertizo para herramientas, y desde hace poco vive en una pequeña cabaña rústica a la que llama la Casa de los Huéspedes, un lugar donde todos los aprendices y los invitados se reúnen dos veces al día para comer en invierno, cuando la cocina al aire libre está cerrada.

Para ser un hombre que asegura que desea sobre todo estar aislado, nunca se ha concedido un espacio privado en Turtle Island. Antes debe proporcionar alojamiento a todo lo demás, tanto a los aprendices como a los cerdos, a las herramientas y a los libros.

Pero lleva décadas diseñándose mentalmente una casa, así que podemos estar seguros de que algún día la tendrá. Hizo los primeros dibujos cuando estaba en Alaska, varado en una isla durante dos días, esperando a que el mar se calmara para volver en kayak a tierra firme. Y cuando una tarde le pregunté si podía describírmela al detalle, me dijo: «Claro».

—La filosofía fundamental de la casa de mis sueños es similar a lo que siento por mis caballos —me contó—. Vas más allá de lo necesario por estética. La casa es un poco ostentosa, pero no voy a sacrificar la calidad. Si quiero tejas de pizarra, tendré tejas de pizarra. También vidrio biselado, molduras de cobre, herrajes forjados a mano…, todo lo que quiera. Se construirá con maderas grandes, y ya he elegido algunas de los bosques de por aquí. Troncos grandes y mucha piedra, todo construido para que sea resistente y duradero.

»Cuando abro la puerta principal, lo primero que veo es una cascada de piedra que se eleva casi diez metros, con un estanque al pie. La cascada funciona con energía solar, pero también se calienta, así que sirve como calefacción para la casa. El suelo será de piedra o baldosas, algo agradable tanto para la vista como para los pies. La sala principal tiene un techo de estilo catedral de unos doce metros de altura. Al fondo de la sala habrá un gran brasero de piedra hundido en el suelo con bancos de piedra incorporados. Allí haré fuego, y mis amigos podrán venir en las frías noches de invierno a calentarse el cuerpo, la espalda y el culo en esas piedras. A la izquierda del gran salón hay una puerta que da a mi taller, de seis por seis metros. La pared exterior son en realidad dos puertas enormes con bisagras de hierro de metro y medio de largo que se abren y dan al exterior, de modo que cuando trabaje en el taller en verano, tendré aire y sol y oiré el canto de los pájaros.

»Al fondo del salón hay dos salas acristaladas. Una es un invernadero, así que tendré una gran cantidad de verduras y hortalizas frescas durante todo el año. La otra es un comedor sencillo y perfecto. Cada cosa en su sitio, como en un barco. Una mesa grande de madera, bancos y un sofá cómodo. Y ventanas por todas partes para que pueda mirar el valle, desde donde veré el establo, los prados y el jardín. Detrás de la entrada al comedor hay una puerta que da a la cocina. Encimeras de mármol, armarios hechos a mano con pomos de asta, estanterías abiertas y cocina de leña, aunque también una de gas. Fregaderos con agua corriente fría y caliente, todo alimentado por energía solar, y todo tipo de utensilios de cocina de madera y de hierro fundido hechos a mano. Otra puerta da a una cocina exterior, donde cocinaré y comeré en verano, con una zona cubierta, una mesa, fregaderos exteriores con agua corriente, estantes y fogones para no tener que entrar todo el tiempo a buscar suministros. La terraza da a un bonito barranco, y probablemente tendrá iluminación de propano.

»Arriba hay dos dormitorios pequeños tipo loft (se ven desde el salón), en un altillo que da al dormitorio principal, del mismo tamaño que el taller, que estará debajo, aunque en este caso ordenado. Un espacio abierto, limpio y bonito. Después del dormitorio principal hay un inodoro seco, una sauna y los dormitorios del altillo. También hay un porche con una cama para dormir al aire libre, pero si tengo que dormir dentro, hay otra grande con un tragaluz para mirar las estrellas toda la noche. Y habrá vestidores enormes, por supuesto.

»En mi casa habrá arte por todas partes. De los altillos colgarán alfombras navajo. Será un poco de ese estilo de Santa Fe que tanto gusta hoy en día, pero llena de obras auténticas y valiosas, no de esas falsificaciones que la gente colecciona porque no es entendida. Tendrá mucho arte, mucha luz y mucho espacio, será tranquila, segura, hundida en el suelo por tres lados, práctica y bonita. Te lo digo, a *Architectural Digest* le encantaría publicar un artículo sobre ella. Y sé que podría construirla yo mismo, pero no empezaré hasta que tenga esposa, porque ni se me pasa por la cabeza construirla sin la mujer adecuada a mi lado.

Se calló, se recostó en su asiento y sonrió.

No supe qué decir.

No es que me preguntara dónde demonios había visto un número del *Architectural Digest*. No es que me sorprendiera que Eustace, que lleva décadas predicando los pocos bienes materiales que necesitamos para vivir felices, acabara de manifestar su deseo de construir una mansión que se ajustaba a los criterios estéticos de un magnate del petróleo jubilado. No es que estuviera pensando en lo mucho que Eustace se parecía a Thomas Jefferson, un idealista cívico pero solitario, que abandonó temporalmente sus obligaciones con la República para perderse en el lujoso ensueño de diseñar su hogar perfecto lejos de la sociedad. Ni siquiera es que me preguntara dónde iban a dormir los trece hijos que Eustace sigue queriendo tener si la casa solo tiene dos dormitorios aparte del suyo. Estas cosas no me sorprendían.

Mi perplejidad era mucho más básica.

Se trataba sencillamente de que, a pesar de que a lo largo de los años había observado sorprendentes cambios de carácter en el más complejo y moderno montañés, no me podía creer que acabara de oírle decir «vestidores enormes».

Aquí tenemos a Eustace Conway, a punto de cumplir cuarenta años. Según las compañías de seguros, está en la mitad de la vida. Ha conseguido muchas cosas. Ha visto más de este mundo de lo que la mayoría de nosotros leeremos jamás. Ha hecho, unas setenta y cinco veces al año, cosas que le decían que eran imposibles. Ha adquirido y protegido la tierra que siempre quiso. Ha prestado atención a las leyes del universo, y esa atención lo ha recompensado con sólidos conocimientos en una amplísima variedad de temas. Ha instituido un centro de enseñanza a su imagen y semejanza. Se ha convertido en una figura pública bastante conocida. Lo veneran y lo temen. Está en lo más alto de su carrera. Incluso se autodenomina «un montañés sobresaliente», y se ha convertido en un hombre con un Destino en acción, el ermitaño más famoso del mundo y el director general de los bosques.

Pero hay grietas, y Eustace siente el viento filtrándose por ellas. Como cuando tenía treinta años, parece que no consigue que sus relaciones con los demás funcionen tan bien como le gustaría. Las personas con las que trabaja en Turtle Island siempre están enfadadas con él o no lo entienden. Prácticamente todos los aprendices a los que he conocido han acabado marchándose mucho antes de que terminara su estancia, y en general llorando. Incluso Candice, que estaba firmemente decidida a no convertirse en una más de los extortuguianos descontentos, abandonó la montaña de repente, frustrada por la negativa de Eustace a darle más control sobre el huerto.

Y a Eustace no le va mejor con su familia. Lo más importante para él, por supuesto, es ese padre desdeñoso, que se cierne sobre él en todo momento, crítico, despectivo y enfadado. Desde siempre, cada vez que busca amor y aceptación de su padre, solo encuentra indiferencia.

Aunque este año ha ocurrido algo extraño.

Eustace me llamó el día en que cumplía treinta y nueve años. Mantuvimos una conversación normal de una hora sobre los negocios y los cotilleos de Turtle Island. Me habló de sus nuevos aprendices, del trabajo en el establo y del nacimiento de un bonito potro llamado Luna.

Y después me dijo en un tono extraño:

—Ah, y otra cosa. Esta semana he recibido una tarjeta de cumpleaños.

—Ah, ¿sí? —le dije—. ¿De quién?

—De mi padre.

Nos quedamos en silencio. Dejé el té que estaba bebiéndome y fui a buscar una silla.

—Cuéntamelo —le pedí—. Cuéntamelo todo.

—Tengo la tarjeta en la mano.

—Léemela, Eustace.

—Es curiosa, ¿sabes? Mi padre… Hum… Él mismo ha dibujado la tarjeta. Es un dibujo de tres globos pequeños elevándose hacia el cielo. Los ha dibujado con un bolígrafo rojo y ha hecho un lazo alrededor de las cuerdas de los globos en verde. El texto lo ha escrito en azul.

—¿Qué texto?

Eustace carraspeó y leyó:

—«Cuesta creer que hayan pasado treinta y nueve años desde que naciste e iniciaste nuestra familia. Gracias por las muchas bendiciones que nos has traído a lo largo de las décadas. Esperamos muchas más. Con cariño, papá».

Volvimos a quedarnos en silencio.

—Léemelo otra vez —le pedí, y Eustace lo hizo.

Durante un rato ninguno de los dos dijo nada. Después Eustace me dijo que había recibido la tarjeta hacía dos días.

—La leí una vez, la doblé y volví a meterla en el sobre. Me alteró tanto que me temblaban las manos. Es la primera cosa amable que me ha dicho mi padre. Creo que nadie podría entender cómo me siento. No he vuelto a mirarla hasta ahora. He tardado dos días en reunir el valor para volver a abrir el sobre y leerla. Me daba miedo incluso tocarla, ¿sabes? No sabía si era real. Pensaba que quizá lo había soñado.

—¿Estás bien? —le pregunté.

—No lo sé. Dios mío, no sé cómo abrir mi corazón temeroso y pensarlo siquiera. ¿Qué mierdas pasa? ¿Qué significa esto, papá? ¿Qué coño tramas?

—Puede que no trame nada, Eustace.

—Creo que voy a esconder esta tarjeta durante un tiempo.

—Hazlo —le dije—. Ya volverás a leerla mañana.

—Creo que eso haré —me dijo Eustace, y colgó.

Este pequeño pero sorprendente deshielo entre los dos Eustace me recordó una palabra que había aprendido hacía poco. La descubrí un día mientras buscaba en un diccionario la etimología de este nombre. En mi diccionario, «Eustace» no aparecía, pero encontré «eustasy», un sustantivo que significa: «Cambio mundial en el nivel del mar que se produce a lo largo de muchos milenios, provocado por el avance o retroceso de los glaciares».

En otras palabras, un deshielo lento y épico, que es lo que se necesitaría, supongo, para que se produjera incluso una pequeña alteración en el nivel de un océano.

Y además debemos tener en cuenta a los demás miembros de la familia Conway. Las relaciones de Eustace con ellos también son inestables. Adora a su madre, pero lamenta su triste y ardua vida matrimonial con una intensidad que corroe su capacidad de buscar la felicidad. Quiere a su hermano Judson más que a nadie, pero es cruelmente obvio para cualquiera que desde el viaje de los Long Riders los hermanos no están tan unidos como antes. Ahora Judson vive cerca de Eustace, al otro lado de Turtle Island, en una pequeña cabaña de madera que se ha construido él mismo y que comparte con su increíble prometida (un alma dura e independiente que caza ciervos con arco y flecha, trabaja como leñadora y, atención, se llama Eunice). Judson podría subirse al caballo e ir a ver a Eustace todos los días si le apeteciera, pero no le apetece. Los hermanos apenas se ven. A Eustace le gustaría verlo más a menudo, pero Judson se mantiene a distancia.

—Me di cuenta mientras cruzábamos Estados Unidos a caballo —me dijo Judson—. Eustace es como mi padre. Es demasiado intenso y no es fácil estar con él. Tanto él como mi padre presumen de ser grandes comunicadores. Se creen más inteligentes y mejores comunicadores que nadie. Al menos Eustace intenta escuchar a los demás y se muestra amable y ecuánime, pero la conclusión es la misma: tiene que salirse con la suya todo el tiempo y no hay más que hablar. Mira, quiero a mi hermano, pero no sé cómo lidiar con eso, así que mantengo la distancia. No tengo otra opción. Y me da mucha pena.

Walton Conway, el hermano mediano, también vive cerca, a menos de una hora de Turtle Island. Brillante, políglota y reservado, vive en una cómoda casa moderna con las estanterías llenas de libros de Nabokov y Dickens. Walton es profesor de lengua y escribe ficción. En su casa tiene un negocio de importación y venta de artesanía hecha en Rusia. Su esposa es una mujer generosa y alegre con dos hijas de un matrimonio anterior, y con Walton ha tenido otra. Ahora Walton lleva una vida tranquila, aunque de joven viajó mucho. En aquel entonces escribía muchas cartas a Eustace, al que admiraba profundamente y cuyo respeto deseaba.

«Odio decirlo —le escribió Walton a Eustace en 1987, después de una larga estancia en una granja de Alemania donde había encontrado trabajo—, pero estarías orgulloso de mí. Me ensuciaba las manos trabajando y ahora las tengo llenas de callos».

O esta carta desde Rusia en 1992: «El fin de semana pasado cavé un huerto para plantar pepinos fuera de la ciudad, lo que supuso un gran cambio de ritmo. Trabajé todo el día con la pala. Pensé en ti, en Tolstói y en ese verano en el que trabajaste en la construcción (¿barriendo?) en la calurosa Alabama. (Como ves, he vivido todas tus aventuras de forma indirecta, a través de pequeñas mirillas). Pero en general Moscú no te gustaría nada. Estoy rodeado de suciedad. Es lamentable ver la ciudad, lo que el hombre se ha hecho a sí mismo y la miseria por todas partes. No te imagino aquí. Sueño con Turtle Island».

Pero ahora que Walton vive tan cerca de Turtle Island, apenas va a ver a Eustace, que se mortifica porque le gustaría pasar tiempo con su hermano y le duele que no tenga un papel más importante en su vida.

—Lo que me mantiene alejado es su ego —me dijo Walton a modo de explicación—. No lo soporto. Algunas mañanas me despierto y pienso: «¿No sería fantástico tener un hermano con los conocimientos y los intereses de Eustace, pero que también fuera humilde?». Me encantaría pasar tiempo con una persona así y aprender de ella. Me gustaría ir a caminar con él y tener una interacción tranquila, pero es muy difícil sortear su ego. Me dan ganas de decirle: «¿Te imaginas la posibilidad de hacer un viaje a caballo sin contárselo a todo el mundo? ¿Tienes que convertir todo momento de tu vida en un espectáculo público?».

¿Y la única hermana de Eustace, Martha? Bueno, la considero la más inescrutable de todos los Conway. Vive tan al margen del mundo audaz y aventurero de sus hermanos que a veces es fácil olvidar su existencia. La familia Conway comenta de broma que a Martha la cambiaron al nacer, y nadie entiende cómo «ha salido así». Vive con su marido y sus dos hijas en una ordenada zona residencial, en una casa tan limpia y esterilizada que la cocina podría utilizarse como quirófano.

—Como sabes, la mayoría de los padres tienen que esconder las cosas frágiles en casa cuando los niños son pequeños para que no rompan nada —me comentó Judson cuando intentaba describir a su hermana—. Bien, pues en casa de Martha no es así. Deja las cosas que pueden romperse en la mesita y les dice a sus hijas que no las toquen. Y te aseguro que no las tocan.

Martha es una cristiana devota, bastante más religiosa que sus padres. También es una mujer muy inteligente con un máster en Administración de empresas por la Universidad Duke. Estoy segura de que podría dirigir General Motors si quisiera, pero dedica toda su agilidad mental y su capacidad organizativa a ser un ama de casa impecable, una madre exigente y un miembro fundamental de su iglesia. No conozco bien a Martha y solo pasé una tarde con ella, pero me cayó bien. Me pareció más amable de lo que esperaba después de haber oído hablar a sus hermanos de su famosa rigidez. Me conmovió que me recibiera en su casa, teniendo en cuenta lo sagrado que es para ella. Vi en sus ojos lo difícil que le resultaba dejarme entrar. Vi su dolorosa disyuntiva, en la que su profundo sentido de la hospitalidad cristiana chocaba con su preciado sentido de la privacidad.

Cuando le pedí a Martha que se definiera, me dijo:

—Lo más importante de mi vida es mi camino con Jesucristo. Se refleja en todo lo que hago: cómo educo a mis hijas, cómo cumplo con el compromiso de mi matrimonio y cómo me esfuerzo por no darme prioridad a mí misma, por gestionar mis emociones y controlar mi voz. Todas mis decisiones se basan en mi fe. Educo a mis hijas en casa por mi fe. No quiero que vayan a escuelas públicas. Siento que desde que eliminaron la oración hay demasiada maldad. Quiero que mis hijas crezcan con una fe seria, y eso solo lo conseguirán aquí, conmigo. En el mundo todo se basa en el relativismo, y no quiero que mis hijas lo aprendan. Ahí fuera ya nada es absoluto, pero yo sigo creyendo en los absolutos. Creo que hay una forma absolutamente correcta y otra incorrecta de vivir, y en casa puedo enseñárselo a mis hijas.

Otra broma habitual de la familia Conway es señalar lo diferentes que son Eustace y Martha.

—Espera a ver cómo vive —me advirtieron—. ¡No te creerás que Eustace y ella son hermanos!

Pero, sin ánimo de ofender, no estoy de acuerdo. En cuanto entré en la sala de estar de Martha, pensé: «Lo siento, amigos. Estos dos son exactamente iguales». Tanto a Eustace como a Martha les parecía que el mundo exterior era corrupto y repulsivo, así que crearon su propio mundo, uno tan aislado de la sociedad que bien podrían vivir bajo cúpulas de vidrio. Dirigen su mundo personal con una fuerza incondicional y nunca tienen que sufrir el aguijón de llegar a acuerdos. El mundo de Eustace ocupa cuatrocientas hectáreas y el de Martha, cien metros cuadrados, pero lo dirigen con el mismo impulso absolutista.

Y el absolutismo está muy bien para conseguir que el trabajo avance, pero cuando un absolutismo choca con otro, puede producirse un choque de trenes ruidoso y fatal. Por eso Eustace y su hermana nunca han conseguido llevarse bien, y es una pena, porque a ambos les gustaría tener más relación, pero solo consiguen molestarse. Eustace cree que hace todo lo posible por respetar los valores y la estricta vida de Martha, la avisa antes de ir a verla, les lee la Biblia a sus hijas e intenta no desordenar su casa. Aun así, ella lo acusa de ser grosero y egocéntrico, y a él le hace daño, sobre todo teniendo en cuenta que a Martha (que ha llevado a su familia a Turtle Island solo dos veces, aunque Eustace la ha invitado muchas otras) no parece interesarle su vida en absoluto. Por otra parte, a Martha le duele lo que percibe: un hermano dominante que exige que el mundo entero se detenga y se postre a sus pies para adorarlo cada vez que pasa. Martha se niega a inclinarse por orgullo y por costumbre.

Así que no, las interacciones de Eustace con su familia no son satisfactorias, en ningún sentido, y no lo supera, pero lo que sobre todo le molesta es no haber formado la suya propia. Ahora, como cuando tenía treinta años, observa su imperio y le sorprende darse cuenta de que, aunque ha conseguido muchas cosas a base de fuerza de voluntad, sigue sin tener mujer e hijos. A estas alturas de su vida, debería haber formado una familia, debería estar criando a sus hijos y debería sentirse reconfortado por la solidez del matrimonio. ¿En qué se ha equivocado? No lo entiende.

Un día, Eustace y yo bajamos en coche de su montaña para ir a ver a su mentor de caballos, el viejo granjero y genial adiestrador de animales Hoy Moretz. Pasamos una tarde agradable en la cocina, comiendo pan de maíz con su mujer, Bertha, mientras escuchábamos viejas mentiras y hojeábamos los álbumes de fotos de Hoy, que no contienen más que fotografías de mulas, toros y caballos. Es un hombre divertido y juguetón. (Cuando lo conocí, le pregunté: «¿Cómo está, señor?», y él me contestó: «Gordo y holgazán.

¿Y usted?»). No lee libros (a los seis años su padre lo puso a guiar toros al aserradero), pero es un buen granjero. Tiene ciento veinte hectáreas de los prados y campos más limpios que he visto jamás. Como no tiene hijos, mientras estábamos sentados a la mesa de la cocina, Eustace le preguntó qué sería de esa hermosa tierra cuando Bertha y él murieran. Hoy Moretz le contestó que no lo sabía exactamente, pero que suponía que «el Tío Sam se la quedará y se la venderá a los promotores que acaban de construir novecientas casas al otro lado de la montaña».

Más tarde, en el coche, le pregunté a Eustace si no querría esas tierras. La granja está a solo cuarenta y cinco minutos de Turtle Island y es preciosa. Me contestó que sí, que por supuesto que la querría y que no le gustaría nada verla convertida en un cementerio de casas.

—Pero así funciona el mundo —siguió diciéndome—. Primero vienen las carreteras, luego las granjas, después los granjeros se las venden a los promotores inmobiliarios, que talan los árboles, lo destrozan todo y construyen más carreteras hasta que todo queda hecho pedazos. No puedo salvar toda hectárea de Carolina del Norte. No tengo tanto poder.

—Pero ¿qué harías con la finca de Hoy si pudieras conseguirla? —le pregunté pensando que podría utilizarla como henar o para que pastaran sus cada vez más numerosos caballos.

—La guardaría y se la daría a uno de mis hijos cuando fuera mayor para que la convirtiera en una granja tradicional —me contestó.

Esta frase se quedó suspendida en el aire un buen rato. Incluía varias suposiciones: que algún día tendrá muchos hijos, que habrá niños entre ellos, que alguno de esos chicos crecerá y le interesarán las granjas tradicionales, que a Eustace sus hijos no le decepcionarán tanto («¡la antítesis de lo que esperaba!») como a su abuelo y a su padre los suyos, y que su tierra seguirá existiendo dentro de veinticinco años. Me pareció que Eustace había intuido mis dudas.

—Mis hijos —dijo por fin, asqueado—. Vaya cosas que digo. ¿De dónde voy a sacar hijos?

Sí, ¿de dónde? ¿Y quién será la madre? Es la pregunta del billón de dólares en la vida de Eustace, la pregunta que lo atormenta no solo a él, sino a todos los que lo conocen, hasta el punto de que especular sobre con quién (o si) se casará algún día es una especie de pasatiempo nacional. En los últimos años, todos los miembros de la familia Conway me han llevado aparte en algún momento para expresarme su secreto deseo de que Eustace nunca se case ni tenga hijos, porque sería, como teme Martha, «un padre aterrador».

Pero Eustace también tiene amigos que intentan emparejarlo con una montañesa de piel oscura, tranquila y moderna tras otra. Algunos creen que debería volver a Guatemala y casarse con la chica maya de catorce años más guapa y tranquila que encuentre. Otros creen que necesita que la tocapelotas más dura y moderna del mundo lo ponga firme durante un tiempo. Y tiene una amiga, una artista muy directa, que no deja de repetirle: «Oye, Eustace, ¿por qué no admites que en realidad no te gustan los niños? Te faltan piernas para salir corriendo cuando coincides con ellos».

Como todo el mundo, tengo mis opiniones sobre la vida sentimental de Eustace. Creo que lo que necesita es una mujer fuerte y sumisa a la vez. Puede parecer contradictorio, pero no siempre fue así. La combinación de fuerza y sumisión fue la norma en las mujeres durante siglos, sobre todo en la frontera estadounidense. Pensemos de nuevo en la mujer de Davy Crockett, cuya aptitud en la naturaleza solo era comparable con la sumisión a su marido. Es lo que Eustace necesita, pero no estamos en 1780. Como seguramente todos hemos observado, los tiempos han cambiado, y por eso mi opinión personal es que Eustace Conway no va a encontrar esposa (o, como él dice a veces, «compañera»). Como se lamentó una vez un amigo suyo de ciudad, con un falso acento campechano:

—¡Un siglo de jodido feminismo ha echado a perder a todas las novias!

Al igual que tantos hombres impresionantes con un Destino antes que él, las relaciones íntimas son el único aspecto en el que Eustace no tiene éxito. Todas sus energías y todo su talento se vuelven inútiles. Como el desdichado Meriwether Lewis escribió a su querido amigo William Clark unos años después de haber cruzado y cartografiado el continente: «Ahora soy un perfecto viudo en lo que respecta al amor… Siento tanta inquietud y tanta preocupación, esa sensación indescriptible común a los solteros viejos, que no puedo evitar pensar, querido amigo, que proviene de ese vacío en nuestro corazón que podría o debería llenarse mejor. No sé de dónde viene, pero lo cierto es que nunca me he sentido menos héroe que en este momento. Solo Dios sabe cuál será mi próxima aventura, pero estoy decidido a conseguir una esposa».

No es que Eustace carezca de opciones. Ejerce un poderoso efecto sobre las mujeres y tiene acceso a muchas de ellas, por muy aislado que parezca su mundo. Cada año pasan por Turtle Island muchísimas campistas, aprendizas y excursionistas, y buena parte de ellas estarían encantadas de darse un revolcón con un auténtico montañés si se lo propusiera. Si lo único que Eustace buscara en la vida fuera la satisfacción sexual, fácilmente podría tener un sinfín de amantes, como si recogiera bayas de un arbusto. Sin embargo, debemos reconocerle que nunca ha utilizado Turtle Island como una utopía personal de amor libre. Nunca ha explotado esa cosecha de bellezas para obtener placer sexual a corto plazo. Al contrario, se aleja conscientemente de las muchas jovencitas que lo idolatran por su imagen ruda, porque cree que no es apropiado aprovecharse de su adoración. Lo que busca sin cesar es una unión monógama sólida y sacrosanta de dimensiones olímpicas entre dos figuras heroicas. Es una búsqueda moldeada e inspirada por una concepción del amor romántico que se obstina (de forma desgarradora, increíble y casi beligerante) en seguir siendo ingenua.

«Ha sido muy interesante conocerte y tener la oportunidad de hablar contigo —escribió en una de sus primeras cartas a una mujer que nunca estuvo en Turtle Island el tiempo suficiente para figurar legítimamente como una de sus novias—. No sé qué piensas de mí, pero espero que tengamos la oportunidad de conocernos. Estoy buscando pareja, y una persona enérgica, inteligente y aventurera como tú me resulta muy atractiva. Me gustaría vivir mis fantasías de una relación sagrada, de toda una vida de amor, cuidado y comprensión. Quiero esa relación "perfecta" y llena de amor, esa "fantasía" del sueño americano, por así decirlo. Espero nada menos que eso… Llevo diez años interesado en el matrimonio. He buscado, pero todavía no he encontrado a la "adecuada"… Si tienes la capacidad de ver y el interés por investigar, encontrarás en mí a una persona profunda y atenta que es capaz y está dispuesta a ofrecerte más de lo que hayas soñado jamás de una pareja en este viaje de la vida, "el experimento humano". Esto es lo que te ofrezco. Tómame en serio, por favor, y no permitas que un mecanismo de protección te impida encontrar en mí lo que tu corazón realmente desea. Porque puedo ofrecerte mi amor y mis sentimientos más sinceros. Eustace».

Pero este enfoque de «quédate en el túnel de viento de mi amor» tampoco le ha funcionado. Y a Eustace le desconciertan esta ausencia, esta pérdida y este fracaso a la hora de crear una familia ideal que borre su brutal infancia. Es muy consciente de que se le acaba el tiempo. Hace poco empezó una relación con Ashley, una hippy guapa de veinticuatro años, la persona más cálida y cariñosa que he conocido jamás. Eustace la vio por primera vez hace seis años, en una fiesta, y se pasó la noche mirándola hablar con los demás y pensando que «estaba llena de vida y de amor, era como una cascada que se derrama por toda la habitación con la niebla hirviendo a su alrededor, cautivadora. La miré y pensé: "Es ella. Tengo que casarme con esta chica"».

Pero Ashley, que entonces tenía dieciocho años, ya tenía un amante. Estaba a punto de marcharse de la ciudad, de salir al mundo para vivir aventuras y viajes salvajes, y de ninguna manera estaba preparada para ser la mujer de Eustace Conway. Pero volvió a Boone y ahora está soltera. Eustace ha vuelto a enamorarse de ella, y ella de él.

Eustace cree que Ashley es un ángel, y se entiende. Desprende bondad y humanidad. Una tarde me llevaba en coche por Boone cuando un vagabundo se acercó en un semáforo en rojo y le pidió dinero. Ashley, que ha sobrevivido durante años gracias a cupones de comida de programas benéficos, rebuscó en el coche en busca de calderilla, pero solo encontró unas monedas de diez centavos.

—No tengo más —se disculpó con el vagabundo—, pero te prometo que rezaré por ti.

—Gracias —le contestó el hombre, sonriendo como si le hubiera dado un billete de cien dólares—. Te creo.

Ashley tiene un corazón tan grande que absorbe todo el amor, la necesidad y el hambre que Eustace le lanza sin siquiera inmutarse, pero hay un problema. Volvió de sus viajes con tres hijos, un niño de cinco años y dos gemelas muy pequeñas.

Cuando me enteré, le dije a Eustace:

—¿No querías tener trece hijos? Pues has empezado bien, amigo. Tres menos, solo te faltan diez.

Él se rio.

—Claro, pero la idea de trece niños es muy diferente de la realidad de tres.

Ashley es tranquila, cariñosa, divertida, atenta y estable. Aporta a Turtle Island una sensación de paz y hospitalidad muy necesaria. Y puede manejar esa forma de vida. Vivió varios años en una comuna de Rainbow Gathering que haría que Turtle Island pareciera un Hilton Resort. Pasó por dos embarazos sin ir al médico. («Una sabe cuándo está sana —me dice—, y no necesitaba que nadie me dijera que estaba bien»). Dio a luz a sus gemelas al aire libre, en plena noche, en el frío suelo de Colorado, apenas resguardada bajo una lona. Sin duda, podría vivir matando cerdos y buscando comida en contenedores de basura.

Eustace jura que se casaría con Ashley de inmediato si no tuviera ya una familia. Tiene serias dudas respecto de criar a los despreocupados hijos de otro hombre, sobre todo cuando ese otro hombre es un hippy con una presencia considerable en la vida de estos. Eustace no quiere esa indisciplinada influencia en los niños que él tendría que criar, aunque lo que le asusta no son tanto las gemelas como el niño enérgico y obstinado.

—¿Cómo voy a adoptar a ese niño cuando ya ha empezado a formarse? Ya ha visto demasiadas cosas corruptas que no puedo controlar ni borrar. Tuve una relación pésima con mi padre, y si voy a tener un hijo, tengo que estar seguro de que la relación sea perfecta desde el principio. No quiero el menor enfado o problema entre nosotros. Por lo que sé, podría pasarme diez años mostrándole al hijo de Ashley el camino correcto, y a los catorce años podría volverse contra mí y decirme: «A la mierda, papá. Voy a drogarme».

—Eustace —le dije—, nadie puede garantizarte que tus hijos biológicos no vayan a decir lo mismo algún día. De hecho, casi puedo asegurarte que lo harán. Lo sabes, ¿verdad?

—Pero con mis hijos las probabilidades serían menores, porque yo estaría ahí desde el principio para enseñarles a comportarse. Las expectativas con los hijos de Ashley no son buenas. Ya son indisciplinados. Ashley es buena madre, pero sus hijos la manipulan, son muy alborotadores y lo destrozan todo. Es muy difícil tenerlos cerca todo el tiempo porque no están adiestrados. Se meten en todo y exigen su atención. Ella los trae y hago cosas con ellos, como llevarlos a montar a caballo, pero no es divertido. Es divertido para ellos, pero no para mí.

Eustace no puede dejar marchar a Ashley porque es guapa, amable y le ofrece el amor incondicional que tanto desea, pero tampoco puede retenerla porque aporta demasiadas variables aterradoras a su exigente y bien ordenado cosmos. Ha intentado ayudarla a poner más orden y disciplina en su familia; le ha prestado libros de su biblioteca escritos por amish sobre cómo «adiestrar» a los niños, como si se trataran de caballos. Ashley, a la que es cierto que sus hijos toman el pelo, ha leído los libros con atención y se ha tomado en serio muchos de los consejos. Incluso ha transmitido esas enseñanzas anticuadas sobre la educación de los hijos a sus amigas hippies que son madres para ayudarlas a crear cierta estabilidad en sus familias desorganizadas. Y en buena medida ha funcionado. Aplicando el antiguo y estricto sistema amish, Ashley ha conseguido que sus hijos sigan un horario más estable, y tienen menos rabietas y crisis, pero siguen siendo muy revoltosos, por supuesto, porque son tres y porque son niños.

Así que Eustace no sabe qué hacer con Ashley. Al final, estoy casi segura de que su decisión será un enfrentamiento entre las dos cosas que más desea: el amor y el control absolutos. Es una decisión difícil. Históricamente, el amor siempre ha sido un contendiente fuerte, pero en este mundo algunas personas necesitan algo más que amor. Eustace ha vivido sin él, está acostumbrado, pero nunca ha vivido ni un momento de su vida adulta sin control.

Por eso sigue solo y soltero. Y se pregunta qué tipo de mujer debería buscar. Después de tantos años, ha llegado a pensar que debería tener más cuidado a la hora de elegir a quién amar. Quizá ha escogido demasiadas veces al azar y por eso nunca funciona. Hace poco decidió abordar el problema como se enfrentaría a cualquier tarea organizativa e hizo una lista de los requisitos de su mujer perfecta. Si podía evaluar a las posibles candidatas en cada categoría, elegiría bien, seguramente no volverían a hacerle daño y dejaría de estar solo.

Muy sana es el primer requisito de su lista (que no sigue ningún orden). A continuación:

Capacidad de intimidad.

Guapa.

Seguridad y pasión sexual.

Creencias e intereses espirituales.

Entusiasta y motivada para vivir cada día en su totalidad y valorándolo como si fuera sagrado.

Aspectos tradicionales de la personalidad de la mujer: crianza, entrega y cuidado de los demás.

Estilo de vida no materialista y valores.

Sensible, segura de sí misma, centrada, enérgica, que me apoye y sociable.

Independiente y capaz de establecer una unión matrimonial profunda y sagrada.

Políglota.

Interesada en el arte: danza, teatro, literatura, artes plásticas, etc.

Pasión por la familia como prioridad.

Que valore la gestión del dinero.

Que le guste trabajar en tareas como la gestión de granjas/tierras/huertos.

La lista sigue interminablemente, pero ya vemos cuál es el problema. Incluso Dios sacudiría la cabeza al recibir una lista así y diría: «Lo siento, amigo, no tenemos eso en *stock*». Pero Eustace es mucho más optimista que Dios. Y también está mucho más solo.

Cuando Eustace me mostró la lista, se la devolví y le dije:

—Lo siento mucho, Eustace, pero el amor no funciona así.

—No sé de qué otra manera hacerlo —me contestó, y por primera vez parecía sentirse impotente.

Es cierto que la lista da testimonio de su tremenda incapacidad para manejar la intimidad. Todos buscamos determinados rasgos en un amante, pero esa lista me pareció una chuleta para un examen para el que la mayoría de nosotros no necesitamos estudiar. No necesitamos comparar las cualidades de las personas con un formulario en la mano, sabemos cuándo estamos enamorados, pero Eustace no está seguro. Tiene muy pocas destrezas básicas para enfrentarse a las montañas, los valles y los imprevisibles patrones climáticos del amor real entre adultos humanos maravillosos e imperfectos. Él mismo admite que está demasiado dañado y es demasiado sensible, y me parece muy valiente por su parte que siga intentando abrir su corazón a los demás.

No sé si estos problemas pueden atribuirse a la iconografía masculina que ha absorbido de la cultura estadounidense o si son consecuencia de su infancia traumática, pero cuando lo veo adentrarse en la vida salvaje de la intimidad con su exhaustiva lista en las manos, pienso en el tipo gordito que se ha comprado el equipo para ir a cazar un fin de semana: demasiado cargado, poco cualificado y muerto de miedo.

Eustace lleva muchos años participando en el Merlefest, un festival de música y arte folks consolidado que se celebra cada verano en el oeste de Carolina del Norte. Ya no viaja ni imparte tantas charlas como antes, prefiere quedarse en Turtle Island, lejos de las masas, pero sigue asistiendo al Merlefest cada año, instala su tipi en el recinto ferial y habla sobre la vida en la naturaleza. Es un buen trabajo. Está bien pagado, atrae a una multitud entusiasta y pasa el fin de semana escuchando música folk en vivo de sus héroes de los Apalaches, como Doc Watson y Gillian Welch.

Fui al Merlefest con Eustace en el verano de 2000 y vi, en su manera de tratar al público, más cansancio del mundo que nunca antes. No es que hablara como un teleoperador, pero no era el agitador que recordaba de las conferencias de años anteriores. Y durante ese fin de semana no me costó entender por qué un hombre podía perder la chispa ante la realidad del mundo.

Le habían dicho con mucha antelación que compartiría escenario en el Merlefest con otro orador principal, «un jefe indio de los Everglades de Florida» llamado Jim Billy, de modo que durante semanas estuvo un poco nervioso y preocupado por ese encuentro.

—Conozco a muchos nativos norteamericanos y normalmente me reciben bien —me explicó—, pero a veces reaccionan mal, como diciendo: «¿Por quién se hace pasar

ese tipo blanco del tipi?». En especial a los nativos politiza-
dos puedo parecerles ofensivo al principio. Entiendo sus dudas, claro, así que siempre soy prudente y procuro ser muy
respetuoso.

En este caso no tenía por qué preocuparse. El jefe Jim
Billy resultó ser un tipo corpulento y amigable, vestido con
vaqueros y con la sonrisa amplia y el cordial apretón de manos de un vendedor nato. Su tribu acababa de ingresar una
enorme cantidad de dinero procedente del establecimiento
de casinos en la reserva, y el jefe se comportaba con la tranquilidad satisfecha de un rico bien alimentado. Su espectáculo, que, ahora que no necesitaba el dinero, hacía solo por
diversión, consistía en subirse al escenario y cantar «canciones de rock 'n' roll para niños» sobre los animales fantásticos
y aterradores que viven en los Everglades.

—¡Hey, padres! —advertía entre canciones—. ¡No de-
jéis que vuestros hijos vayan solos al bosque, porque hay
animales que os morderán! ¿Morderos? ¡Qué demonios, en
los Everglades os comerán!

Cuando terminó su espectáculo, el jefe se sentó entre el
público y escuchó con atención la charla convincente y sobria de Eustace sobre cómo vivir en armonía con la naturaleza. Mostró al público cómo tejer cuerdas con hierba y con
su propio pelo, y exhibió cestas y ropa que había elaborado
con materiales naturales. Jim Billy se acercó a él después de
la charla, muy impresionado.

—Te digo una cosa, amigo —le dijo abrazándolo—:
eres grande. Lo que sabes hacer es genial. Tienes que venir a
Florida y enseñarle a mi gente todas estas cosas, porque allí
ya nadie sabe hacerlas. ¡Eres más indio que cualquiera de
nosotros! ¡Mierda, lo único que las personas de mi tribu saben hacer es volar a Miami a tomar el sol! Bueno, es broma,
amigo, pero, en serio, deberías venir a vernos a la reserva.

Últimamente nos va muy bien. Organizamos un pequeño safari para los turistas que atraviesa el pantano, y a ellos les encantaría verte. Podrías ser una atracción buenísima, porque buscan algo auténtico, algo genuino, y tú lo tienes. Intentamos ofrecerles una muestra de autenticidad en el viaje al pantano, pero también nos gusta divertirnos. Tenemos a un tipo que se pone un disfraz negro y peludo y corre por el barco saltando sobre la gente. Te lo aseguro, hombre, te encantaría. Cuando quieras venir a visitarnos, llámame. Te cuidaré y te trataré como a un rey. ¿Tienes teléfono en el bosque, Tarzán? Bien. Llámame. Lo digo en serio. Te recogeré en mi avión y te daré vueltas con él el fin de semana. Tengo uno, un G-4 muy bonito. ¡Tiene hasta váter! ¡Te encantará! —El jefe Billy volvió a abrazar a Eustace y le tendió su tarjeta—. Todo lo que necesitas saber de mí está en esta tarjeta —le dijo este jefe gregario de los seminolas a Eustace Conway—. Teléfono fijo, móvil, busca, todo. Llámame cuando quieras. Eres increíble.

Eustace y yo caminamos en silencio desde el escenario hasta su tipi, que estaba frente a los puestos de comida. Cuando llegamos, vimos a dos niños de nueve años jugando dentro con las bicis aparcadas junto al respiradero, y casi se abalanzaron sobre Eustace.

—¡Nos han dicho que puedes enseñarnos a hacer fuego! —exclamó uno de ellos. Un niño era moreno y bajito para su edad, y el otro era rubio y gordo y llevaba una camiseta en la que ponía DÍA DE LA TIERRA.

Eustace les pidió que se sentaran, cogió dos palos y les explicó que «los árboles tienen fuego. Lo obtienen del sol. Dentro de todo árbol hay un pedacito de sol que podéis liberar con vuestra energía». Eustace frotó los palos hasta conseguir una pequeña brasa brillante, que dejó caer en el centro de un pequeño nido de yesca seca que tenía en la mano.

—Lo que tenemos aquí es una brasa bebé, un trozo de fuego recién nacido. Si no lo tratamos bien y no lo alimentamos con oxígeno, morirá.

Animó al chico moreno a soplar suavemente en la yesca y, como por arte de magia, de repente surgió una llama. El chico gritó de alegría. De repente se oyó un fuerte graznido electrónico en el tipi. El chico gordito con la camiseta del DÍA DE LA TIERRA sacó un walkie-talkie del bolsillo trasero.

—¿Qué pasa? —gritó al auricular, muy enfadado.

—¿Dónde estás, Justin? Cambio —dijo una voz de mujer.

—¡Estoy en un tipi, mamá! —gritó Justin—. ¡Cambio!

—No te oigo, Justin. ¿Dónde estás? —repitió el walkie-talkie—. Cambio.

Justin puso los ojos en blanco y gritó:

—¡Te he dicho que estoy en un tipi, mamá! ¡Un tipi! ¡Un tipi, mamá! ¿Me oyes? ¡Cambio!

Me alejé de los gritos pensando en el mucho trabajo que le queda a Eustace por delante si de verdad quiere salvar esta cultura. Fuera del tipi encontré a un hombre de mediana edad con una camisa de franela que miraba con interés la tienda de Eustace. Nos pusimos a hablar.

—Me llamo Dan —me dijo—. Vengo cada año al Merlefest desde Michigan y siempre intento encontrar a Eustace. Me gusta escucharlo hablar de su vida. Me atrae, aunque también me da envidia. Dios sabe que, si pudiera, me mudaría al bosque de inmediato, pero no puedo. Ahora mismo tengo que mantener a cinco hijos en edad escolar. Tengo un buen trabajo en Sarah Lee, tengo que pagar una pensión alimenticia y no veo cómo podría dejar la seguridad económica y el seguro médico y vivir como Eustace, pero te juro que me encantaría. Lo pienso cada año cuando vengo, cada vez que lo veo. Es muy convincente,

¿sabes? Y mira lo sano que está viviendo de esa forma natural, no como todos nosotros. —Dan sonrió un poco avergonzado y se dio unas palmaditas en la barriga. Siguió diciendo—: Eustace siempre dice «puedes», «puedes», pero no veo cómo. Acabamos de construir una casa grande, ¿sabes? Está llena de cosas que ni siquiera sé de dónde han salido. Te juro que no entiendo cómo hemos llegado a acumular tantos objetos. A veces miro mi casa y desearía quemarla hasta los cimientos, alejarme de todo, empezar de nuevo en otro lugar sin nada. Llevar una vida sencilla en el bosque, lejos del mundo. ¿Entiendes este sentimiento? ¿Alguna vez lo has deseado? ¿Alguna vez has querido desaparecer de la faz de la tierra?

—Por supuesto —le contesté—. Todo el mundo lo desea.

—Apuesto a que Eustace Conway no.

—Yo no apostaría por ello, Dan.

Todo esto quiere decir que, a punto de cumplir los cuarenta años, Eustace debe admitir que no ha provocado el cambio en el mundo que esperaba cuando era más joven. (De hecho, que estaba seguro de que provocaría). Las oleadas de ciudadanos entusiastas que le siguen al bosque no se han materializado como esperaba cuando tenía veinte años. El mundo sigue siendo lo que era, quizá peor.

Echando la vista dos décadas atrás, me dijo:

—Creía sinceramente que podría cambiar las cosas. Pensaba: «Dadme Estados Unidos. Dejadlo en mis manos. ¡Lo arreglaré!». Creía que solo se necesitaba convicción y mucho trabajo y sabía que yo era más trabajador que nadie. No contaba con que todo el país volviera a un modo de vida más natural, pero imaginaba que unas sesenta personas al año, quizá incluso cien, vendrían a Turtle Island, después llevarían lo que habían aprendido a sus comunidades, el mensaje se difundiría como ondas en un estanque y el efecto seguiría expandiéndose. Pero ahora veo lo difícil que es cambiar las cosas en este país si no eres el presidente o un senador importante y si no tienes más recursos que tu energía. ¿Cómo puede una persona cambiar las cosas? Es imposible, improbable y, sobre todo, agotador.

Y la obsesión estadounidense por devorar tierras continúa, más rápida y con más eficacia que nunca. Eustace se alegra de ver que la conciencia medioambiental, que antes era una idea radical y marginal, ahora es «totalmente popular y está de moda». Aun así, no cree que la fiebre por el reciclaje pueda contrarrestar el ímpetu voraz de la industria, la superpoblación y el consumismo desenfrenado que definen nuestra cultura. Puede que dentro de un siglo Turtle Island sea como Eustace la imaginó: «Un pequeño cuenco en la tierra, intacto y natural, rodeado de pavimento y carreteras. Las personas subirán a las cimas que rodean Turtle Island y verán un ejemplo prístino y verde de cómo fue alguna vez el mundo entero».

Quizá sea cierto. Quizá lo que Eustace hace al salvar esa pequeña parcela de bosque de los Apalaches es lo que en su tiempo hicieron los monjes medievales al copiar textos antiguos. En una época oscura en la que no se valora el conocimiento, él preserva algo pequeño y valioso con la esperanza de que una generación futura más ilustrada agradezca tenerlo. Quizá es lo único que hace.

A Eustace le decían: «¡Si tocas una sola vida, habrás tenido un efecto en el mundo!», pero a él no le bastaba. Su intención era alterar el destino mismo de la humanidad y no conformarse con el exiguo logro de tocar una vida cualquiera de vez en cuando. Últimamente se encuentra con personas que le dicen: «¡Eres Eustace Conway! ¡Te recuerdo! ¡Diste una charla en mi instituto hace quince años! ¡Estuviste increíble! ¡Me cambiaste la vida!».

Eustace se emociona, hasta que la persona lo aclara. «Sí, desde que te escuché, ya no dejo el grifo abierto mientras me lavo los dientes. Ahorro recursos».

Eustace solo puede reírse, taparse la cara con las manos y mover la cabeza.

—No me malinterpretes —me dirá—. Me gustaría decirles a esas personas que me alegro mucho de que no dejen el grifo abierto mientras se cepillan los dientes, de verdad. Es una forma muy bonita de conservar un recurso valioso y me hace muy feliz. «Pero ¿sabéis qué? Tenía planes más ambiciosos para vosotros».

Eustace también ha perdido su idea juvenil de que podía enseñar a vivir en el bosque a cualquiera. Años atrás nunca se planteó rechazar a un aspirante a aprendiz. Creía que no había una sola persona en el país que no pudiera llevar una vida más natural con un poco de entrenamiento, pero ahora es más cauto y selectivo. Ya no acoge automáticamente a expresidiarios, a drogadictos que apenas se han recuperado ni a adolescentes que se han escapado de casa, porque tenerlos en Turtle Island debilita el sistema.

También le ha resultado útil formalizar más el programa de aprendizaje. Antes el acceso se sellaba con un apretón de manos, y los detalles variaban en función de las personas y de un año a otro. Lo único que tenía que hacer un joven era presentarse en Turtle Island y expresar cierto entusiasmo, y Eustace lo inscribía tras pedirle solo que le prometiera que trabajaría duro y mantendría una actitud positiva durante toda su estancia. Hoy en día, sin embargo, Eustace selecciona a todos los aspirantes a aprendiz mediante un proceso de solicitud bastante riguroso que exige currículum, referencias, información general y un texto escrito. Además, cansado del efecto latigazo, que diezmaba la moral de su plantilla, ahora entrega esta circular (titulada «Relación con Eustace») a todos los solicitantes:

«No esperes entablar una estrecha amistad con Eustace ni te sientas decepcionado por que la relación se limite a la que se mantiene con un jefe, líder y director. La cálida y generosa personalidad de Eustace resulta atractiva, y a menudo las personas quieren un contacto más personal de lo que pueden esperar o de lo que Eustace puede permitir. Algunos aprendices se han sentido decepcionados por no tener suficiente contacto social con él. Eustace se siente cómodo dedicándote su tiempo en un nivel de expectativas acordado por ambas partes. Se trata de una relación claramente definida entre un director y las personas que están aprendiendo sobre las tareas, los métodos y las necesidades de una granja y un centro educativo».

En los últimos tiempos, Eustace ha sufrido decepciones tan demoledoras con sus trabajadores que está planteándose cancelar el programa de aprendizaje. Esta primavera, dos aprendices se marcharon tras haber pasado en Turtle Island solo seis meses del año que figuraba en su contrato, y, como siempre, se quejaron de que trabajan demasiado, tenían problemas con Eustace, la experiencia no era la que esperaban y «debían perseguir su felicidad», aunque eso significara no cumplir con sus compromisos.

—¿Firmar un acuerdo ya no significa nada? —me preguntó Eustace asombrado—. ¿Soy un antiguo y un ingenuo por pensar que las personas deberían hacer lo que dicen que van a hacer? ¿Cómo pudieron marcharse esos chicos a los seis meses sin importarles que hubieran prometido quedarse un año? No tenían ni idea del aprieto en el que me ponían, ni se plantearon que podría haber hecho planes teniendo en cuenta su compromiso. Se largaron antes de tiempo y me dejaron tirado. ¿Y por qué sucede una y otra vez?

Lo que devastó a Eustace de la pérdida de estos dos jóvenes fue no solo que su estancia en Turtle Island siguiera una trayectoria tan habitual (esperanza entusiasta seguida de una amarga desilusión), sino también que uno de ellos era una mujer competente llamada Jennifer, para Eustace probablemente la mejor trabajadora que había tenido en su vida. Su potencial rivalizaba incluso con el legendario Christian Kaltreider. Era inteligente y entregada, nunca se quejaba y le interesaba mucho aprender sobre la agricultura primitiva. Había crecido en las montañas y había aportado a Turtle Island conocimientos que ni siquiera Eustace poseía. Confiaba tanto en ella que le había encargado la gestión del huerto (un acto de fe que le había supuesto no poco sufrimiento y que había hecho en buena medida como experimento consigo mismo, para ver si podía soportar la pérdida de control). Y Jennifer había conseguido que el huerto funcionara bien, aunque también se dedicaba a aprender sobre el cuidado de los caballos y la construcción de edificios. Era perfecta, y Eustace había llegado a respetarla y a confiar en ella. Y ahora se había marchado.

—Busca la palabra «desconsolado» en el diccionario y verás una foto mía al lado —me dijo por teléfono una semana después de que Jennifer se hubiera marchado—. Me quedé tan deprimido cuando se marchó que no me levanté de la cama en dos días. Si una persona como ella no puede aguantar un año aquí, ¿quién va a poder? ¿A quién estoy engañando? ¿Por qué me molesto? ¿Para qué sirve Turtle Island si siempre va a acabar así? Me dejo la vida por los demás, pero no funciona, y las personas por las que lo hago se marchan una tras otra. Estoy más cerca de rendirme que nunca. He pensado varias veces en colgar un cartelito en la puerta que diga: «Turtle Island. Cerrado. Marchaos». No lo haré, por supuesto. O quizá sí. Ya no lo sé.

Y así es como Eustace, por pura necesidad, va reduciendo su visión a medida que pasan los años, elimina algunos de sus ideales de juventud y renuncia a algunos de sus sueños más audaces. Sus últimas aspiraciones son muy modestas. De momento no va a contratar a nuevos aprendices, sino que centra su energía en un programa de equitación. Ha publicado anuncios en los periódicos de Boone en los que invita a visitar su propiedad para hacer excursiones de un día por el bosque. Espera que el dinero que gane con estos paseos le ayude a cubrir los gastos de mantenimiento de sus bonitos caballos. Y es una interacción humana muy sencilla: el cliente paga, Eustace le brinda un breve servicio, no intenta convencer a nadie de que se mude al bosque con él, y al final de la jornada todos se van a casa satisfechos.

«De acuerdo, quizá no pueda cambiar el mundo», piensa ahora. Quizá su influencia sea más modesta y afecte a pequeños grupos y a individuos dispersos, personas como los conductores a los que saludaba desde su caballo en el viaje de los Long Riders, los niños a los que enterraba hasta el cuello en el bosque, los camellos de Tompkins Square Park, a los que dejó reflexionando sobre el curioso hecho de que un hombre pudiera confeccionar su ropa con materiales de la tierra…

O pensemos en los jóvenes campistas que estaban explorando Turtle Island; descubrieron un dique de castores, y los monitores los alentaron a atravesar los túneles a nado hasta llegar a la madriguera, cálida, seca, sagrada y escondida. ¿Cuántos niños en este siglo han estado en una madriguera de castores? El acontecimiento sin duda impactó en la conciencia de esos niños. A Eustace Conway, con su visión de gran arquitecto de un Estados Unidos transformado, no puede parecerle gran cosa, pero, en esta época de conformidad cada vez más descerebrada, la más leve sugerencia de que el mundo puede contemplarse desde otro punto de vista durante un momento fugaz es mucho. Y quizá a Eustace no le baste, pero puede que sea lo único que consiga. Al fin y al cabo es un profesor, y, como todos los profesores, puede que tenga que aceptar la realidad de que solo unos pocos de sus alumnos a lo largo de varias décadas se verán realmente afectados por algunas de sus enseñanzas.

Es el caso de un chico llamado Dave Reckford.

Había crecido en las afueras de Chicago. Su padre era médico y su madre expresaba sus inclinaciones algo hippies enviando a su hijo a escuelas cuáqueras y dándole de comer alimentos saludables. Cuando Caterpillar Tractor cerró su fábrica de Illinois, la ciudad natal de Dave pasó del auge al declive, y sus padres se mudaron a Carolina del Norte, donde enviaron a Dave a una cara escuela privada llena de niños de las familias más antiguas del Sur. Y de repente su vida dio un vuelco. El padre de Dave se enamoró de otra mujer y se separó. La familia se sumió en el caos. Con el tiempo, esos pedazos destrozados volvieron a ensamblarse. Tras unos años difíciles, su madre rehízo su vida y se casó con un hombre rico y amable, pero de alguna manera Dave se quedó atrás. Tenía trece años y estaba destrozado y muy triste.

Unos años después, un montañés llamado Eustace Conway fue a dar una clase sobre la naturaleza a la escuela privada donde Dave Reckford estudiaba.

—Iba vestido de ante y no olía muy bien —recuerda Dave—. Empezó a hablar, con su tono tranquilo, sobre su tipi, su cerbatana y su vida en la naturaleza. Yo lo escuchaba cautivado. Habló de hacer tus necesidades en el bosque. Nos contó que la forma natural de hacerlas es agacharte y que sentarte en el váter exige un esfuerzo antinatural de los órganos de la digestión, y nos quedamos todos impactados, toda esa sala de adolescentes sureños de élite. Nunca habíamos oído nada parecido. Y después dijo: «De hecho, cuando tengo que ir al baño en algún sitio donde solo hay váteres, me subo a la taza y me agacho así…», y se subió a una mesa y se agachó para mostrárnoslo. Él se reía y nosotros también, y de alguna manera consiguió que todo nos pareciera bien e interesante sin escandalizarnos.

Después Eustace se puso a hablar con Dave y, al darse cuenta de que el chico estaba desesperado, lo invitó a Turtle Island. Dave aceptó de inmediato y se dirigió allí en su «Mercedes coupé de niño rico» para pasar una semana. Eran los primeros años. En Turtle Island había poco más que el tipi de Eustace. Aún no había despejado ninguna parcela y no tenía ganado. Todavía era primitiva. Cuando Dave apareció, Eustace estaba sentado junto a su tipi hablando «con una mujer muy guapa. Me pidió que lo excusara durante media hora para poder estar a solas con la chica, y después se metió en el tipi con ella, evidentemente para practicar sexo. Me sorprendió que expresara tan abiertamente su sexualidad. Al final salió del tipi, la chica se marchó y entonces empezó a enseñarme. Lo primero que me mostró fue un lecho de brasas en el pozo de fuego. Me explicó que, si mantienes las brasas calientes todo el tiempo, siempre tendrás fuego a mano y no tendrás que encender otra hoguera».

A continuación puso a Dave a trabajar en la reconstrucción de la forja de la herrería. Después empezaron a cavar los cimientos del cobertizo para las herramientas. Le enseñó a hacer tejas, que era «un trabajo muy duro, con un mazo». Y así fue, día tras día, el trabajo de un chico que nunca había vivido algo parecido.

—No era lo que esperaba del maestro zen, del guerrero de voz suave al que creía que había seguido a la montaña

—me dijo Dave—. Era un negrero. Era implacable y obsesivo con los detalles, yo lloraba mientras trabajaba y casi me rompo la espalda. Era tan duro que cada día temía no sobrevivir, pero todas las noches dormía en el tipi con Eustace, encima de pieles de animales y junto al fuego, y era el sueño mejor y más seguro que había tenido desde niño. Me preparaba comidas riquísimas y me escuchaba cuando le hablaba de mi familia. Creo que ya nadie puede acceder así a Eustace Conway, pero esto fue años antes de que tuviera aprendices y campistas por todas partes, y tantos compromisos públicos. Él tenía veintisiete años y yo era un chico sin padre, pero fue una experiencia profunda pasar tiempo con un hombre adulto que quería hablar conmigo y enseñarme cosas.

Eustace aprovechó el tiempo con Dave para intentar que entendiera la esencia de su filosofía, que se centraba en la atención plena. «Es imposible llevar una vida decente como hombre si no te mantienes despierto y consciente en todo momento —le dijo—. Aprópiate de tu vida —le dijo—. No pases los días pasmado ni te conformes con tragarte cualquier idea aguada que la sociedad moderna pueda darte con biberón a través de los medios de comunicación, con dormitar toda la vida en un coma diabético de gratificación instantánea. El regalo más extraordinario que te han hecho es tu humanidad, que tiene que ver con la conciencia, así que hónrala.

«Reverencia tus sentidos; no los degrades con drogas, con depresión ni con olvido voluntario. Intenta sentir algo nuevo todos los días —le dijo Eustace—. Presta atención hasta al más humilde de los detalles cotidianos. Aunque no estés en el bosque, mantente alerta en todo momento. Presta atención al sabor de la comida; presta atención al olor del pasillo de los detergentes del supermercado y date cuenta del efecto de esos fuertes olores químicos en tus sentidos;

observa cómo te sientes al caminar descalzo; observa todos los días los importantes conocimientos que puede ofrecerte la atención. Y cuida de todas las cosas, de todas y cada una de las cosas que existen: tu cuerpo, tu intelecto, tu espíritu, tus vecinos y este planeta. No contamines tu alma con apatía ni destroces tu salud con comida basura, como tampoco contaminarías deliberadamente un río limpio con desechos industriales. Nunca llegarás a ser un hombre de verdad si eres descuidado y destructivo —le dijo Eustace—, pero la madurez seguirá a la atención como el día sigue a la noche».

Eustace le contó a Dave historias tragicómicas sobre algunos de los adolescentes estadounidenses que habían visitado Turtle Island, tan ajenos a su entorno que ni se les ocurría protegerse de la lluvia. Se desataba una tormenta y se quedaban bajo el chaparrón, estupefactos como un rebaño de ovejas mal criadas, incapaces de pensar que debían trasladarse a un refugio. O el chico que pisó un nido de avispas y se quedó inmóvil, sin saber qué hacer, mientras el enjambre se reunía a su alrededor. Fue incapaz de pensar que debía salir de esa situación hasta que Eustace le gritó: «¡Corre!».

Mantente despierto, le dijo Eustace (riéndose de la sencillez de sus palabras), y triunfarás en este mundo. Cuando llueva, busca refugio. Cuando te piquen avispas, corre. Solo a través de la concentración constante puedes llegar a ser independiente. Solo a través de la independencia puedes conocerte a ti mismo. Y solo conociéndote a ti mismo podrás hacerte las preguntas clave de tu vida: ¿qué estoy destinado a conseguir y cómo puedo conseguirlo?

Pero lo que Dave más recordaba de esa semana era la experiencia transformadora, casi religiosa, de ver a Eustace construir una valla.

—Construir una valla en ese suelo rocoso es un trabajo duro. Primero tienes que clavar un poste de metal y darle golpes con un mazo para hacer un agujero para la estaca de acacia. Una vez casi me corto la pierna intentándolo. Luego clavas la estaca de acacia en el agujero y la hundes con el mazo. Clavé seis seguidas y te juro que casi me muero. No tengo palabras para expresar lo duro que fue. Me desplomé en el suelo y sentí que iba a explotarme el corazón. Entonces Eustace me sustituyó, y mientras yo intentaba recuperar el aliento, clavó las siguientes veinte estacas sin detenerse ni una sola vez y sin siquiera respirar con dificultad.

»Lo observé mientras trabajaba. ¿Cómo lo hacía? No es tan grande ni tan musculoso como yo. Yo soy triatleta y corpulento, y no podía. Él tiene los brazos delgados. ¿Cómo lo consigue? Pero mientras lo observaba, me di cuenta de que tenía una íntima relación física con las herramientas. Cuando movía el mazo, no utilizaba solo los brazos; lo desplazaba con un movimiento perfectamente sincronizado, utilizando todo el cuerpo. Las caderas lo ayudaban a levantarlo, y después se arqueaba hacia atrás y golpeaba impulsando todo el cuerpo. Era hermoso, ponía toda su atención física en la tarea. Era como ver una danza, la danza del trabajo manual. Y entendí que por eso Eustace lo hacía todo más rápido y mejor que los demás, por su intensidad, su elegancia y su perfecta concentración.

Dave recuerda que otro día vio a Eustace clavando clavos en madera (rápido, rítmico y perfecto) y le preguntó:

—¿Cómo es que nunca se te escapa un clavo?

—Porque hace mucho tiempo decidí que nunca se me escaparía uno —le contestó Eustace—, así que no se me escapa.

Al final, el ritmo de trabajo en Turtle Island era tan agotador que Dave se derrumbó. Se puso enfermo por culpa de las jornadas de trabajo de once horas. Eustace interrumpió el trabajo por un día y lo llevó al pueblo. «Vamos a divertirnos», le dijo como si nada. Lo llevó a un bar y le pidió una cerveza, la primera que se bebió en su vida. Eustace se rio y bromeó con el camarero sin mencionar lo mucho que quedaba por hacer. Esa noche, en el camino de vuelta a la montaña, Dave se derrumbó y le dijo a Eustace que creía que no podía quedarse más tiempo.

—Le dije que quería volver a casa. Probablemente lloraba. Seguro que echaba de menos mi casa, porque solo era un crío. Eustace estaba tranquilo y pensativo. Nos quedamos sentados en la camioneta y me habló de la vida y de lo que hay que hacer para convertirse en un hombre. Me transmitió sabiduría y bondad, y me tomó en serio a una edad a la que nadie me tomaba en serio. Me dijo que una de las razones por las que las personas son tan infelices es porque no hablan consigo mismas. Me dijo que tienes que conversar contigo mismo durante toda tu vida para ver cómo te va, no perder la concentración y llevarte bien contigo mismo. Me contó que él hablaba consigo mismo todo el tiempo y que eso lo ayudaba a ser más fuerte y mejor cada día. Me sugirió varios libros que debería leer. Y luego me abrazó.

Quince años después, Dave Reckford todavía no podía contar esta parte de la historia sin que se le saltaran las lágrimas.

—Fue un abrazo de verdad, largo y fuerte —me dijo—. Un abrazo de oso. Era la primera vez que un hombre me abrazaba y pareció curar algo dentro de mí que se sentía solo y herido. Me dijo que podía volver a casa y que me deseaba suerte, pero también que podría volver a Turtle Island cuando quisiera, porque había hecho un buen trabajo y era una buena persona. Y volví a casa, pero cuando llegué, descubrí que algo en mí había cambiado. Y mi vida cambió.

Todos los hombres de la familia de Dave Reckford son abogados, médicos, empresarios o diplomáticos. Es lo que se espera en su familia, pero no es el camino que él ha seguido. Ahora tiene treinta años y ha dado muchas vueltas en busca de su lugar. Ha estudiado historia y música. Ha intentado escribir. Ha viajado a Cuba y a Europa, ha recorrido Estados Unidos e incluso se alistó en el ejército intentando encontrar su sitio durante su breve estancia en la tierra.

Hace poco aterrizó por fin. Lo descubrió. Le pidió a la mujer que cuida los jardines de sus padres que lo aceptara como aprendiz. Ella estuvo de acuerdo, así que ahora Dave Reckford se ha convertido en lo que cree que estaba destinado a ser: un jardinero. Cuida plantas. Pasa los días pensando en el suelo, la luz y el crecimiento. Es una relación sencilla, pero gratificante. Intenta entender qué necesitan las plantas y cómo ayudarlas. Intenta que todos sus movimientos sean cuidadosos y precisos para honrar su trabajo. Habla consigo mismo todo el tiempo y no pierde el contacto con su esencia personal. Y todos los días de su vida piensa en la perfecta concentración y en la singular elegancia del trabajo humano.

Lo cual significa que todos los días de su vida piensa en Eustace Conway.

Epílogo

No puedes arreglarlo. No puedes hacer que
desaparezca.

No sé qué vas a hacer tú, pero sé lo que
voy a hacer yo. Voy a alejarme. Quizá una
pequeña parte muera si no estoy aquí ali-
mentándola.

—Lew Welch

La de Eustace Conway es la historia del progreso del hombre en el continente norteamericano.

Primero dormía en el suelo y se vestía con pieles. Hacía
fuego con palos y comía lo que cazaba y recolectaba. Cuando tenía hambre, tiraba piedras a los pájaros, lanzaba dardos
a los conejos y arrancaba raíces del suelo, y así sobrevivía.
Tejía cestas con los árboles de sus dominios. Era nómada y
se desplazaba a pie. Después se instaló en un tipi y construía
trampas sofisticadas para atrapar animales. Hacía fuego con
pedernal y acero. Cuando dominó la técnica, utilizó cerillas.
Empezó a ponerse prendas de lana. Sustituyó el tipi por un
sencillo edificio de madera. Se convirtió en agricultor, des-

pejó la tierra y cultivó un huerto. Adquirió ganado. Abrió senderos en el bosque, que se convirtieron en caminos y después en carreteras. Estas las mejoró con puentes. Se vestía con prendas vaqueras.

Primero fue indio, después explorador y, por último, pionero. Se construyó una cabaña y se convirtió en un auténtico colono. Como hombre de visión utópica, ahora alberga la esperanza de que personas con ideas afines compren propiedades alrededor de Turtle Island y críen a sus familias como él algún día criará la suya. Los vecinos labrarán la tierra con maquinaria tirada por animales, se ayudarán mutuamente en la época de la cosecha, se reunirán para bailar y cabalgarán hasta las casas de los demás para intercambiar bienes.

Cuando todo eso suceda, Eustace se habrá convertido en habitante de un pueblo, porque lo que quiere es crear uno. Y, cuando todo esté asentado, construirá la casa de sus sueños. Se trasladará de la cabaña a una casa grande y cara llena de vestidores, electrodomésticos, familia y esas cosas. Y por fin habrá recuperado el tiempo perdido. En ese momento, Eustace Conway será el paradigma del hombre americano moderno.

Evoluciona ante nuestros ojos. Mejora, se expande, mejora y se expande porque es tan inteligente e ingenioso que no puede evitarlo. Disfruta de lo que sabe hacer sin descanso; debe seguir adelante. Es imparable. Y también nosotros lo somos. En este continente siempre hemos sido imparables. Todos progresamos, como observó Tocqueville, «como un diluvio de hombres que se elevan sin cesar y son impulsados diariamente hacia delante por la mano de Dios». Nos agotamos y agotamos a los demás. Y agotamos nuestros recursos, tanto naturales como interiores. Eustace solo es la representación más clara de nuestra urgencia.

Recuerdo una tarde en que volvía con Eustace a Turtle Island después de haber ido al antiguo imperio de su abuelo, el campamento Secuoya. Ya casi habíamos llegado, habíamos atravesado Boone, cuando nos detuvimos en un cruce. De repente Eustace giró la cabeza y me preguntó:

—¿Ese edificio estaba ahí hace dos días, cuando fuimos a Asheville?

Señaló un pequeño edificio de oficinas. No, no lo había visto dos días antes, pero parecía casi terminado. Solo faltaban las ventanas. Un batallón de trabajadores de la construcción abandonaba el lugar tras haber concluido su jornada.

—No puede ser —dijo Eustace—. ¿De verdad pueden construir un edificio tan rápido?

—No lo sé —le contesté pensando que, si alguien podía saberlo, era él—. Supongo que sí.

Suspiró.

—Este país… —murmuró.

Pero Eustace Conway es este país. Y, si es así, ¿qué queda? ¿Qué queda después de toda esa actividad? Es la pregunta que se hizo Walt Whitman. Miró a su alrededor, el ritmo galopante de la vida estadounidense, el crecimiento de la industria y las ambiciones de sus compatriotas, y se preguntó: «Después de haber agotado los negocios, la política, la convivencia y tantas otras cosas, de haber descubierto que al final nada de eso satisface ni se desgasta permanentemente, ¿qué queda?».

Y, como siempre, el viejo Walt nos dio la respuesta: «Queda la naturaleza».

Es lo que también le queda a Eustace. Aunque, como todos nosotros (y esta es su mayor ironía), no tiene tanto tiempo como le gustaría para celebrar el mundo natural.

Como me dijo una tarde de invierno por teléfono:

—Esta semana tuvimos una tormenta de nieve en Turtle Island. Un amigo vino a verme y me dijo: «Oye, Eustace, has trabajado demasiado. Deberías tomarte un descanso y hacer un muñeco de nieve. ¿Lo has pensado alguna vez?». Pues claro que lo había pensado, joder. Así que esa misma mañana crucé la puerta de mi casa y vi que la nieve estaba perfecta. Ya tenía en mente el muñeco de nieve que haría, si en algún momento hacía uno. Analicé rápidamente la consistencia de la nieve y decidí dónde colocarlo para que se viera mejor, qué tamaño tendría y en qué lugar de mi herrería encontraría carbón para los ojos. Me imaginé todos los detalles, incluso la nariz de zanahoria, en la que tuve que pensar por un instante: «¿Tenemos suficientes zanahorias para que utilice una en el muñeco de nieve? Y cuando el muñeco se derrita, ¿podré recuperar la zanahoria y echarla en un guiso para que no se desperdicie? ¿O se la llevará antes un animal?». Pensé todo esto en unos cinco segundos, calculé cuánto tiempo de mi ajetreado día tardaría en construir el muñeco de nieve, lo sopesé con el placer que me proporcionaría y decidí no hacerlo.

Es una lástima, porque le gusta estar al aire libre, y el muñeco de nieve podría haberle proporcionado más placer que el que había calculado aplicando la lógica, porque, a pesar de sus muchos compromisos y obligaciones, ama la naturaleza. Ama todo de ella: el alcance cósmico del bosque, la luz del sol filtrándose a través de un toldo natural verde, la belleza de las palabras «algarrobo», «abedul» y «tulípero»... Más que amarla, la necesita. Como escribió el abuelo de Eustace: «Cuando la mente esté cansada o el alma, inquieta, vayamos al bosque y llenémonos los pulmones de aire lavado por la lluvia y purificado por el sol, y el corazón de la belleza de los árboles, las flores, los cristales y las gemas».

El mejor hombre que Eustace puede ser es ese en el que se convierte cuando está solo en el bosque, por eso lo saco de su oficina cada vez que voy a Turtle Island y le pido que me lleve a dar un paseo. Aunque nunca tiene tiempo, lo obligo a hacerlo, porque aún no nos hemos adentrado diez pasos en el bosque cuando me dice: «Eso es bergamota. Se puede hacer una pajita con el tallo hueco y aspirar el agua de los guijarros de los arroyos en los lugares poco profundos para beber».

O: «Eso es martagón de Virginia, una flor muy parecida a la azucena atigrada, pero más exótica. Es muy escasa. Dudo que haya cinco plantas en las cuatrocientas hectáreas de Turtle Island».

O, cuando me quejo de la hiedra venenosa, me lleva al río y me dice: «Ven a mi farmacia». Arranca un poco de balsamina, la abre, me extiende el ungüento por la muñeca llena de granos y de repente me siento mejor.

Me gusta Eustace en el bosque porque allí se gusta a sí mismo. Así de sencillo. Por eso, un día, mientras caminábamos, le dije de repente:

—¿Me da permiso para introducir una nueva idea revolucionaria, señor?

Eustace se rio.

—Permiso concedido.

—¿Te has preguntado alguna vez si serías más beneficioso para el mundo llevando la vida de la que siempre hablas? ¿No estamos aquí para eso? ¿No se supone que debemos intentar vivir la vida más sabia y honesta que podamos? Y cuando nuestras acciones contradicen nuestros valores, ¿no lo jodemos todo aún más? —Hice una pausa y esperé a que me diera un puñetazo, pero no dijo nada, así que continué—: Siempre nos dices lo felices que podríamos ser si viviéramos en el bosque, pero, cuando la gente viene a vivir contigo, lo que termina viendo es tu estrés y tu frustración por estar siempre rodeado de personas y agobiado por las responsabilidades, así que, por supuesto, no asimilan la enseñanza, Eustace. Oyen tu mensaje, pero no lo sienten, y por eso no funciona. ¿Te lo has planteado alguna vez?

—¡Me lo planteo a todas horas! —exclamó—. ¡Soy muy consciente! Cada vez que voy a una escuela, les digo: «Mirad, no soy la única persona que queda en este país que intenta llevar una vida natural en el bosque, pero nunca conoceréis a las demás porque no están disponibles». Bueno, yo lo estoy. Eso es lo que me diferencia. Siempre me he puesto a su disposición, incluso cuando eso compromete la forma en que quiero vivir. Cuando salgo en público, intento presentarme deliberadamente como el tipo salvaje que acaba de bajar de la montaña, y soy consciente de que en buena medida estoy actuando. Sé que soy un *showman*. Sé que presento una imagen de cómo me gustaría vivir. Pero ¿qué otra cosa puedo hacer? Tengo que actuar así en beneficio de los demás.

—No estoy tan segura de que nos beneficie, Eustace.

—Pero si viviera la vida tranquila y sencilla que quiero, ¿quién sería testigo de ello? ¿Quién se animaría a cambiar? Solo me verían mis vecinos. Influiría en unas cuarenta personas cuando quiero influir en cuatrocientas mil. ¿Ves el dilema? ¿Ves mi lucha? ¿Qué debo hacer?

—¿Qué te parece vivir en paz por una vez?

—Pero ¿eso qué significa? —gritó y se rio como un loco—. ¿Qué cojones significa?

No soy yo la que debe responder a esa pregunta. Lo único que puedo decir con certeza es cuándo Eustace parece estar más tranquilo. Y no suele ser cuando despide a aprendices ni cuando pasa seis horas seguidas al teléfono regateando con abogados fiscales, juntas escolares, periodistas y compañías de seguros. Cuando parece más tranquilo es cuando establece un vínculo cercano y personal con la naturaleza. Cuando se encuentra en plena naturaleza, está más cerca de la felicidad. Cuando vive en comunión con la vida salvaje que nos queda, en la medida de lo humanamente posible en nuestra época, lo consigue.

A veces tengo la suerte de vislumbrar lo mejor de Eustace Conway en las situaciones más inverosímiles. A veces el momento lo encuentra. Una noche volvíamos en coche desde Asheville en silencio. Eustace estaba de buen humor y escuchábamos vieja música de los Apalaches, canciones tristes de hombres duros que habían perdido su granja y de mujeres duras cuyos maridos habían bajado a las minas de carbón y nunca habían regresado. Lloviznaba y, a medida que pasábamos de la autopista a la autovía, a la carretera de dos carriles y al camino de tierra de la montaña, la lluvia amainó mientras el sol se ponía. Subimos a Turtle Island bajo las sombras de los acantilados empinados y cubiertos de maleza.

De repente, una familia de ciervos saltó del bosque al camino. Eustace pisó el freno. La cierva y los cervatillos corrieron hacia la oscuridad, pero el ciervo se quedó mirando los faros. Eustace tocó el claxon. El ciervo no se movió. Eustace saltó de la camioneta y soltó un grito en la noche húmeda para que el ciervo volviera al bosque, pero el animal se quedó donde estaba.

—¡Eres hermoso, hermano! —le gritó Eustace al ciervo.

Este lo miró. Eustace se rio. Cerró los puños y los agitó en el aire. Gritó y aulló como un animal. Volvió a gritarle al ciervo:

—¡Eres hermoso! ¡Eres el puto amo! ¡Eres la bomba!

Eustace se rio, pero el ciervo se mantuvo firme, inmóvil.

Y entonces Eustace también dejó de moverse, hechizado por una parálisis temporal. Durante un largo rato se quedó tan quieto y en silencio como nunca lo había visto, apenas iluminado por la luz de los faros, mirando al ciervo. Ninguno de los dos se movió ni respiró. Al final, Eustace volvió a levantar los puños y gritó en la noche con todas sus fuerzas:

—¡Te quiero! ¡Eres hermoso! ¡Te quiero! ¡Te quiero! ¡Te quiero!

AGRADECIMIENTOS

Quisiera dar las gracias a la extraordinaria familia Conway por su sinceridad y su hospitalidad durante este proyecto, y en especial a Eustace Conway por su valentía al permitirme seguir adelante sin restricciones.

Ha sido un honor conoceros a todos, y en este libro he intentado rendiros homenaje.

Muchas personas que han formado parte de la vida de Eustace (en el pasado y en el presente) han tenido la generosidad de dedicarme su tiempo para ayudarme a formular las ideas en las que se apoya este libro. Doy las gracias a Donna Henry, Christian Kaltreider, Shannon Nunn, Valarie Spratlin, CuChullaine O'Reilly, Lorraine Johnson, Randy Cable, Steve French, Carolyn Hauck, Carla Gover, Barbara Locklear, Hoy Moretz, Nathan y Holly Roarke, la familia Hicks, Jack Bibbo, Don Bruton, Matt Niemas, Siegal Kiewe, Warren Kimsey, Alan Stout, Ed Bumann, Pop Hollingsworth, Patience Harrison, Dave Reckford, Scott Taylor, Ashley Clutter y Candice Covington por su paciencia ante mis incesantes preguntas. Y un agradecimiento especial a Kathleen y Preston Roberts, que no solo son personas encantadoras y amables, sino que también nos permitieron a Eustace y a mí sentarnos en su porche, beber cerveza y disparar toda la noche. («Nunca había disparado un arma borracho», dijo Eustace, y Preston gritó: «¿Y tú te haces llamar sureño?»).

Doy las gracias a los autores de los numerosos libros e historias que han guiado este esfuerzo. Entre otros, encontré inspiración en la biografía de Daniel Boone escrita por John Mack Faragher, la biografía de Kit Carson escrita por David Roberts, la biografía de Davy Crockett escrita por James Atkins Shatford, la biografía del joven Teddy Roosevelt escrita por David McCullough, el análisis de Rod Phillips sobre los *beatniks* del bosque y el convincente relato del viaje de Lewis y Clark al Pacífico escrito por Stephen Ambrose.

Toda persona a la que le interesen las utopías estadounidenses debería buscar la enciclopédica obra de Timothy Miller *The 60's Communes: Hippies and Beyond*, y si prefiere un libro muy divertido sobre este tema debería hacerse con un ejemplar del brillante *Heavens on Earth: Utopian Communities in America, 1680-1880*, de Mark Holloway. Las estadísticas citadas en el capítulo 7 sobre el declive de los hombres proceden de *The Decline of Males*, de Lionel Tiger. También debo dar las gracias a R. W. B. Lewis por su sabio estudio *The American Adam*, y a Richard Slotkin por su igualmente sabio *The Fatal Environment*. Y mi agradecimiento infinito (y mi eterna admiración) a la biblioteca viviente que es Doug Brinkley, por decirme que leyera todos estos libros.

Gracias también a la librería Powell's de Portland (Oregón) por tener un estante entero con la etiqueta «Impresiones de los visitantes europeos del siglo XIX en Estados Unidos» cuando yo estaba buscando libros sobre las impresiones de los visitantes europeos del siglo XIX en Estados Unidos. No hay mejor librería en todo el país, y esto lo demuestra.

Tengo la suerte de contar con grandes amigos que también son grandes lectores y editores. Por su valiosa ayuda en la edición de varias versiones de este libro, doy las gracias a David Cashion, Reggie Ollen, Andrew Corsello, John Morse, John Gilbert, Susan Bowen (la ávida lectora de Georgia Peach) y John Hodgman (quien inventó solo para mí la abreviatura CERWR en edición, que significa: «Corta ese rollo de Will Rogers»). Doy las gracias a John Platter, que encontró fuerzas para leer un primer borrador de este libro en sus últimos días de vida, y al que echo mucho de menos cada vez que me dirijo hacia mi buzón y recuerdo que nunca volveré a recibir una carta suya.

Doy las gracias a Kassie Evashevski, Sarah Chalfant, Paul Slovak y a la increíble Frances Apt por sus consejos. Doy las gracias a Art Cooper, de *GQ*, por creerme hace cuatro años, cuando dije: «Confiad en mí, dejadme escribir un artículo sobre este tipo». Doy las gracias a Michael Cooper por decirme hace mucho tiempo, cuando tenía dudas sobre si escribir el libro: «¿No preferirías cometer un error haciendo algo que cometer un error no haciéndolo?». Agradezco a mi hermana mayor Catherine su genio sobrenatural sobre la historia estadounidense y su apoyo incondicional. Doy las gracias a mi querida amiga Deborah por estar dispuesta a brindarme sus conocimientos sobre la psique humana las veinticuatro horas del día. Este libro estaría prácticamente desprovisto de ideas sin la inspiración de estas dos increíbles mujeres.

No podría agradecer lo suficiente a la Ucross Foundation que me ofreciera nueve mil hectáreas de privacidad en medio de Wyoming durante lo que probablemente siempre recordaré como los treinta días más importantes de mi vida.

Y, por último, no hay suficientes maneras en el mundo de dar las gracias a mis lectores con todo mi amor.